青春文庫

運命の舞台裏

日本史を変えた合戦

歴史の謎研究会[編]

青春出版社

はじめに

聖徳太子《しょうとくたいし》や蘇我入鹿《そがのいるか》が活躍した時代から十九世紀後半の幕末・明治維新《いしん》に至るまで、一体どれだけの合戦がこの島国の中で繰り広げられてきただろうか。

律令制《りつりょうせい》国家の誕生を経て公家《くげ》同士の政争へ。さらに武家政権が勃興《ぼっこう》し、やがて群雄が割拠《かっきょ》する戦国時代へと突入。その後、徳川氏によって束《つか》の間の平和を享受《きょうじゅ》したものの、幕末・維新期を迎えて再び国は乱れ、多くの血が流された。その原因も、政治理念をめぐる確執《かくしつ》、権力闘争、領土争い、宗教弾圧、男女や親子の愛憎……など様々。

本書では、そんな日本史上に一大変革をもたらした合戦を一つ一つ取り上げ、合戦に至った経緯《けいい》や時代背景、戦況と勝敗、さらにその合戦がのちの世にどのような影響を与えたのかまでをコンパクトにまとめた。合戦というフィルターを通してしか見えてこない、当時の人々の生々しい息遣《いきづか》いを感じ取ってもらえたら、これ以上の喜びはない。

２０１６年６月

歴史の謎研究会

運命の舞台裏 日本史を変えた合戦◆目次

はじめに　3

第1章　古墳・奈良・平安時代　9

磐井の乱　筑紫国造が夢見た「九州独立」の夢　10
衣摺の戦い　仏教をめぐる蘇我氏と物部氏、その対立の構図　17
白村江の戦い　大和の水軍はなぜ戦い、敗北したか　23
壬申の乱　古代史最大の内乱の知られざる経緯　29
坂上田村麻呂の蝦夷平定　蝦夷の族長・阿弖流為の悲劇の真相　35
承和の変／応天門の変　陰謀か、偶然か……謀叛と藤原良房を結ぶ線　39
承平・天慶の乱　東西同時に起きた反乱と律令体制の綻び　43
前九年の役／後三年の役　安倍氏から藤原氏に至る奥州覇権の系譜　48
保元の乱／平治の乱　都大路を戦火に巻き込む大乱が生んだ武士の台頭　53
富士川の戦い　平氏軍をおびえさせた「黒い影」の正体　59
一の谷の戦い／屋島の戦い　無敵・義経軍団はいかにして平氏を追い詰めたか　63
壇の浦の戦い　平氏滅亡を決定付けた運命の一瞬　70
奥州征討戦　義経を倒し、奥州藤原氏を滅ぼした頼朝の智謀　77

第2章　鎌倉・室町時代　83
承久の乱　鎌倉武士を奮い立たせた「尼将軍」大演説の真相　84
文永の役／弘安の役　二度の襲来の後に待っていた本当の「国難」　90
正中の変／元弘の変　後醍醐帝、二度の倒幕計画の全貌　100
稲村ケ崎の戦い　鎌倉幕府崩壊を決定づけた稲村ヶ崎の攻防　106
湊川の戦い　わずか五年で散った楠木正成の「本懐」　111
観応の擾乱　足利尊氏・直義の骨肉相食む争いの行方　117
永享の乱／嘉吉の乱　幕府の「矛盾」をさらけ出した二つの内乱　121
応仁の乱　天下を二分する戦いと戦国の幕開け　127
第3章　戦国時代　135
伊豆の乱　北条早雲はいかに伊豆一国を手に入れたか　136
九頭竜川の戦い　九頭竜川を赤く染める朝倉対一向宗徒の激闘　141
河越城の戦い　北条氏康が仕掛けた劇的な「奇襲戦」とは？　146
上田原の戦い　軍神・武田信玄、同じ相手に二度も敗れる　152
厳島の戦い　不利な状況を跳ね返した毛利元就のある秘策　157
長良川の戦い　生き残りをかけた父と子、その戦いの結末　163

川中島の戦い　甲斐の虎と越後の竜、両雄が塗り替えた戦国地図　171
長浜表の戦い　土佐の覇権をめぐる長宗我部氏の運命の戦い　179
桶狭間の戦い　東海の覇王・今川義元を撃破した信長の機略　184
月山富田城の戦い　山陰を代表する堅城をめぐる二度の戦い　190
姉川の戦い　信長・家康連合軍はいかに大激戦を制したか　197
石山合戦　全国の一向宗徒の決起に、信長が選んだ方法とは　203
三方ヶ原の戦い　戦国最強の武田軍団に、若き家康はどう挑んだか　209
長篠の戦い　新兵器「鉄砲」が持っていた本当の意味　215
耳川の戦い　九州最大勢力の大友はなぜ島津に大敗したか　220
天目山の戦い　武田勝頼が無念の自害を遂げるまで　226
本能寺の変　信長の野望を打ち砕いた明智光秀、謀叛の真相　232
高松城攻防戦　鬼謀神のごとし……秀吉が選んだ次の「一手」　237
山崎の戦い　「中国大返し」の裏側と天王山の決戦　242
賤ヶ岳の戦い　北国の雄・柴田勝家を破った豊臣秀吉の智謀とは　248
小牧・長久手の戦い　秀吉と家康が激突した最初で最後の合戦　254
九州征伐　秀吉の九州平定を決定づけた高城の戦い　260
小田原城攻防戦　秀吉が満天下に見せつけた、空前絶後の攻城戦　267

文禄の役／慶長の役　秀吉が朝鮮半島に攻め込んだ本当の理由　273
岐阜城の戦い　関ヶ原の前哨戦の知られざる顚末　278
上田合戦　籠城戦で見せた真田昌幸・信繁父子の真骨頂　285
関ヶ原の戦い　〝天下分け目の合戦〟の知られざる経緯　292

第4章　江戸・明治時代　303

大坂冬の陣／夏の陣　難攻不落の大坂城攻略で、家康が仕掛けた謀略　304
島原の乱　島原の一揆勢になされた非情の殲滅作戦　312
シャクシャインの乱　アイヌの誇りをかけた決死の蜂起の真相　315
大塩平八郎の乱　大塩の決起が幕府にあたえた意外な波紋　322
薩英戦争　熾烈な激闘の果てに生まれた倒幕の機運　327
禁門の変　幕府と長州軍の激戦で三日間燃えつづけた京都　332
長幕戦争　長州を攻めあぐねた幕府の揺らぎ　337
戊辰戦争　激戦の果てに見えた新しい時代　343
西南戦争　最強・薩摩軍団の決起と、田原坂の攻防戦　354

▼カバーイラスト　シゲリカツヒコ
▼図版・ＤＴＰ　ハッシィ
▼協力　カミ通信

第1章

古墳・奈良・平安時代

磐井の乱　五二七年（継体二十一）

筑紫国造が夢見た「九州独立」の夢

古代史における最大の地方の反乱——それが「磐井の乱」である。地方官である九州・筑紫の磐井は、なぜ大和政権という巨大権力に牙を剥いたのか。それを知ると当時の日本と朝鮮の関係が見えてくる。

◆蜂起の背景には何があったのか

五二七年（継体二十一）六月、北九州一帯に勢力を持つ筑紫国造磐井《つくしのくにのみやつこいわい》が突然反乱を起こした。朝鮮半島の任那《みまな》へ向けて渡海しようとする近江毛野臣《おうみのけぬのおみ》率いる大和朝廷軍に対し磐井が妨害行動に出たのである。磐井は毛野臣軍六万を蹴散らすと、その勢いで豊肥《ほうひ》二国（九州北西部）を占拠、さらに朝鮮半島からの朝貢《ちょうこう》船を略奪する。

このころ、九州における磐井の勢力とは一体どれほどのものだったのだろうか。それを知る手がかりが、福岡県八女市の八女丘陵にある、磐井の墳墓と比定されている「岩戸山古墳」だ。標高五十五メートルの台地上に設けられた墳長百三十五メートルの巨大な前方後円墳で、六世紀前半に限れば畿内以西で最大の規模を誇る。

この墳墓から磐井は九州地区でも屈指の豪族だったことがうかがえるのである。

当時、大和朝廷軍が朝鮮へ出兵する際、北九州は前線基地として常に大きな負担を蒙ってきた。磐井の反乱はこれに対する不満を爆発させたものとみられている。

このころの日本は朝鮮半島とはごく緊密な関係にあった。ところが、新羅《しらぎ》が次第に力をつけ、朝鮮半島における日本の拠点・任那を侵食するようになった。この状況を打開するべく大和政権は援軍を出そうとした

●朝鮮半島の勢力図（6世紀前半）

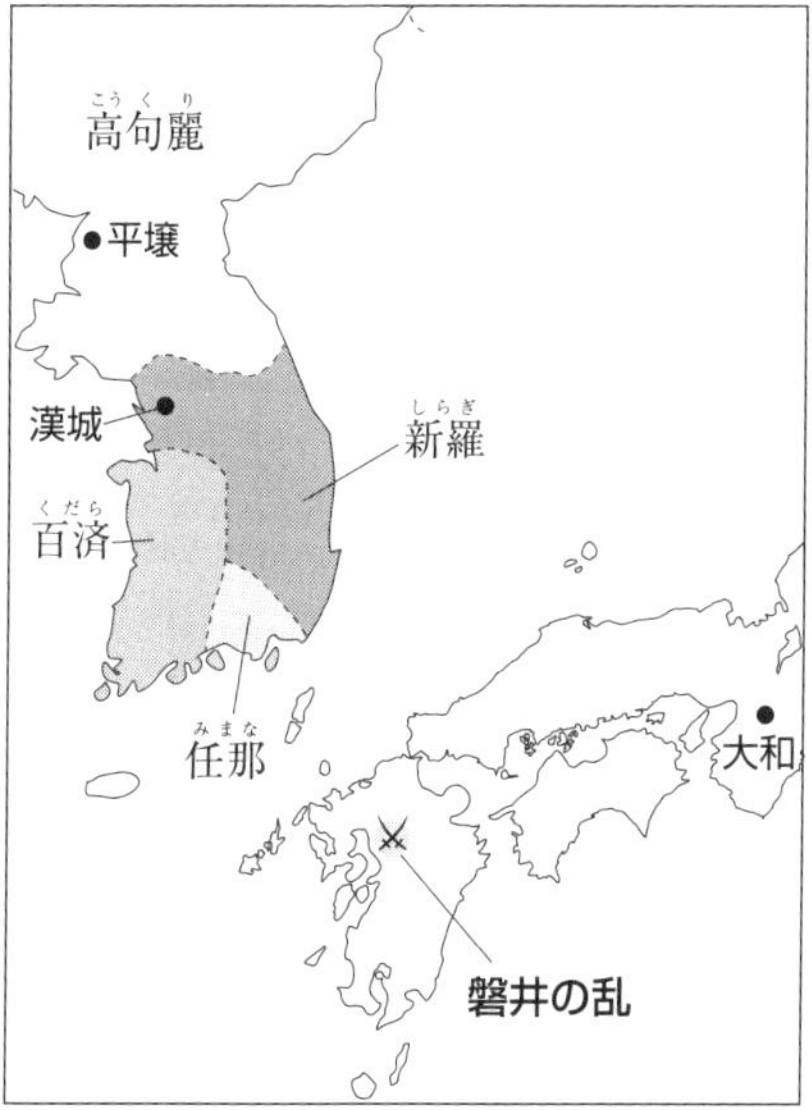

のである。

◆大和政権がなぜこれほど任那にこだわった理由

大和政権がなぜこれほど任那にこだわったのかといえば、任那が「鉄」の一大産地であったからだ。鉄の供給によって地方の豪族を服従させていた大和政権にすれば、鉄はまさに生命線だったのである。

こうした経緯があったために、磐井の反乱は新羅が裏で磐井を唆《そそのか》したのではないかという説があることも事実だ。大和政権と磐井を争わせることで国内を混乱状態に陥れ、朝鮮半島への出兵を阻止する狙いだったという。

しかし、新羅と磐井の結託を裏付ける証拠はなく、この反乱劇はあくまでも磐井の自発的な行動とみたほうがよいだろう。

毛野臣軍と対峙《たいじ》した際、磐井は毛野臣に向かってこう言ったと伝えられる。

「昔は友人同士として肩肘をくっつけあいながら同じ釜の飯を食べた仲ではないか。それが今、朝廷の使者となって私を従わせようとするとはどういうつもりか」

磐井という人は代々筑紫君《つくしのきみ》という名門の家に生まれ、首長を継承する立場にあった。若いころ、故郷を出て大和で宮仕えした経験があり、毛野臣はその時の友人の一人だったのである。

その友人に向かい、地方豪族といえども中央の強引なやりかたには靡《なび》かないぞ、と啖呵《たんか》を切ってみせたのである。

この時のあからさまな妨害行動を見捨てておけないと判断した、ときの継体天皇は大伴大連金村《おおとものおおむらじかなむら》、物部大連麁《もののべのおおむらじあら》鹿火《かひ》、許勢大臣男人《こせのおおおみおひと》らとはかり、麁鹿火を征討《せいとう》大将軍として磐井討伐に向かわせた。

記録によれば、麁鹿火の征討軍が出発したのはその年の八月、そして翌年十一月に筑紫の御井《みい》で磐井軍と決戦したことになっている。しかし、決戦までの間があきすぎる。この記録は誤り

●継体天皇と筑紫君磐井の関係図

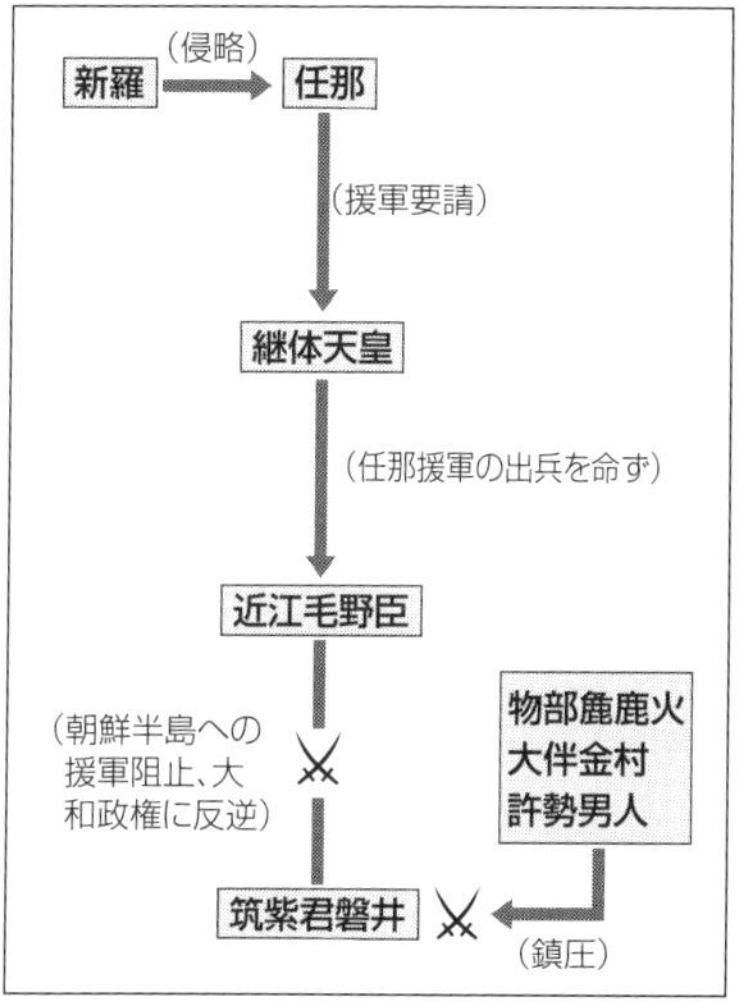

で、実際は同じ五二七年の十一月のことではないかとみる説があることを付記しておく。

いずれにしろ、大和政権の鎮圧軍と磐井軍は御井で対峙した。現在の福岡県三井郡、久留米市の北東側に広がる筑後平野の南部に位置し、中央を流れる筑後川を挟んで両軍は向かい合ったものと思われる。

◈夢と消えた「九州独立」

この戦いは激戦となった。なぜなら、鎮圧軍にすればこうした反乱が各地で連鎖を生まないためにも、ここできっちり断ち切っておきたかった。一方の磐井軍にしても敗退すれば、その後大和政権による収奪が一層過酷になることは火を見るより明らかだった。

しかし、戦いはやがて軍勢で勝る鎮圧軍が圧倒、ついに磐井は捕縛され、処刑されてしまう。磐井の息子葛子《くずこ》は領地を朝廷に差し出すことで許される。

当時の合戦は鉄製の鈍器や弓、石（投石）を主力とした歩兵戦と思われる。この時代、騎馬戦はまだ本格的に行われていない。

●磐井の乱の経緯

年　月	経　緯
507年(継体元)	継体天皇即位。大和の中央豪族に反対勢力がいたため、天皇の大和入りは即位から20年後
527年(継体21) 6月	新羅の侵略を受けた朝鮮半島南部の任那が継体天皇に援軍を要請。これを受けて、天皇は近江毛野臣に命じて出兵させる。これを九州北部の豪族・筑紫国造磐井が遮った。大和朝廷に対する反逆だ
8月	天皇は、大伴金村らとはかり物部麁鹿火を大将軍とし磐井討伐を命じた
528年(継体22) 11月	筑紫の御井郡(現・久留米市筑後川流域付近)で交戦、磐井滅びる。この反乱が大和政権の危機感を煽り、中央豪族の結束を固めたといわれる

鎮圧軍は最新の鉄製の武器や甲冑《かっちゅう》で身を固めていたのに対し、反乱軍のそれは粗末な木製だったに違いない。武器・武具の点でも反乱軍に勝ち目はなかったのである。

『日本書紀』ではこの磐井の乱を朝鮮出兵に端を発した政治的事件という視点でとらえているのに対し、『筑後国風土記』では磐井の人物像に重点が置かれ、乱の原因も「磐井は普段から朝廷の命令を聞かなかったが、生前中に自分の陵墓を造ろうとしたことから朝廷との対立が決定的になった」と記されている。

真相はどちらが正しいのかわからない。しかし、中央政権にとって北九州全域を支配下におく磐井は普段から目障りな存在であったことは間違いないだろう。

『筑後国風土記』によると、この戦いで磐井は戦場を脱出、豊前国《ぶぜん》まで逃げて行方不明になったとあるが、確証があるわけではない。

戦後の五二九年三月、大和朝廷は再び近江毛野臣を任那へ派遣し、新羅との領土交渉に当たらせている。

とにかく、こうしていったんは「九州独立」を夢見た磐井の野望はここで完全についえた。以後、大和政権に対する地方の反乱は無くなった。任那は百済《くだら》と新羅に併呑《へいどん》され、それから約百年後に新羅が朝鮮半島を統一する。一方、九州では大和政権の直轄領（屯倉《みやけ》）が設けられ、中央政権による九州支配の網の目はより強固なものになっていく。

衣摺の戦い　五八七年（用明二）

仏教をめぐる蘇我氏と物部氏、その対立の構図

蘇我馬子と物部守屋という大和政権を代表する二大豪族が、新興宗教である仏教受容をめぐって争った戦い。しかし、実際には宗教戦争に名を借りた、宮廷での覇権をかけた権力闘争であった。

◆仏教がもたらした衝撃

大臣《おおおみ》蘇我馬子《そがのうまこ》と大連物部守屋《おおむらじもののべのもりや》という二大豪族の対立が激化したのは、敏達《びだつ》天皇のあとを用明《ようめい》天皇が継いだあたりからだった。最初、蘇我氏と物部氏の間柄はけっして悪いものではなかった。馬子の父稲目《いなめ》と守屋の父尾輿《おこし》は協力して共通の敵である大伴金村《おおとものかなむら》を失脚させたりしている。

稲目と尾輿の対立は五五二年（欽明《きんめい》十三）に始まった。この年、百済《くだら》の聖明王《せいめいおう》が欽明帝に仏像を献上し、仏の教えを日本の王家でも学んでみてはどうかと進言した。

これに対し外交に明るい稲目は、大陸にある文化の進んだ国々はすべて仏教を受け入れているとして、わが王家も仏教を学ぶべきであると帝にすすめた。一方、尾輿は日本の神々を蔑《ないがし》ろにして異国の神をまつるべきでないと真っ向から反対した。

欽明帝は尾輿の意見に賛意を示し、王家として仏教を受容しないことに決定する。これは統治する自らの立場を慮《おもんぱか》っての決断であった。すなわち、仏の前では国王も貧民も平等であるという仏の教えは、統治者の目には危険思想と映ったからである。そこで、蘇我氏だけがこころみに仏教をまつることになった。

その後、欽明帝が亡くなり敏達帝が立った。蘇我氏と物部氏もそれぞれ子の馬子、守屋の時代になった。

宮廷内で自らの権力を磐石なものにしておきたかった馬子は、自分にとっては妹にあたる堅塩媛《きたしひめ》と欽明帝の間にできた炊屋姫《かしきやひめ》（のちの推古《すいこ》天皇）を敏達帝の妃として送り込む。炊屋姫は聡明な女性として知られ、熱心な仏教徒でもあった。

五八五年（敏達十四）、全国的に疫病が猛威をふるう。閨閥《けいばつ》によって宮廷を牛耳るようになった馬子の台頭をかねてから苦々しく思っていた守屋は、今こそ馬子を追い落とす好機ととらえ、敏達帝に「疫病は仏をまつったことが原因」と奏上。帝から排仏命令を引き出すことに成功する。

　勇躍した守屋は手勢を集めると、馬子が建てた仏殿や塔をことごとく破壊して回った。しかし、疫病は一向におさまらなかったため、守屋は面目を失ったという。やがて、敏達帝がその疫病で崩御する。葬儀の席で馬子と守屋が激しく言い争ったことを『日本書紀』は伝えている。

　守屋は、小柄な体に不釣合いな大刀を帯びた姿で弔辞《ちょうじ》を読む馬子を見て、

「まるで、猟箭《ししゃ》（けものを射る大きな矢）で射られた雀《すずめ》のようだ」

　と場所柄も弁《わきま》えず笑い飛ばした。次に、守

大和の豪族分布図

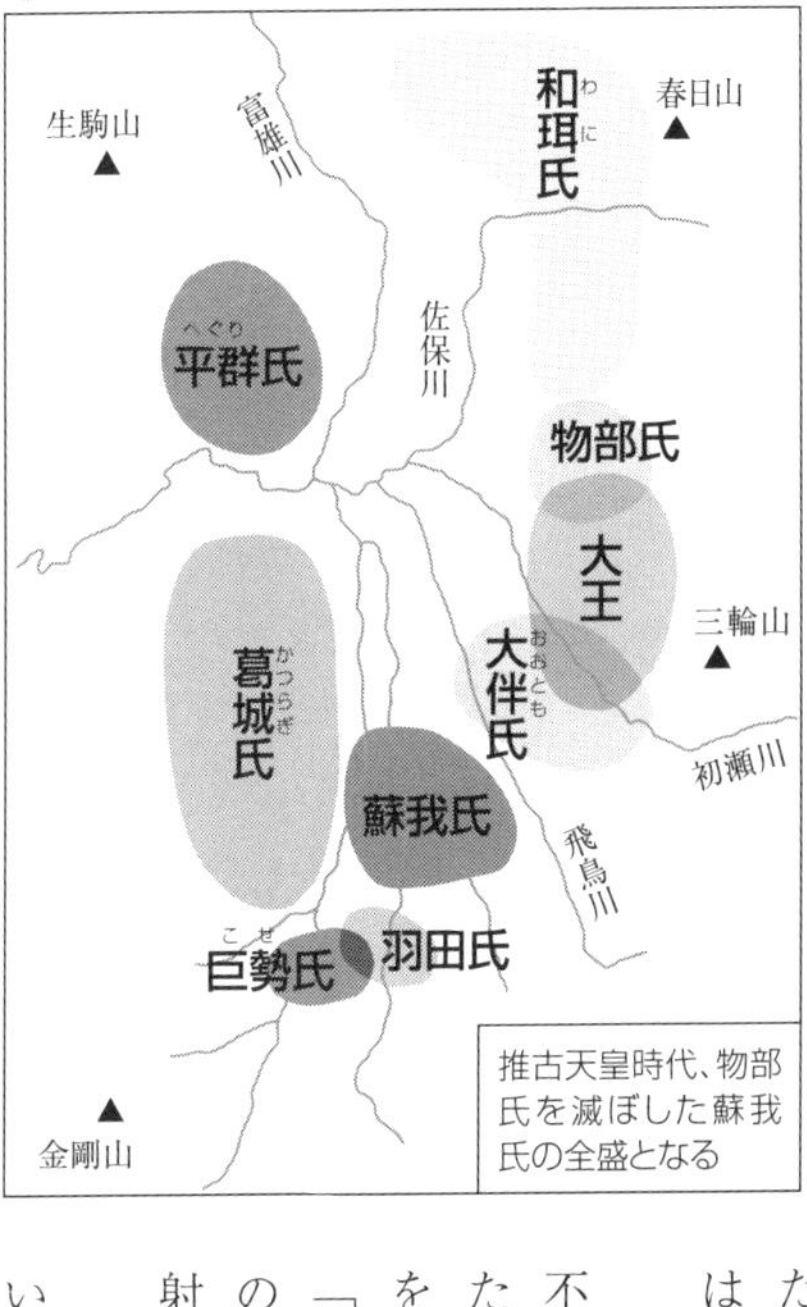

推古天皇時代、物部氏を滅ぼした蘇我氏の全盛となる

屋が弔辞を読む番となった。守屋はそれが癖なのか、それとも感情表現が激しい性質なのか、手足をブルブル震わせて朗読した。それを見て馬子が、

「鈴を付けたらさぞおもしろかろう」

と逆襲した。その言葉に激昂《げっこう》する守屋。両者は罵《のの》りあい、今まさに刀を抜かんとしたところを周囲から制止され、どうにか事無きを得ている。

敏達帝の跡は馬子が推す用明帝が継いだ。用明帝は病弱で、在位二年で亡くなってしまう。仏教徒であった帝は臨終に際し、僧侶にみとってもらいたいと願った。そこで馬子は王宮に僧侶を入れることにした。これに対し、守屋が激しく抵抗したことは言うまでもない。しかし、結局は用明帝の願いは叶えられた。仏教が国教として公認された瞬間であった。

◈二大豪族、戦いの行く末

こうして宮廷の権力バランスが蘇我派に傾きかけるなか、守屋は一発逆転を狙い、次期天皇には自分と親しい穴穂部皇子《あなほべのみこ》を推した。穴穂部皇子は欽明帝と蘇我稲目の娘小姉君《おあねのきみ》との間にできた子で、蘇我系の皇子を味方に引き込まねばならないほど、

この時の守屋は追い込まれていたのである。

しかし、この穴穂部皇子は馬子の謀略によって殺害されてしまう。ここに至り、物部守屋は本拠地河内《かわち》（大阪）に帰り、馬子との決戦に備える。対する馬子はこの機会に守屋を滅ぼさんものと有力豪族を結集し、出陣した。この時、まだ十四歳の少年だったのちの聖徳太子（厩戸皇子《うまやどのみこ》）も参陣している。

馬子軍は諸皇子や紀《き》氏、巨勢《こせ》氏、葛城《かつらぎ》氏、膳《かしわで》氏らから構成される主力軍と、大伴氏、安倍氏、平群《へぐり》氏、春日氏からなる第二軍とに分かれ、河内へ進撃した。主力軍は逢坂峠を越えて餌香川《えかがわ》にあった守屋軍の防衛線を突破し、第二軍は竜田道を通って守屋の居宅がある渋川を目指した。

追いつめられた守屋は渋川を逃れ、北上して衣摺《きぬすり》まで後退し、防戦態勢を整える。物部氏は代々軍事を担当する家柄だけあって、衣摺では沼地の地形を利用して巧みに戦い、蘇我軍を寄せ付けなかった。

そこで、馬子と厩戸皇子は木に四天王像を刻み、勝利を祈願した。のちの法隆寺と四天王寺は二人がこの時の誓約にしたがって建立したものと伝えられる。この神頼みが通じたものか、馬子軍は守屋一人を集中的に狙う戦法に切り替えたところ、

●大和政権を揺るがす蘇我氏の台頭図

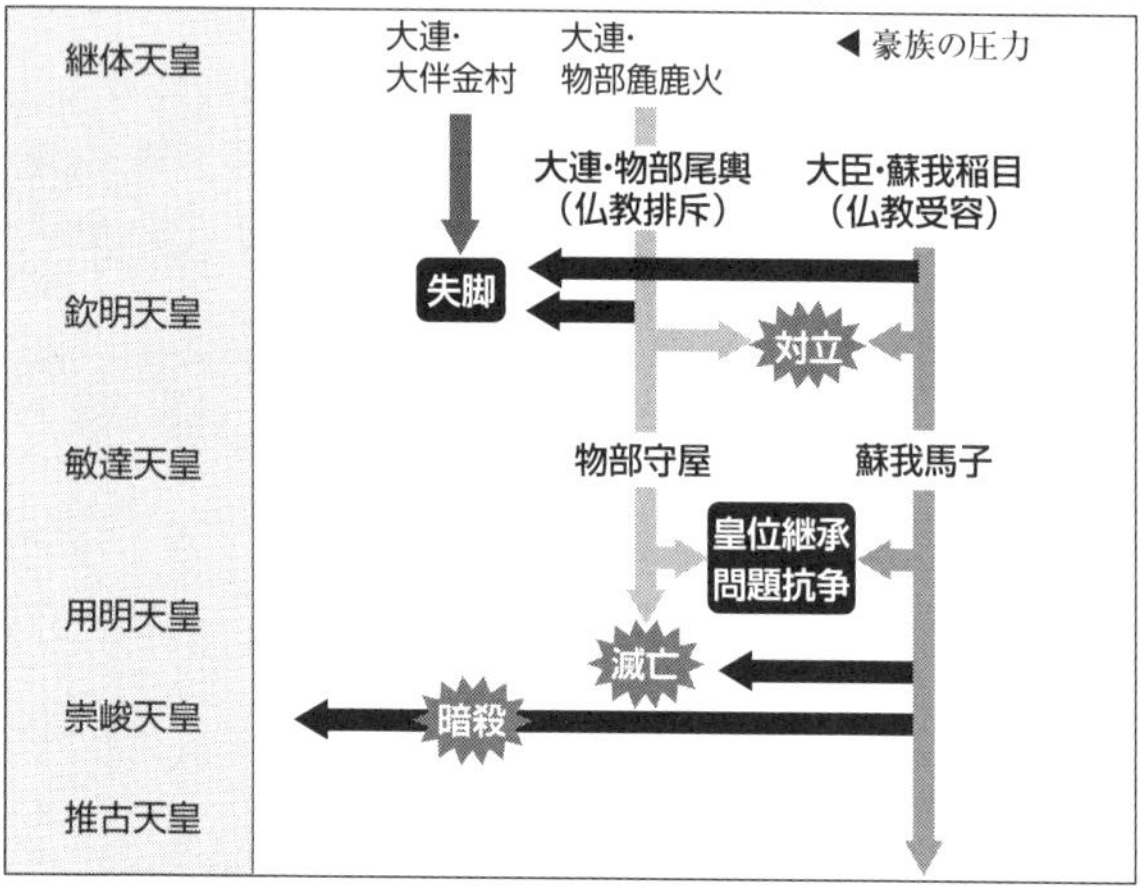

さすがの守屋も全身に矢を浴びて壮絶な戦死を遂げてしまう。五八七年のことである。

　こうして親子二代にわたる二大豪族の対立は決着をみる。物部氏は滅び、蘇我氏は馬子から子の入鹿《いるか》へと受け継がれ、わが世の春を謳歌《おうか》する。

　しかし、そんな蘇我氏もその全盛期において幕を引く運命にあった。六四五年、中大兄皇子《なかのおおえのおうじ》（天智《てんじ》天皇）と中臣《なかとみの》（藤原）鎌足《かまたり》らが起こした「乙巳《いっし》の変」（大化の改新）によって入鹿は倒れる。

　こうして稲目、馬子、入鹿と三代にわたって権勢を誇った蘇我氏も宮廷から消えていったのである。

白村江の戦い　六六三年（天智二）

大和の水軍はなぜ戦い、敗北したか

「大化の改新」が端緒についたばかりの日本に、ふってわいたような急報が海外からもたらされる。日本と友好関係にあった朝鮮半島の百済が、新羅・唐の連合軍によって滅ぼされたのである。さっそく救援軍を派遣した日本政府だったが――。

◆百済滅亡と、大和政権

中国大陸では七世紀初頭、隋《ずい》に代わって唐という強大な国家が誕生した。唐帝国はおよそ三百年間存続し、当時、間違いなく世界最高の文明国であった。この唐の出現によって朝鮮半島の情勢も大きく様変わりをみせた。

それまで高句麗《こうくり》と百済《くだら》の両国から挟まれるようにして圧迫を受けていた新羅《しらぎ》が、七世紀半ばに唐の傘下に入る。六六〇年（斉明《さいめい》六）、唐の援軍を仰いだ新羅が百済に侵略し、首都泗沘《しび》城を陥落させる。この時、日本とは友好関係にあった百済の救援要請にこたえる形で、大和政権は朝鮮半島への軍事介入を決めた。これが「白村《はくそん》江《こう》の戦い」である。

当時の日本は「大化の改新」が始まったばかりで、ようやく国家としての産声をあげたころだ。百済滅亡の急報に接し、大和政権は困惑する。救援軍を派遣すれば、新羅はおろか大国唐までも敵に回すことになる。しかし、このまま看過《かんか》すれば朝鮮への足がかりが完全に消滅し、唐の脅威が日本に直接及んでくる恐れがあった。

中大兄皇子《なかのおおえのおうじ》（のちの天智《てんじ》天皇）ら政府首脳は悩んだ末に、百済救援を決定する。この決定の裏に、もしも日本の援助によって百済が復興した場合、朝鮮半島南部を日本の勢力下に置くことができるという打算が働いたことは間違いないだろう。

◆大和軍二万七千の渡海

その年の暮れ、斉明《さいめい》女帝は難波宮《なにわのみや》に移り、出兵の準備を整えた。翌六六一年正月六日、六十八歳の老女帝は中大兄皇子、大海人皇子《おおあまのおうじ》らとともに難波を発して筑紫《つくし》へ向かった。

一行は途中、瀬戸内沿岸でも兵士を徴発して西へ向かい、十四日には熟田津《にきたつ》の石《いわ》湯《ゆ》（愛媛県・道後温泉）に宿泊する。

熟田津に　船乗りせむと　月待てば　潮もかなひぬ　今はこぎいでな

という『万葉集』に収められた歌は、このとき額田王《ぬかたのおおきみ》（斉明女帝説もあり）が作ったものという。陸風を待ち、夜間、船出したのであろう。

三月下旬、一行は筑紫の那大津《なのおおつ》（博多）に到着し、長津宮《ながつのみや》を本営とした。中大兄らはさっそく兵士を徴発したり、食料や軍船を用意したりと忙しく立ち働いたが、やがて合戦の結果を暗示するような不幸な出来事が起こる。

七月二十四日、斉明女帝が突然崩御《ほうぎょ》したのである。中大兄は母の女帝が亡くなった悲しみもそこそこに、長津宮で称制《しょうせい》（新帝が、即位の式を挙げずに政務を執ること）した。

八月、百済救援軍が編成され、百済の事情に通じた阿曇比羅夫《あずみのひらふ》らが将軍に任命された。九月には日本に人質として滞在していた百済の王子・余豊璋《よほうしょう》をともない、先発隊五千が海を渡った。翌年一月には百済復興軍の中心人物である鬼室福信《きしつふくしん》のもとに武器や食料を輸送している。

そして六六二年五月、いよいよ将軍・阿曇比羅夫率いる本軍二万七千が渡海した。

日本からの援軍を得て勢いづく百済復興軍。しかし、まもなく内部に大きな亀裂が生じてしまう。新たに百済王となった余豊璋と将軍鬼室福信との確執である。二人は戦術をめぐってことごとくぶつかった。

やがて、両者の対立は、豊璋が福信を切り殺すという最悪なかたちで幕を閉じる。六六三年六月のことである。斉明女帝の死といい、今回の内紛劇といい、まさに不吉な前兆の連続であった。

そのころ新羅・唐の陸軍と唐の水軍は熊津《ウンジン》から白村江（錦江《クムガン》）を下り、百済復興軍がたてこもる周留《スル》城に迫っていた。これを知った日本水軍一万は朝鮮半島南部で新羅水軍と交戦中だったが、すぐに白村江へ船を回した。

◆敗戦が与えた意外な影響

同年八月十七日、新羅・唐軍は周留城を囲み、唐水軍百七十艘《そう》が白村江で日本の水軍を待ち受けた。そこへ、日本の水軍が到着。二十七日、日本と唐の水軍同士の戦いで合戦の火蓋は切られた。

このとき日本水軍は唐水軍に向かい、四度にわたる波状《はじょう》攻撃を繰り返したが、

●白村江の戦い

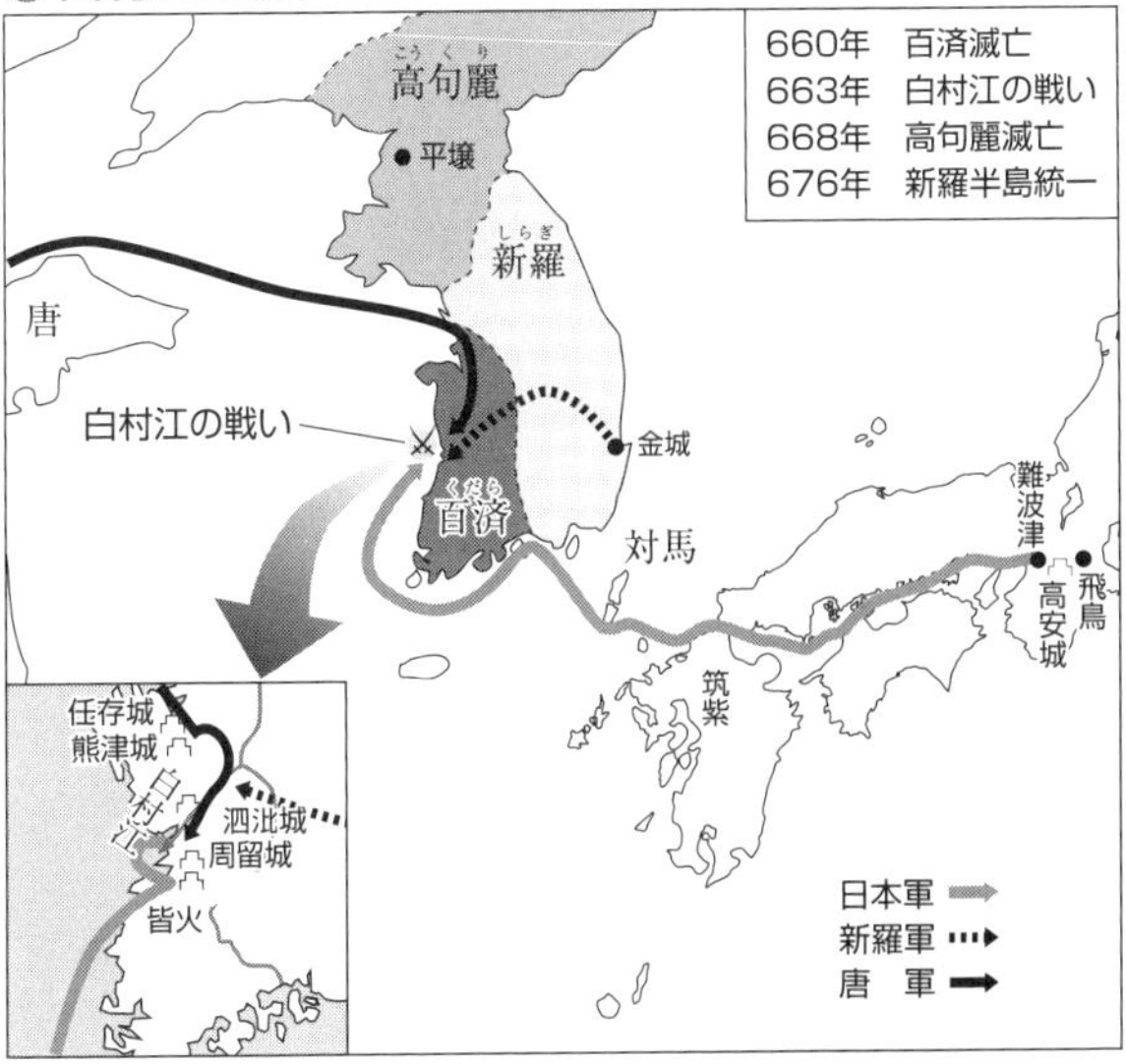

そのつど相手の分厚い守りに阻まれた。中国の史書はその模様を、
「四たび戦って捷《か》ち、その船四百艘を焼く。煙と焔、天に漲《みなぎ》り、海水皆赤し」
と伝えている。結果は日本水軍の惨敗だった。将兵の大半は溺れ死んだという。余豊璋は高句麗に逃亡し、九月七日には周留城も落ちた。

生き残った日本兵は朝鮮半島南部までたどり着くと、亡命を希望する百済兵とともに筑紫に帰還した。唐の捕虜となった日本兵の中には三十年もたってようやく帰国できた者もいたという。

大和政権はこの大敗に衝撃を受け、新羅や唐が攻め込んでくることを想定し、筑紫に大きな水城《みずき》（土塁）を築く。そして、全国から兵士を集めて防人《さきもり》として防衛の任務に当たらせた。

都も、敵が瀬戸内から侵略してきたときに逃げやすいよう、大和から琵琶湖沿岸の大津に移した。この大津は六七二年に起こった政変「壬申《じんしん》の乱」で天武《てんむ》天皇が登場するまで日本の首都となる。

その後の朝鮮半島だが、六六八年、新羅・唐連合軍に攻められ、高句麗が滅亡。六七六年、新羅が朝鮮半島で最初の統一国家となる。

唐は七三五年になって公式にそのことを認め、新羅の朝鮮統一はここに完結する。

壬申の乱　六七二年（天武元）

古代史最大の内乱の知られざる経緯

天智天皇の没後、大海人と大友の皇子同士が皇位継承をめぐり争った戦い。一カ月余にわたる激戦で近江大津宮は灰となる。この戦いを制した大海人は天武天皇となり、律令制度を確立、日本国家の建設に大きな役割を果たした。

◆大海人皇子の胸の内

ことの発端は、六七一年（天智《てんじ》十）十月十七日、病気で伏せっている天智天皇を弟の大海人《おおあま》皇子《のおうじ》が見舞ったことに始まる。ここ数年は、白村江《はくそんこう》の戦いにおける大敗と、それに伴う軍事費の負担によって民心はすでに天智から離れており、朝廷にも天智に対する不満が渦巻いていた。天智自身もそれを察してか、政治に対する意欲を喪失し、その天智に代わって大海人が政府を主導していた。

やがて天智の病室から出てきた大海人は、突然思わぬ行動に出る。人々が見守るなか、自分の髪を剃り落としてしまったのである。このとき大海人は四十一歳。

天皇と大海人の間にどんな話がなされたか謎のままだが、天皇の側近によれば、天智が天皇の位を大海人に譲ると申し出たのに対し、大海人は持病を理由に固辞、次期天皇には天智の子の大友皇子《おおとものおうじ》こそふさわしい、と述べたという。頭巾で顔を覆った大海人は「これから仏道修行に励み、兄の病気平癒《へいゆ》を祈りたい」と周囲に言い残し、大津宮を後にしたという。この一件を人々は「虎に翼を付けて野に放すようなものだ」と噂しあったと伝えられる。

◈大海人決死の脱出行

天智が大海人に譲位を申し出た時、なぜ大海人はこれを断ったのか。

実は、天智は中大兄皇子《なかのおおえのおうじ》時代、多くの政敵を葬ってきた過去がある。帝位への望みをうっかりもらしたばかりに彼から抹殺された皇子も少なくなかった。そのため、譲位をもちかけられた大海人は天智が普段、わが子（大友皇子）を寵愛していることを知っており、「これは自分を葬るための罠だ」と直感。自分の身を守るためにあのような振る舞いに出たのだった。

天智は自分が滅ぼした古人大兄皇子《ふるひとのおおえのおうじ》の娘、倭姫王《やまとのひめのおおきみ》を皇后とし、さらに自殺に追い込んだ蘇我石川麻呂《そがのいしかわまろ》の娘や安倍氏など大豪族の娘を妃《きさき》としていたが、いずれも男児に恵まれなかった。そこで、伴造《とものみやつこ》・国造《くにのみやつこ》クラスの娘が成した皇子の中で、伊賀国造《いがのくにのみやつこ》の娘である宅子娘《やかこのいらつめ》との間に生まれた大友皇子に期待をかけた。それがために、朝廷で声望がある大海人を次第に疎《うと》ましく思うようになっていった。

それでも藤原鎌足《ふじわらのかまたり》の存命中は天智と大海人との間に目立った不和はなかった。しかし、六六九年冬、これまで天智に影のごとく寄り添っていた鎌足が没したことで、両者の関係に少しずつ亀裂が生じ始めたのである。

●律令体制初期の皇室系図

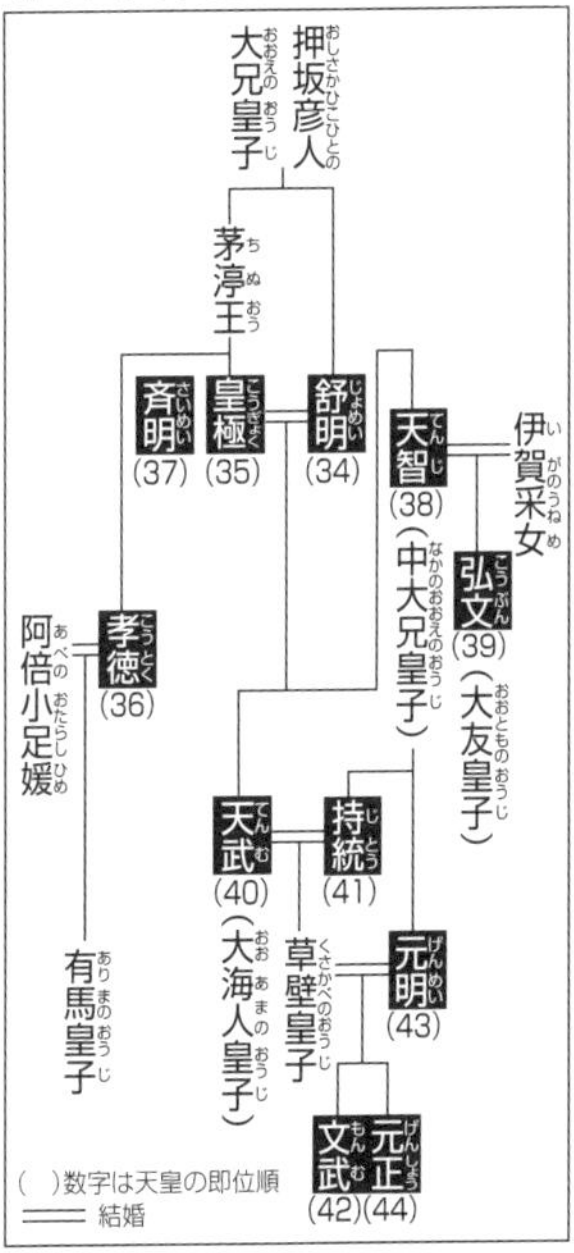

鎌足の死から二年後の六七一年正月、天智は大友を太政《だじょう》大臣に任命する。太政大臣は「百官を総《す》

べ」「万機を親裁する」新設の官職である。これにより政府首脳部が天智―大友ラインの人材で固められ、大海人はこの人事から排除されてしまう。天智は大友を次期天皇に据えるための露骨な運動を開始したのである。

そんな天智もその年の秋ごろから病の床に伏すようになり、同年十二月三日、ついに亡くなった。そこで、太政大臣の大友が事実上の後継者となった。

翌六七二年六月二十四日、出家して吉野に隠棲していた大海人の使者が、駅鈴《えきれい》入手に失敗したことから、大海人の東国への脱出計画が明るみに出る。

駅鈴とは諸国に配備された官馬を使用するための許可書である。大海人はこれを入手して東国へ脱出を図ろうとしたのである。脱出計画が露顕《ろけん》した大海人は自らに危険が及ぶことを恐れ、急きょ、吉野を出発した。

大海人の謀叛《むほん》を知った朝廷は狼狽の極に達した。群臣の中には大海人の側に寝返ろうとする者や山里に身を隠そうとする者まで現れる始末だったと『日本書紀』の中で述べられている。

大海人の脱出行に付き従うのは妃（のちの持統《じとう》天皇）、皇子の草壁《くさかべ》・忍壁《おさかべ》、さらに舎人《とねり》二十余人、女孺《めのわらわ》十余人だった。敵地ともいうべき伊賀から伊勢へ抜ける必死の逃避行のすえ、大海人は鈴鹿《すずか》・不破《ふわ》の両関を占領。東海・東山道の諸国に向けて参陣を呼びかけ、美濃の不破野上行宮《ふわののがみのかりみや》を本営として、戦闘態勢を整える。

一方、近江朝廷側は兵を動員するための使者を東国、飛鳥《あすか》、吉備《きび》、筑紫《つくし》などに派遣する。このうち、東国へ向かった使者は、大海人が不破を占拠していたため目的を達することなく逃げ帰ってきた。また、吉備や筑紫など西国の豪族からも協力は得られなかった。

●壬申の乱

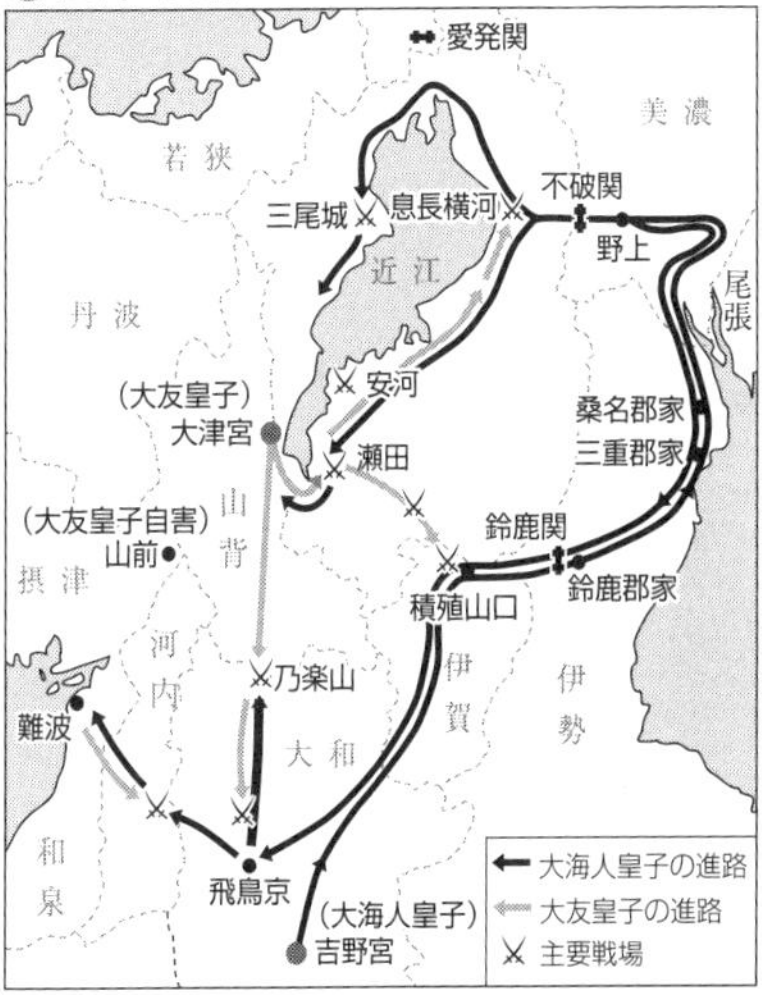

西国の豪族たちは先年の白村江の戦いに徴発され、多大な被害を蒙っていたため、ときの朝廷を信頼していなかった。兵の動員に成功した大海人と失敗した大友軍。これが勝敗を分けることになった。

◆骨肉の争いから大乱へ

七月二日、大海人は軍を二隊に分け、一隊は大和地方の制圧に、もう一隊は琵琶湖南岸を進んで大津宮《おおつのみや》へ向かわせた。大津宮を目指す一隊は大友軍の防衛拠点を次々に攻略、七月二十二日には大友軍の最後の防衛線である瀬田橋に迫り、西岸に陣を張る大友軍団と対峙《たいじ》した。

この戦いは激戦となり、『日本書紀』にも、弓から放たれた矢が乱れ落ちて雨のごとく降りそそいだと記録されている。大海人軍はこれに勝利し、大友らは敗走する。そして翌二十三日、大友皇子は自害して果てる。

二十六日、大友皇子の首を下げ、将軍らは不破の大海人のもとに凱旋《がいせん》した。すぐに大海人は戦後処理にあたり、朝廷側の重臣らに斬刑や流刑を命じた。こうしてほぼ一カ月で戦いは終結した。

この内乱は、この年の干支《えと》・壬申《みずのえさる》にちなみ、「壬申の乱《じんしん》」と呼ばれるようになった。勝利した大海人はその後、天武《てんむ》天皇となり律令国家の形成に着手、天皇による強力な支配体制を確立していく。

坂上田村麻呂の蝦夷平定　七九四〜八〇二年（延暦十三〜同二十一）

蝦夷の族長・阿弖流為の悲劇の真相

八世紀後半から九世紀にかけて、蝦夷地（当時は東北地方を指す）において大規模な反乱が起こる。律令社会に対する反発が招いたものだった。これを鎮めるため派遣されたのが、武人の誉れ高い坂上田村麻呂であった。

◆蝦夷平定の知られざる真実

七八〇年（宝亀《ほうき》十一）、陸奥《むつ》国上治《これはり》郡の郡司に任じられていた蝦夷《えぞ》の族長・伊治《これはりの》公呰麻呂《きみあざまろ》が反乱を起こす。伊治《これはり》城（宮城県栗原市）を襲って按察使《あぜち》（陸奥出羽の長官）の紀広純《きのひろずみ》を殺害、さらに朝廷の東北支配の拠点であった多賀城を崩壊させる。

知らせを受けた朝廷はただちに征東軍を派遣するが、抵抗に遭い追い返されてしまう。七八九年には五万の征東軍が蝦夷の本拠地である胆沢《いさわ》（岩手県奥州市）へ進攻した。しかし、今度もこの地方の族長・阿弖流為《あてるい》のゲリラ戦に翻弄《ほんろう》され、千人以上の死者を出して惨敗する。

その後、桓武《かんむ》天皇は慎重に準備を進め、七九四年、大伴弟麻呂《おおとものおとまろ》を征夷大将軍に、坂上田村麻呂《さかのうえのたむらまろ》を副将軍に任じ、十万の兵を預けて蝦夷征伐に向かわせた。このときは胆沢の地をほぼ平定する。

記録によると、斬首四百五十七、捕虜五十、獲馬八十五頭、焼き払った村々七十五という戦果をあげて帰還したという。この征東によって実力を認められた田村麻呂は七九七年、征夷大将軍に任命される。そして、八〇一年には胆沢から志波《しわ》(盛岡市)までを制圧し、翌八〇二年には胆沢城を築き、蝦夷支配の拠点とする。

◈阿弖流為の降伏とその後

坂上田村麻呂という人は渡来系の東漢氏《やまとのあやうじ》の一族である。父の苅田麻呂《かりたまろ》ともども武勇に優れた人物だった。『日本後紀』によると、田村麻呂は身長約百八十センチ、赤ら顔で澄んだ瞳は鷹のごとく鋭く、黄金色のあご髭をたくわえていたという。しかし、単に武人として優れていただけでなく、有能な政治家でもあった。このときの蝦夷征伐からそれをうかがい知ることができる。

●蝦夷の反乱の経緯

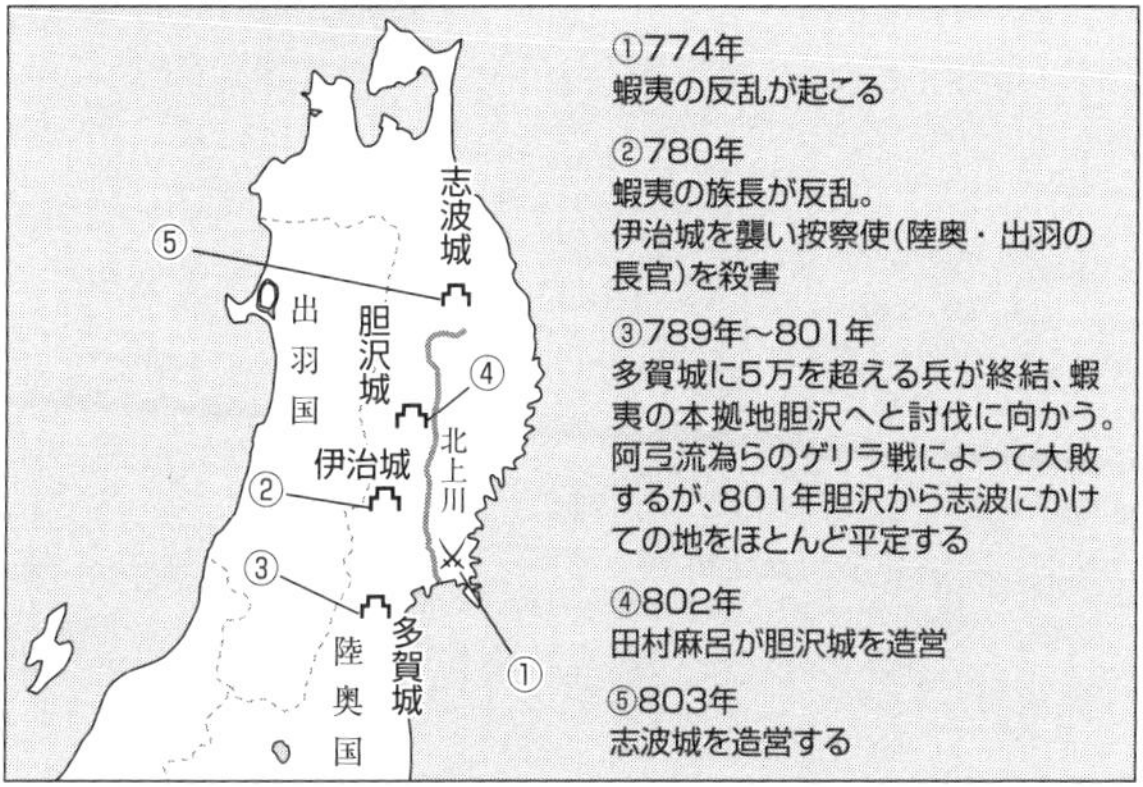

志波城
胆沢城
伊治城
多賀城
出羽国
陸奥国
北上川
①774年
蝦夷の反乱が起こる
②780年
蝦夷の族長が反乱。
伊治城を襲い按察使（陸奥・出羽の長官）を殺害
③789年〜801年
多賀城に5万を超える兵が終結、蝦夷の本拠地胆沢へと討伐に向かう。阿弖流為らのゲリラ戦によって大敗するが、801年胆沢から志波にかけての地をほとんど平定する
④802年
田村麻呂が胆沢城を造営
⑤803年
志波城を造営する

田村麻呂がまず取り組んだのは、陸奥国でも遠く隔たっている伊治城と玉造塞《たまつくりのき》の中間に駅を設け、危急に備えたことだ。さらに、諸国から九千人を集めて伊治城に移民させ、農業や養蚕《ようさん》事業などを奨励した。これは兵士の食料を確保すると同時に近隣住民を富ませ慰撫《いぶ》する狙いだった。

こうして基盤を整えたうえで、田村麻呂は四万の軍勢をもって蝦夷の奥地に攻め入った。これが八〇一年の戦いで、前回の十万の兵の半分にも満たなかったが、周到な下準備が奏功し、前回以上の戦果をあげることができたのである。

この時の戦いで、族長・阿弖流為が降伏してきたため、田村麻呂は都へ連行した。

他の蝦夷の人々を服従させるためにも阿弖流為を生かしておくべきだと田村麻呂は朝廷へ進言した。しかし、公家たちは阿弖流為を必要以上に恐れ、それを無視し、河内国《かわち》（大阪府）杜山《もりやま》で斬首してしまう。こうして武力制圧が進むと同時に律令制が東北の隅々に浸透していくことになるわけである。

その後の田村麻呂だが、八〇五年に参議となり、現在の京都・東山に土地を賜り、清水寺を建立する。以来、中納言勲二等征夷大将軍、右近衛大将、正三位、大納言などを歴任し、八一一年五月、五十四歳で亡くなっている。

田村麻呂は従二位を追贈され、山城国（京都府）栗栖《くりす》村に葬られた。勅命により、棺は東北の方向に向けて立てて安置され、傍らには武器・武具が合葬された。死してなお、王城を守護する役目を担わされたのである。

なお、征夷大将軍職はその後武門最高位の官職として源平時代に復活し、江戸時代が終わるまで続いた。初代大伴弟麻呂から徳川十五代慶喜《よしのぶ》に至るまでのべ四十六人の征夷大将軍が日本史上に存在した。彼らが最高権力者の証として征夷大将軍職を望んだのは伝説の武人・坂上田村麻呂にあやかろうとしたからにほかならない。

承和の変　八四二年（承和九）／応天門の変　八六六年（貞観八）

陰謀か、偶然か……謀叛と藤原良房を結ぶ線

藤原良房――九世紀半ばの朝廷に暗躍した官僚。「承和の変」「応天門の変」という政界を揺るがす二つの大事件を契機に、自らの足場を固めていった良房。最後には臣下として初の摂政となり、藤原政権の礎を築く。

◆届けられた密書

その事件は、八四二年（承和《じょうわ》九）七月十七日、嵯峨《さが》上皇の死から二日後のこの日、太后・橘嘉智子《たちばなのかちこ》のもとに一通の密書が届けられたことに端を発する。密書は、春宮坊《とうぐうぼう》（皇太子付き役所）の武官・伴健岑《とものこわみね》と但馬権守《たじまのごんのかみ》橘逸勢《たちばなのはやなり》が国家の転覆を企て、淳和《じゅんな》上皇の子の恒貞《つねさだ》親王を奉じて東国に挙兵しようとしているという内容だった。

この情報は中納言藤原良房《ふじわらのよしふさ》を通じて仁明《にんみょう》天皇にもたらされ、朝廷ではただちに伴健岑と橘逸勢を捕縛させた。役所に連行された二人は謀叛の事実を認めなかった

ものの、配流を申し渡され、恒貞親王は皇太子を廃されてしまう。これが「承和《じょうわ》の変」である。

藤原良房は事件後大納言に昇進、さらに良房の妹順子《のぶこ》が仁明帝との間に成した道《みち》康《やす》親王（のちの文徳《もんとく》天皇）が立太子し、これによって藤原氏の朝廷における影響力は隠れもないものとなった。

それにしても不思議な事件である。恒貞親王は別に謀叛など起こす必要はなかった。次の天皇の座が約束された皇太子だからだ。どうやら、道康親王を立太子させたいと考えた藤原良房がそのために邪魔になる恒貞親王を排除しようと謀叛事件を捏造《ねつぞう》したというのが真相のようである。

◆「大火」の陰にひそむ陰謀

承和の変から二十四年後、八六六年（貞観《じょうがん》八）閏《うるう》三月十日の夜、応天門が突然炎上する。応天門は即位・朝賀など朝廷のもっとも重要な儀式を執り行う平安宮朝堂院の正門で、正面に空海（弘法大師）筆の額を掲げた門としても知られていた。また、大伴氏が代々守衛してきたことから「大伴門」とも呼ばれていた。この応天

●藤原氏系図

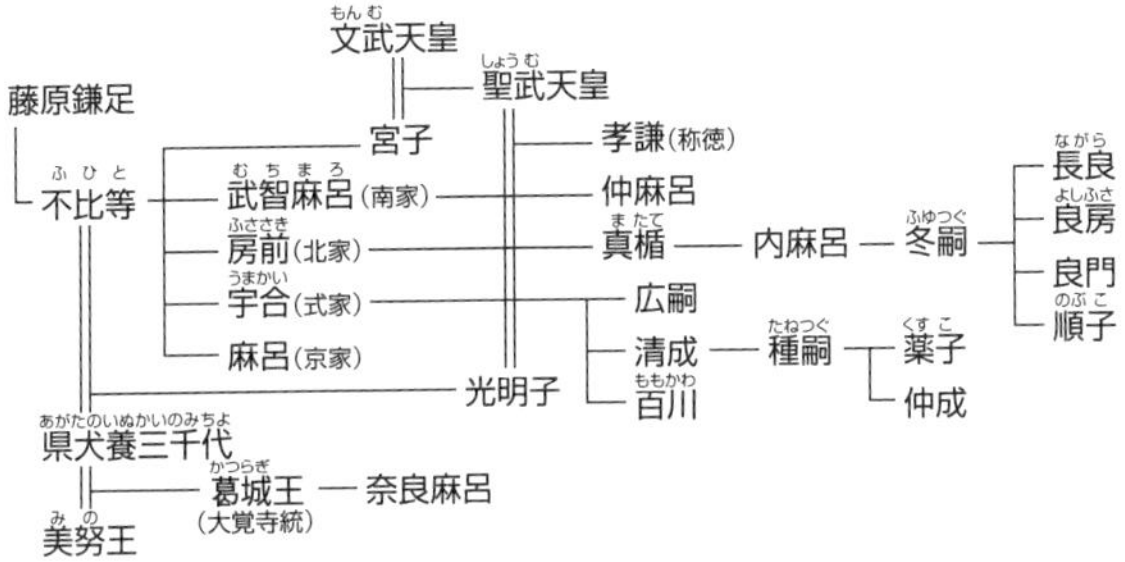

門が完全に焼け落ちてしまったのである。

失火か放火か、人々があれこれ取り沙汰するなか、「大納言の伴善男《とものよしお》とその息子中庸《なかつね》が犯人だ」と訴える者があった。伴善男は七八五年、藤原種継《たねつぐ》暗殺事件の犯人として獄死した大伴継人《おおとものつぐひと》の孫にあたる。犯罪者の末裔《まつえい》という逆境から身を起こし大納言の地位にまで出世したほどの男だけに、相当の野心家だったようである。

伴善男を放火犯人だと訴え出たのは、下級役人の大宅鷹取《おおやけのたかとり》という男だった。この訴えに従って伴中庸は拘禁され、伴家の従者もことごとく捕縛された。善男自身も高等検事局とでもいうべき勘解由使《かげゆし》庁《ちょう》で厳しい査問を受けることになる。しかし、善男は「氏族の象徴でもある応天門を自ら焼くわけがない」と必死に無実を訴えた。

この大宅鷹取の告発については信憑性が疑問視されている。なぜなら、鷹取には過去に伴善男の従者に娘を殺されたという恨みがあり、しかも、応天門炎上から五カ月も過ぎてからの訴えであったからだ。

それはともかく、大納言という要人が告発されたことで朝廷は大いに混乱した。そのドサクサに乗じて、藤原良房がときの天皇清和《せいわ》に働きかけ、「摂政《せっしょう》」の地位を手に入れる。この摂政という地位はこれまで皇族以外に例がなく、それも幼帝や女帝のときに補佐する目的で置かれるものだった。こうして良房は人臣初の摂政となり、名実ともに権力を掌握した。

良房はこの機会に最近朝廷内で発言力を強めてきた伴善男を葬り去ることを企《たくら》んだようである。良房は逮捕していた伴家の従者に苛烈な拷問を加え、伴善男・中庸父子《おやこ》が放火を計画したという証言を引き出す。むろん、伴善男は否定したが、良房の断によって有罪とされ、伊豆へ配流となった。

「承和の変」といい、この「応天門の変」といい、藤原良房が自らの権力掌握のためにでっち上げた疑獄事件であることは間違いないだろう。これを契機に藤原氏一族が天皇の後見として政治を掌握する、いわゆる「摂関《せっかん》時代」が始まることとなる。

承平・天慶の乱　九三五〜九四一年（承平五〜天慶四）

東西同時に起きた反乱と律令体制の綻び

桓武天皇の血をひく東国武将の平将門。一族の土地問題がこじれ、朝廷に楯突く謀叛人となる。一方、西国では藤原純友が大々的に海賊行為を働いていた。ほぼ同時期に起きた東西の反乱に朝廷はいかに対処したのだろうか。

◆将門が就いた新皇の地位

平将門《たいらのまさかど》は桓武《かんむ》天皇の曾孫高望王《たかもちおう》の孫にあたる。高望王は八八九年（寛平元）に平《たいら》の姓を与えられ上総介《かずさのすけ》に任ぜられた。その子らは地方軍事貴族として常陸《ひたち》（茨城県）や下総《しもうさ》（千葉県北部と茨城県南部）に土着した。土豪同士、姻戚《いんせき》関係が緊密になるにつれ、領地をめぐる紛争が頻繁に起こるようになる。

九三五年（承平《じょうへい》五）二月、将門が常陸国筑波山西麓で、伯父の常陸大掾《だいじょう》（判官）平国香《たいらのくにか》やその弟良兼《よしかね》・良正《よしまさ》とは姻戚にあたる源護《みなもとのまもる》の息子らの軍勢と戦う。結果は将門の完勝だった。この合戦は、新治《にいはり》郡の土豪 平真樹《たいらのまさき》が源護との間で起きた紛争の調停を将門に依頼したことに端を発するという。将門が真樹の依頼にこたえて常陸に向かったところ、国香らの軍に待ち伏せされ、戦闘を挑まれたためやむなく応戦したものだった。その八カ月後、将門は良正を破り、翌九三六年六月には良兼・良正と平国香の嫡男・貞盛《さだもり》の連合軍数千を百余騎で潰走《かいそう》させた。

その年の十月、将門は朝廷から召喚され、上洛。検非違使《けびいし》庁においてこれまでの私闘の経緯を陳述した。翌九三七年四月、朱雀《すざく》帝元服の恩赦《おんしゃ》によって将門は罪を許され、帰国の途につく。

将門が帰国すると、すかさず良兼が攻撃を仕掛けてきた。同年八月の「子飼《こかい》（小貝）の渡《わたし》」の合戦で将門は初めて大敗を喫する。その後、再起した将門は良兼や貞盛と幾度となく激闘を繰り広げた。

九三八年二月、将門は武蔵国司（国の長官）・源経基《みなもとのつねもと》と足立郡司（郡の長官）・武蔵武芝《むさしのたけしば》の争いに調停に乗り出すが、かえって経基に恨まれ、将門が謀叛を企てていると朝廷に訴えられてしまう。さらに、九三九年十一月、常陸国司・藤原維幾《これちか》の追捕《ついぶ》を受けていた藤原玄明《はるあき》という者を匿《かくま》ったことが原因で維幾と対立し、維幾か

平将門の乱

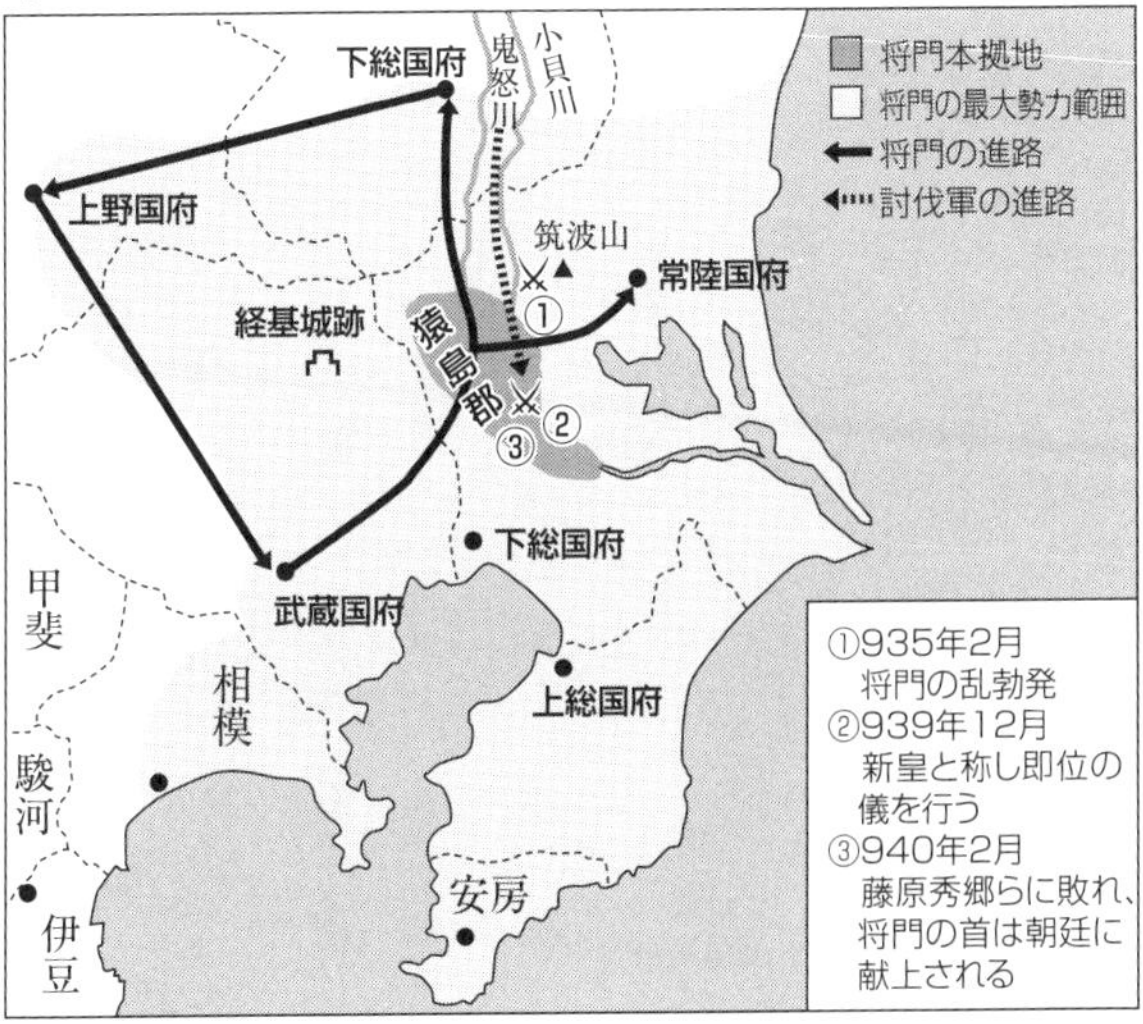

平将門一族の略系図

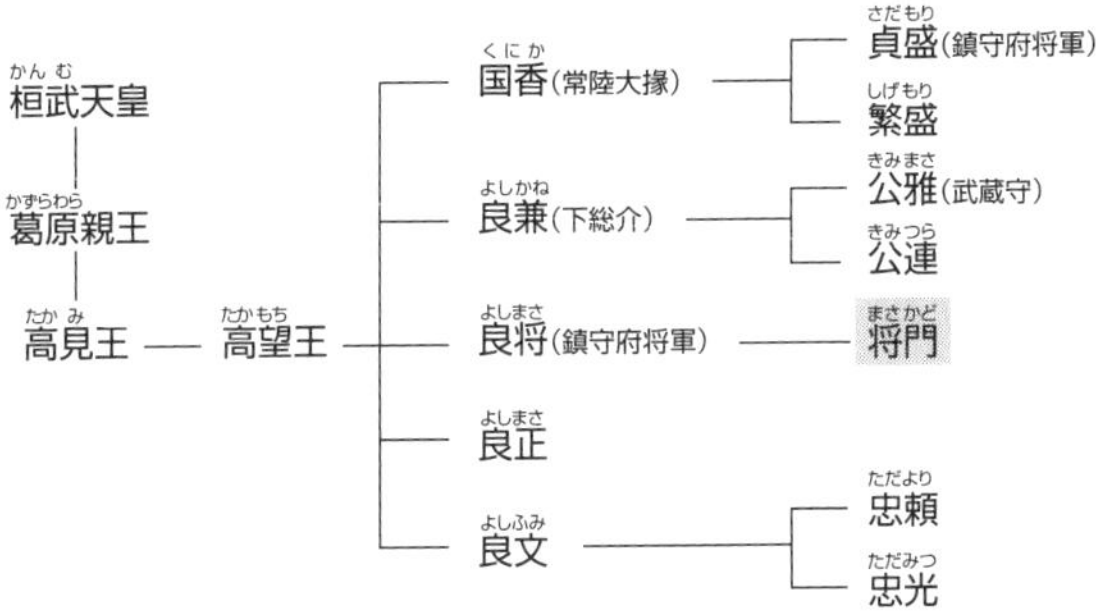

ら国印と正倉《しょうそう》の鍵を奪い取ってしまう。

ここに至り、将門は中央政府に刃向かう謀叛人となった。翌月、坂東一帯を勢力下においた将門は自ら新皇を号し、関東八カ国の国司をはじめとする文武百官を任命する。

これはすなわち、朝廷からの独立と新政権樹立を意味していた。この時が将門の絶頂期だった。この日からわずか五十九日後に将門は宿敵の平貞盛と藤原秀郷《ひでさと》によって滅ぼされるのである。

◆駆け引きに敗れた純友

一方、関東で平将門が勢力を拡大している最中、西国では藤原純友《すみとも》率いる海賊が瀬戸内海沿岸や北九州を荒らし回っていた。

九四〇年（天慶《てんぎょう》三）一月三日、朝廷は純友に従五位下の位階を授け、懐柔に出る。これが奏功し、一時は純友一党の活動も止むが、同月十四日、将門が討たれ東国の乱が終息すると朝廷は一転して純友追討《ついとう》を命じた。

緒戦では善戦していた純友も、翌年六月二十日、その命運は尽き、伊予国（愛媛

●藤原純友の乱

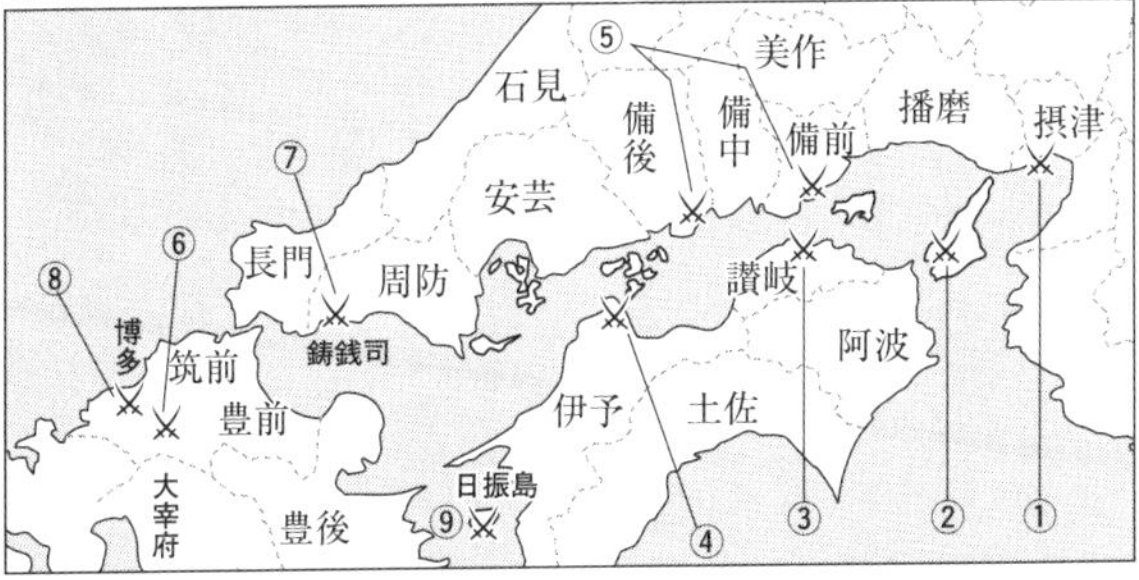

①939 年 12 月　藤原子高を襲撃
②940 年 2 月　淡路を襲撃
③940 年 8 月　讃岐を襲撃
④940 年 8 月　伊予を襲撃
⑤940 年 8 月　備前・備後の兵船を焼く
⑥940 年 10 月　大宰府の追補使を討つ
⑦940 年 11 月　周防の鋳銭司《すぜんじ》を焼く
⑧941 年 5 月　博多で小野好古に敗れる
⑨941 年 6 月　純友、日振島で敗死

県）警固使《けいごし》橘　遠保《たちばなのとおやす》によって討ち取られる。この東西の乱は時期が重なるため、二人の間に密約があったという説がある。『大鏡』にも、「純友が将門と語らって恐ろしいことを企《くわだ》てた」とあるが真相は謎のままである。

　この平将門と藤原純友が起こした争乱は、その年代から「承平・天慶の乱」とも呼ばれる。

　東西時を同じくして勃発した反乱は朝廷に大きな衝撃を与えたが、朝廷はまず将門を討ち、その後で純友を滅ぼすという巧みな時間差攻撃によって危機を乗り切った。しかし、律令体制の崩壊を予感させる反乱であったことは間違いない。

前九年の役／後三年の役　一〇五一〜一〇六二年（永承六〜康平五）
一〇八三〜一〇八七年（永保三〜寛治一）

安倍氏から藤原氏に至る奥州覇権の系譜

平将門の乱が終息したのもつかのま、朝廷にとって新たな難問が持ち上がった。奥州の反抗である。安倍氏から清原氏に、そして最後は藤原氏に至る――それはまさに四十年間に及ぶ「奥州国盗り物語」である。

◆権勢を誇った安倍氏が滅びるまで

坂上《さかのうえの》田村麻呂《たむらまろ》の遠征以来、蝦夷《えぞ》に自治権を認める政策により、陸奥《むつ》には百年以上の平穏が続いた。この間、陸奥六郡の郡司として俘囚《ふしゅう》（帰服した蝦夷）を実質的に支配していたのが、安倍氏だった。

安倍氏の勢力の増大を恐れた朝廷は一〇五一年（永承《えいしょう》六）、源《みなもとの》頼信《よりのぶ》の嫡男で武名の誉れ高い頼義《よりよし》を現地に赴任させた。これにより、安倍氏は一時なりをひそめるが、頼義の任期が切れる四年目に事件は起きた。頼義一行の藤原《ふじわらの》光貞《みつさだ》・元貞《もとさだ》が何者かに襲われたのである。

頼義は事件の首謀者が安倍頼時《よりとき》の子・貞任《さだとう》であると断定し、貞任を処罰しようとした。頼時は怒り、頼義に対し反抗の兵を挙げた。緒戦は頼義軍の足並みがそろわず、安倍頼時軍に大敗を喫してしまう。大将の頼時が流れ矢に当たって亡くなるが、貞任が一族をよくまとめあげ、一〇五七年十一月、黄海《きのみ》（岩手県一関市）の合戦で頼義軍を撃破する。

その後、巻き返しを期す源頼義は一〇六二年、出羽国（山形県・秋田県）の俘囚・清原武則《きよはらのたけのり》らの加勢を得ることに成功する。同年八月、武則は一万の軍勢を引き連れ、頼義軍三千に合流した。力強い味方を得て、いきあがる頼義軍。翌九月五日、危機感を抱いた安倍貞任は八千の兵力で源頼義の陣に奇襲戦を仕掛ける。ところが、これに失敗し、北へ敗走。源・清原の連合軍は即座に追撃し、北へ北へと貞任軍を追い詰める。

九月十五日、貞任軍は最後の拠点として残った厨川柵《くりやがわのき》（岩手県盛岡市）に立て籠もる。二日後、源・清原連合軍は総攻撃を開始し、柵の中を火の海とする。この戦いによって貞任軍は壊滅し、貞任は戦死を遂げる。こうして頼義の赴任以来足かけ十二年に及んだ「前九年の役」は終結した。

◆最後の勝者は誰か

この戦いで最も得をしたのは清原武則だった。彼は地方豪族としては破格の官位(従五位下鎮守府将軍)を与えられ、安倍氏の旧領奥六郡をも手に入れたのである。

しかし、それから二十年ほどたって清原氏の権威が強まるにつれ一族の中に不満を持つ者が出てきた。

一族の長老で、前九年の役で活躍した吉彦秀武《きみこのひでたけ》である。秀武は武則の直系である真衡《さねひら》に婚礼の席で辱《はずかし》められたことから、怒りを爆発させ、兵を挙げた。戦の経験もない真衡に臣下同然の扱いを受けたことが我慢できなかったのである。この秀武の挙兵に、真衡の異母弟家衡《いえひら》、その異父兄で藤原経清《つねきよ》の遺児清衡《きよひら》も同調した。

こうした内紛の最中、一〇八三年、源頼義の嫡男義家《よしいえ》が陸奥守として赴任してきた。義家は清原真衡を支持し、家衡・清衡と戦った。これが「後三年の役」の始まりである。家衡・清衡はすぐに降伏したが、肝心の真衡が陣中で頓死《とんし》してしまう。

そこで、義家は家衡・清衡を許し、両者に奥六郡を折半させて事態を収拾した。

●藤原氏・安倍氏・清原氏の関係図

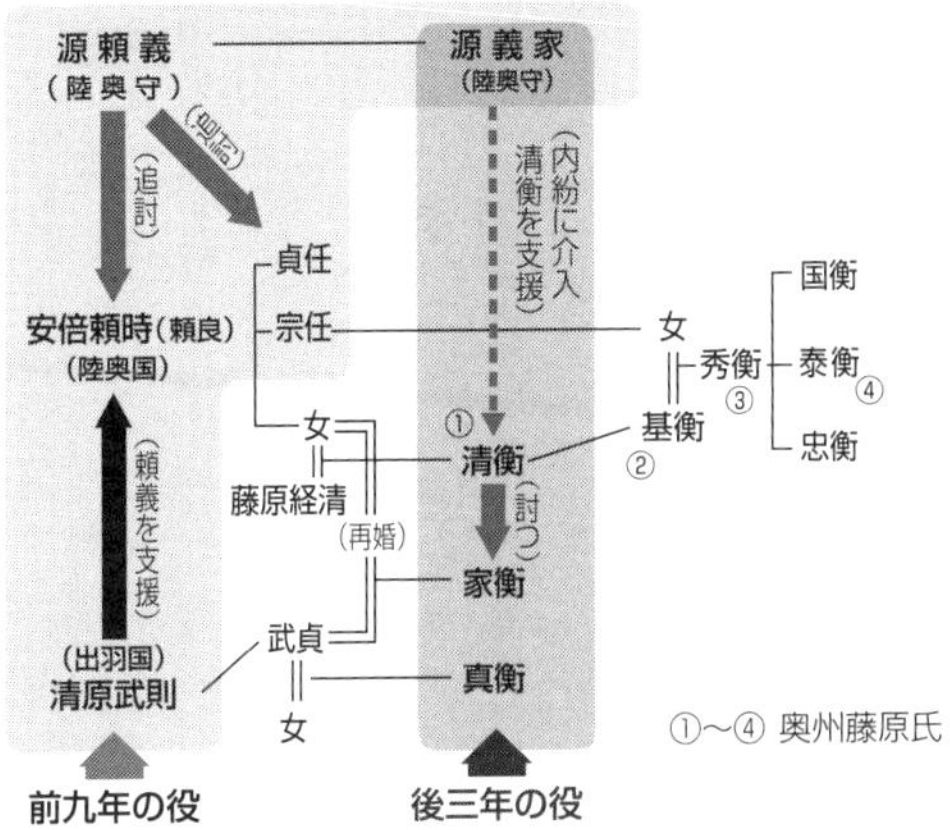

●安倍氏追討の進路

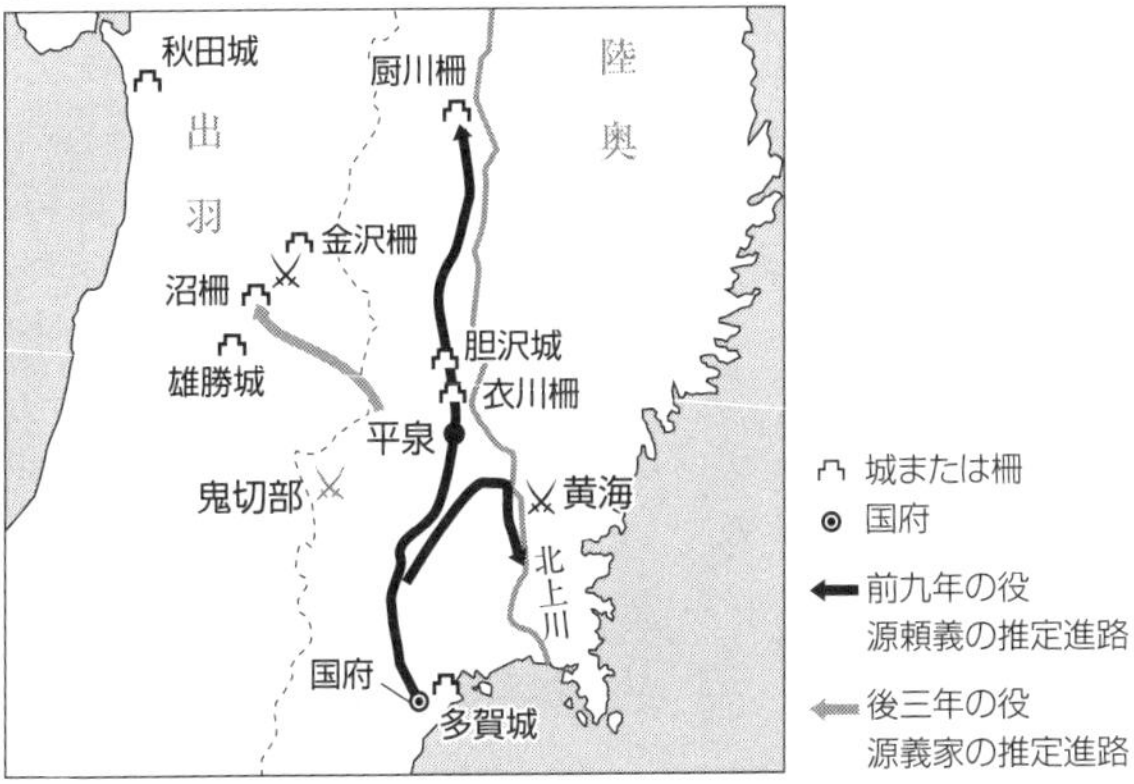

そのうち、両雄並び立たずで、家衡と清衡が対立する。一〇八六年、家衡は清衡の暗殺を企て、屋敷を襲った。清衡は危うく難を逃れ、そのまま源義家に助けを求めた。義家は数千の兵を率いて出陣し、出羽で戦いが始まった。

家衡軍の抵抗は激しく、義家軍は大いに苦しめられる。それでも家衡軍を金沢柵《かねざわのき》（秋田県横手市）に追い詰め、最後の決戦に挑む。一〇八七年九月、義家は弟新羅三郎義光《よしみつ》の来援を得て、数万の大軍で金沢柵を包囲する。

そのまま兵糧攻めの策に出た義家・清衡連合軍。これにはさすがの家衡軍も戦意を喪失し、とうとう降伏を申し出てくるが、義家は許さなかった。

同年十一月十四日、金沢柵はついに陥落し、家衡は討たれる。柵内に立て籠もった家衡軍の兵士は皆殺しに遭い、酷い殺され方をされた者も多かった。残った女たちも凌辱《りょうじょく》されたうえで殺された。天下第一の武勇と称された八幡太郎義家だが、その実像は後世語られるような花も実もある武将の鑑――というイメージからおよそかけ離れた残虐なものだった。

この後三年の役ののち、陸奥を去った義家にかわり、奥羽の覇権を確立した清衡はやがて平泉の王者として君臨、輝かしい奥州藤原氏三代の礎《いしずえ》を築くのである。

保元の乱　一一五六年（保元元）／平治の乱　一一五九年（平治元）

都大路を戦火に巻き込む大乱が生んだ武士の台頭

「保元の乱」と「平治の乱」は、天皇家と摂関家の内部対立に端を発している。貴族政治の矛盾を一気に露呈し、それまで「貴族の飼い犬」と蔑まれていた源氏と平氏に代表される武士の台頭を招くことになった。

◆源平両氏が動員された保元の乱

「保元《ほうげん》の乱」は一一五六年（保元元）七月二日に起きた。鳥羽《とば》法皇の崩御《ほうぎょ》を契機として戦端が開かれた。ときの天皇後白河《ごしらかわ》は崇徳《すとく》上皇が謀叛《むほん》を企《くわだ》てているとして、源義朝《みなもとのよしとも》らの武士に崇徳の館を包囲させたのである。

そもそも、天皇家の鳥羽法皇・美福門院《びふくもんいん》夫妻が長子の崇徳上皇をうとんじ、皇位と院政を行う条件を奪ったことが原因だった。

崇徳上皇という人は実は鳥羽法皇の祖父・白河法皇が、鳥羽法皇のかつての皇后であった待賢門院璋子《たいけんもんいんたまこ》に生ませた子だった。そのため、父親であるはずの鳥羽法皇は崇徳のことを「叔父子《おじご》」と呼んでいた。

鳥羽法皇にすれば、崇徳を遠ざけ実の子（後白河）に帝位を与えたいと考えるのも無理からぬことだった。これに藤原摂関家の家督争いが結び付いた。さらに、この対立に源平両氏の武士が動員された。源氏では為義《ためよし》・為朝《ためとも》父子が崇徳方、義朝は為義の子ながら後白河方、平氏は忠正《ただまさ》が崇徳方、甥《おい》の清盛《きよもり》が後白河方についた。

そもそも武士が登場したのは、白河上皇（法皇）の時代にさかのぼる。白河は父帝後三条の遺志に背《そむ》き、実子の善仁《たるひと》親王（堀河天皇）に譲位し、院政をしいた。この院政はその後、鳥羽、後白河へと受け継がれ、天皇と上皇が並び立つことで起こる様々な政治の矛盾を露呈することとなる。

それはともかく、白河上皇は自らの権力を維持するために独自の武士団「北面の武士」を組織する。つまり、上皇子飼いの傭兵《ようへい》集団――それが武士の起こりであった。

さて、崇徳上皇の館が包囲された八日後、崇徳も白河殿に源為義・為朝父子らの兵を集め、合戦の準備を整える。こうして不穏な空気が支配するなか、最初に動いたのは後白河方だった。

保元の乱

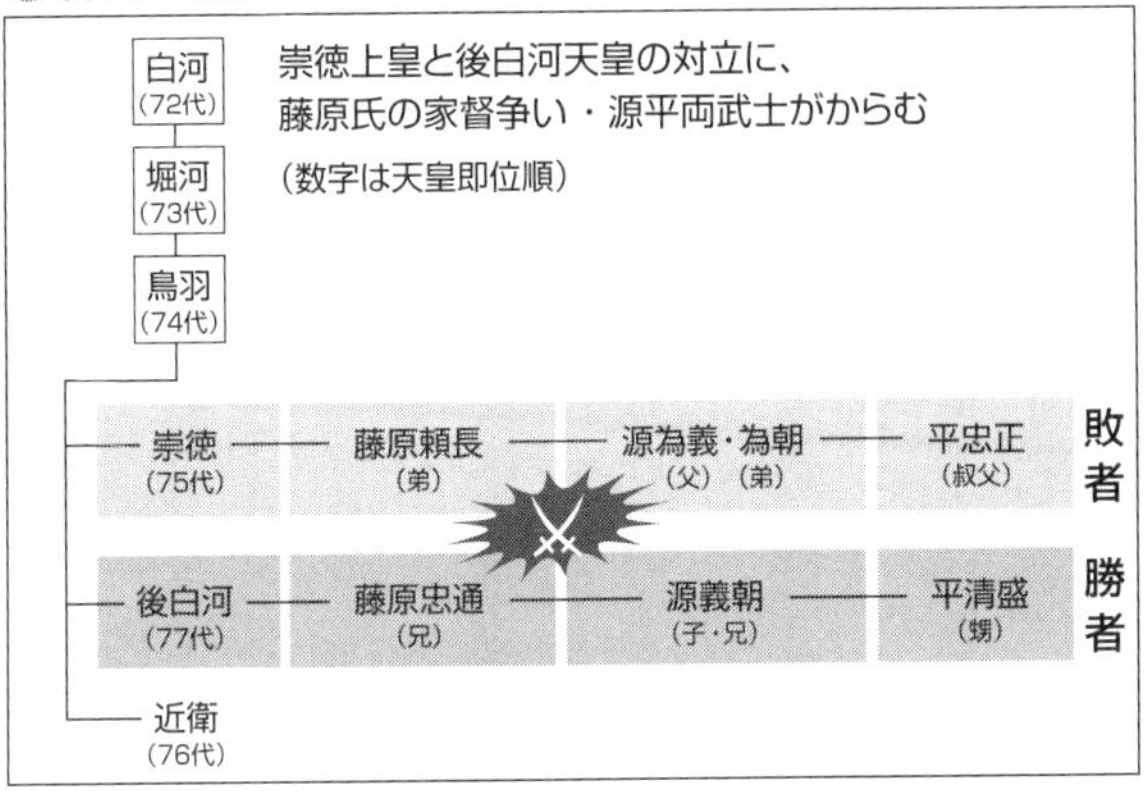

十一日未明、夜襲という形で後白河の兵が鴨川を越えて崇徳上皇と左大臣藤原頼長《よりなが》がたてこもる白河の前斎院《さきのさいいん》統子《むねこ》内親王の御所を三方から襲撃する。二条方面からは平清盛、大炊御門《おおいみかど》通りからは源義朝、近衛《このえ》方面からは源義康《よしやす》の率いる一隊がそれぞれ殺到した。

戦闘は四時間ほどで終息し、上皇と藤原頼長は逃走するが、勢いに乗る後白河方は崇徳方の源為義の屋敷を焼き払う。こうして保元の乱は後白河天皇方の勝利で終わった。

敗れた崇徳上皇は讃岐《さぬき》へ配流《はいる》、頼長は斬り死にした。さらに、平忠正と源為義は斬首、源為朝は伊豆大島へ流される。この保元の乱で、それまで卑しめられていた武士が初めて都大路を舞台に大規模な合戦を展開したことから、京童《きょうわらべ》は武士の世の到来を予感するのだった。

この保元の乱で源義朝に従った武士には東国出身者が多く、これに対し平清盛に従った武士は西国出身者が主流だった。こうした地方出身の武士たちが京都を舞台に戦ったことの意味は大きかった。

◆源義朝の武勇に勝る平清盛の智略

乱が終息すると論功行賞が行われた。軍功においては源義朝の活躍が平清盛を上回っていたが、なぜか義朝が従五位下、清盛が正四位下と義朝のほうが清盛の風下に置かれた。

義朝はこの論功行賞の背後に、黒衣の宰相として朝廷で辣腕《らつわん》をふるっている藤原通憲《みちのり》入道信西《しんぜい》の思惑が働いていることを知り、信西を恨んだ。

同じ藤原氏でも摂関家ではなかった信西は保元の乱を契機に天皇親政を目論んでおり、それには摂関家が邪魔だった。そこで摂関家の家人として代々仕えている源氏を冷遇するのが早道と考えたのである。

平治の乱

清盛ばかりが後白河上皇に重用されることに立腹した源義朝らが、
後白河上皇の邸を急襲する。

もう一人、信西に恨みを持つ者がいた。信西の政敵、藤原信頼《のぶより》である。義朝と信頼は結託し、一一五九年（平治元）十二月九日、清盛一族が熊野詣《もうで》で留守の隙《すき》に信西を襲った。信西は直前に京都を脱出したが、やがて発見され、首を切られる。こうして義朝と信頼のクーデターは一応の成功をみた。

しかし、清盛は一筋縄でいく男ではなかった。熊野から戻った清盛は信頼に服従を誓うと見せかけ、同月二十五日、二条天皇を内裏《だいり》から脱出させて六波《ろくは》羅《ら》の自邸に収容する。この日、後白河上皇自らも仁《にん》和《な》寺《じ》へ逃れた。

二条帝に「信頼・義朝を追討《ついとう》せよ」という宣旨《せんじ》を出させた清盛のもとには三千余騎がはせ参じた。一方、掌中の珠《たま》（二条帝）を奪われた信頼・義朝方にはようやく二千余騎が集まるにとどまった。

信頼・義朝軍は清盛軍の襲撃を受け、六条河原であえなく敗北する。義朝はやむなく東国へ落ちる。付き従う者は十騎に満たなかったという。一行の中に、のちに鎌倉幕府を開いた義朝の三男頼朝《よりとも》も加わっていた。頼朝、このとき十三歳である。

尾張（愛知県）内海《うつみ》荘に至ったときだった。荘司《しょうじ》（荘園管理者）長田忠致《おさだただむね》という者に謀《はか》られ、義朝は落命する。北国で再起を図っていた義朝の長男義平《よしひら》は父の死を知ると、単身で京に向かい、平清盛を暗殺しようとするが、結局は捕らえられ、殺された。こうして源氏は壊滅的な打撃を蒙《こうむ》った。藤原信頼も捕まり、斬首された。

この「平治の乱」で勝利した平氏一門には手厚い論功行賞が行われ、やがて平氏は全盛期を迎えることになる。

保元、平治と二度の争乱をくぐりぬけたことで武士たちは大いに自信を深めた。なぜなら、それまでは貴族の道具でしかなかった自分たちが、帝位を左右するほどの力を内包していることに気付いたからである。

こののち、時代は平氏から源氏へと移行し武家政権は磐石となる。公家たちは自らが創り出した敵によって政治の片隅に追いやられたわけである。

富士川の戦い　一一八〇年（治承四）

平氏軍をおびえさせた「黒い影」の正体

源頼朝挙兵の急報に接し、平清盛はただちに追討軍を派遣する。源平両軍は駿河国富士川で対峙するが、東国武士の勇猛さにおびえる平氏軍は、水鳥の羽音を敵襲と勘違いし、一戦も交えることなく退却してしまう。

◆平氏の総大将を震え上がらせたひと言

「富士川の戦い」は、あっけない結末を迎えたことで知られる。源氏の大軍を眼前にし、恐れをなした平氏軍が一戦も交えることなく戦線離脱してしまったからだ。平　清盛《たいらのきよもり》を棟梁《とうりょう》に頂《いただ》き、「平氏にあらずんば人にあらず」とまで言われ権勢を誇った平氏一門。一体、この富士川で何が起こったのだろうか。

富士川の戦いは、平安時代後期の治承《じしょう》四年十月二十日（一一八〇年十一月九日）に起こった。そもそもの発端は、その二カ月前に伊豆に流罪となっていた源　頼《みなもとのより》朝《とも》が坂東《ばんどう》（関東）武士団を糾合《きゅうごう》して挙兵したことから、これを鎮圧《ちんあつ》するため清盛が東国へ追討《ついとう》軍を派遣したことに始まる。

源氏追討軍の総大将は平維盛《たいらのこれもり》。清盛の嫡孫《ちゃくそん》に当たる人物だ。このとき二十三歳。当時、美貌の貴公子として聞こえており、宮廷の女官たちの間では光源氏《ひかるげんじ》の再来と噂されるほどだった。清盛はこのかわいい孫のために補佐役として平忠度《ただのり》と藤《ふじ》原忠清《わらのただきよ》をつけ、大軍を東下させた。

当初、追討軍の軍勢は数万あったようだが、東へ進むにつれて離脱者が相次いでしまう。駿河に入ったころには数千にまで減っていたという。なぜなら、進軍を重ねる追討軍のもとに刻々と味方に不利な情報がもたらされたからだ。

もともと都の人々にとって関東は未開の土地でしかなく、そんな未開の地で勢力を張る坂東武者は荒夷《あらえびす》と呼ばれ、一際《ひときわ》勇猛なことで知られていた。今やすっかり公家生活に染まっていた平氏軍にはまさに恐怖の対象だったのである。

当時、東国への道案内として斎藤別当実盛《さねもり》という武蔵国（東京・埼玉）出身の武士が追討軍に従っていた。強弓《ごうきゅう》の遣い手だった実盛に対し、総大将の維盛が坂東武者の印象を尋ねたところ、実盛は、

「それがし程度の弓の達者は掃いて捨てるほどいる。しかも、彼らの合戦ときたら、戦場で親が討たれようが子が討たれようが、その屍《しかばね》を乗り越えて向ってくる。それはそれは凄《すさ》まじいものだ」

と答えたため、若い維盛は震え上がってしまったという。

◆「頼朝の首をわが墓前に供えよ」

さらに、源氏軍に味方する軍勢が徐々に増えていき、すでに二十万にも達するという情報が進軍途中にもたらされたことも、平氏軍の恐怖心を煽《あお》るのには十分だった。話半分としても源氏軍は決戦直前のこのとき十万余りにまで膨らんでいたことは間違いないようである。

そして決戦当日の十月二十日、源氏軍と平氏軍は富士川を挟んで対峙《たいじ》する。彼我《ひが》の兵力の差は明らかだった。すっかり戦意を喪失してしまった維盛は平忠度らとはかり、翌日にはひとまず撤退して態勢を立て直すことを決定する。

その日の夜、富士川西岸に布陣していた平氏軍は、夜襲を警戒しながら対岸に陣を敷く源氏軍の様子を見守っていた。ひとときの静寂と暗闇が支配するなか、何に驚いたものか、北方にあった沢地から突如、大量の水鳥が一斉に飛び立った。

この水鳥の羽ばたきを、敵（源氏軍）の夜襲と勘違いした平氏軍は、取る物も取り敢えず、われ先にと逃げ出した。このときの様子を『平家物語（巻五・富士川）』には、「弓をとったものは矢を忘れ、矢をとったものは弓を忘れた。他人の馬に自分が乗り、自分の馬には他人が乗っている（中略）近くの遊郭《ゆうかく》から呼んできた芸者や遊女たちは、ある者は頭を蹴割られ、腰を踏み折られてわめき叫んでいた」と、その周章狼狽《しゅうしょうろうばい》ぶりが語られている。

このとき平氏軍は、たんに水鳥の羽ばたきを敵の夜襲と勘違いしたのではなくて、実際に甲斐《かい》源氏軍（武田信玄の先祖）による側面からの奇襲攻撃があり、それに驚いて退却したとする説が有力だ。

いずれにしろ、こうして平氏軍は戦わずして全軍潰走《かいそう》した。総大将の平維盛が京都に逃げ帰ったときにはわずか数騎の供回りしか従っていなかったという。清盛はこのときの敗戦がよほど悔しかったのだろう。翌年閏《うるう》二月、病に倒れるのだが、臨終の枕元で「頼朝の首をわが墓前に供えよ」と遺言しているほどである。

一の谷の戦い　一一八四年（元暦元）／屋島の戦い　一一八五年（文治元）

無敵・義経軍団はいかにして平氏を追い詰めたか

今からおよそ八百年前、源氏と平氏は自らの存亡を懸けて何度も干戈を交えた。なかでも後世に残る奇襲戦を成功させた源義経の戦いぶりはよく知られるところだ。無敵を誇った義経軍団の実像に迫る——。

◆絶頂期の平氏に見え隠れしていた綻び

一一七九年（治承三）十一月二十日、平清盛《たいらのきよもり》は軍事力を発動してクーデターを敢行する。この日、後白河《ごしらかわ》法皇を鳥羽殿に幽閉して政権を奪取した清盛は、即座に政界人事の改変に着手し、法皇派の粛清を断行する。

平氏一門の繁栄はまさにこの瞬間が絶頂期であった。以後、平氏は坂道を転げ落ちるように没落の一途をたどることになる。なぜなら、このクーデターが呼び水となり、各地の源氏が澎湃《ほうはい》と反抗の狼煙《のろし》をあげたからである。

翌年五月、宇治平等院付近で以仁王《もちひとおう》と源三位頼政《げんざんみよりまさ》が挙兵する。これが「宇治川の戦い」で、源平合戦の幕開けとなった。この戦いは平氏軍が勝利し、頼政は平知盛《とももり》らの大軍に攻められ、戦死した。

同年十月、伊豆で挙兵した源頼朝《みなもとのよりとも》の軍が西上し、富士川で平維盛《これもり》率いる平氏遠征軍と対峙《たいじ》する。前項で触れたように、この「富士川の戦い」で、源氏軍は戦わずして勝った。

翌一一八一年閏《うるう》二月には平氏の大黒柱であった清盛が六十四歳で病死する。さらに、二年後の七月、源氏一門の木曽義仲《きそよしなか》が倶利伽羅峠《くりからとうげ》で平家を撃破し（「倶利伽羅峠の戦い」）、京都に入る。一時は京都を制圧した義仲だったが、遅れてやって来た頼朝軍と戦い、敗死する。一方、敗北を重ねた平氏は幼帝安徳《あんとく》と三種の神器を擁して西海へと落ちていく。

◆鵯越の奇襲

以上が「一の谷の戦い」までの源平合戦の概要である。一の谷の戦いは一一八四年二月七日、摂津《せっつ》一の谷（神戸市）において起こった。源義経《よしつね》による鵯越《ひよどりごえ》の奇襲

一の谷の合戦図

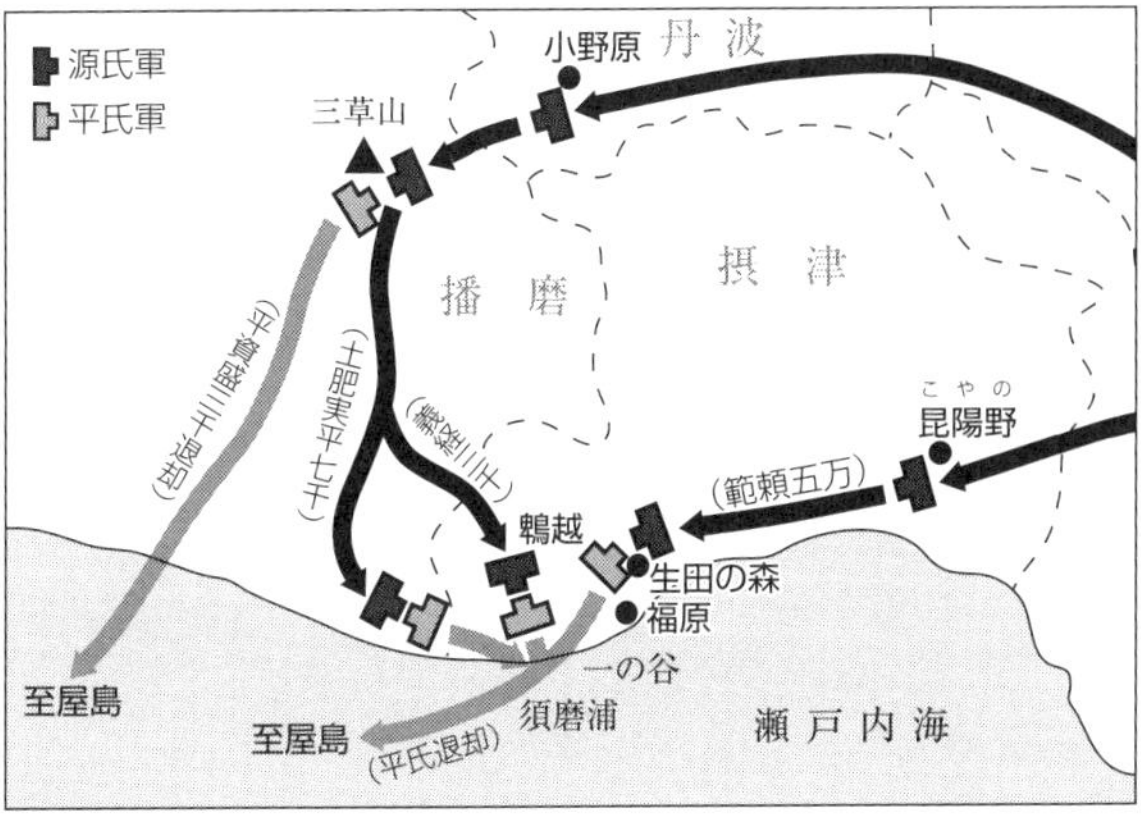

で知られる合戦である。

範頼《のりより》と義経の兄弟は京で義仲を滅ぼすと、即座に摂津・福原へと逃れた平氏を追った。主力の範頼軍五万が山陽道方面から福原に向かい、別動隊の義経軍一万は京都から亀岡、篠山《ささやま》を経て播磨《はりま》・三草《みくさ》山《やま》に出た。

義経はここで兵を二手に分け、主力を明石方面へ向かわせ、自らは三千の兵を引き連れ、一の谷の鴨越へと進軍した。

この当時、平氏の軍は一の谷の海岸付近に布陣しており、背後には鴨越の断崖が迫っていた。

断崖は険しく、馬で駆け下りることなど到底無理なように思えた。そこで、道案内として同行していた者に問い質すと、鹿は駆け下りることがあると証言した。義経はそれを聞くと「鹿の越え行くこの坂道、馬の越えざる道理はない」と家来を励まし、自ら愛馬に一鞭《ひとむち》くれると、真っ先に坂を駆け下っていった。

当時の馬は大きい部類でも体高は百四十センチ台前半だったことがわかっている。現代のポニーほどの大きさである。サラブレッドと違って重心が低く、しかも平地の少ない日本では古来、傾斜地で飼われることが珍しくなかった。それらの点を考慮すれば、このときの逆落としはけっして無理な話ではないという。

この奇襲は七日朝に行われた。まず、源氏主力軍が平氏軍の前面から一斉に攻撃を開始し、平氏軍が浮き足立ったところを、その背後から義経の一隊が急襲したのである。敵は寡勢《かぜい》だったが、予想もしないところから襲撃され、平氏軍は周章狼《しゅうしょうろう》狽《ばい》の極に達した。

やがて平氏の軍は総崩れとなり、沖の船へと敗走する。この戦いで平氏軍の死者は千人を超えたという。総大将の宗盛《むねもり》は生き延びたものの重衡《しげひら》は捕虜となり、忠度《ただのり》、経正《つねまさ》、敦盛《あつもり》など多くの大将や公達《きんだち》が戦死した。

一見すると義経の奇襲が勝敗を分けた格好だが、この一の谷の戦いで平氏が大敗を喫した要因は実はもうひとつあった。それは後白河法皇の謀略だ。

合戦が始まる直前、法皇は一の谷に布陣する平氏のもとに使者を送り、「和平交渉の使者を八日に出すので源平両軍とも一切の軍事行動を差し控えるように」と文章で申し渡した。この使者は平氏軍にのみ派遣されたという。

法皇の調停工作を頭から信じ込んだ平氏方では、いったん武装を解除し油断しきっているところを源氏軍に攻め込まれたからたまらない。後日、総大将の宗盛は法皇に対し抗議文書を送っているが、あとの祭だ。法皇にすれば、先の清盛のクーデターによって院政を停止され、自らは軟禁状態に追い込まれたことに対する報復を行ったわけである。

いずれにしろ、こうして平氏は一の谷の戦いの敗戦によって滅亡への道を加速させることになった。

福原を追われた平氏一門は四国讃岐《さぬき》（香川県）に渡り、現在の高松市の東方にある屋島の海岸に拠点を置いた。一敗地に塗《まみ》れたとはいえ、平氏は依然として瀬戸内の制海権を掌握しており、その勢力を着々と増大していた。そのため源氏方にすればば一日も早く平氏を叩く必要があった。

◆源義経が屋島で見せた機動力の秘密

翌年正月、長引けば不利になるとみた源氏の総大将頼朝は弟の義経を呼び寄せ、平家討伐を命じる。勇躍した義経の隊は二月十七日の夜、渡部（大阪港）を出帆し、暴風雨をついて阿波（徳島）勝浦に上陸する。

通常なら二日はかかる行程だったが、強い追い風を受けてわずか六時間で到着したという。十八日早朝、勝浦に上陸した義経一行は時を移さず海岸伝いに北上し、屋島を目指した。勝浦から屋島まではおよそ六十キロメートルの距離。起伏の激しい道程を義経一行はまる一日かけて馬で踏破した。そして十九日昼、義経勢百五十騎は海上からの襲来に備える平氏軍の背後を突如として襲った。

突撃に先立ち、義経は奇抜な作戦を実行している。屋島の周辺の村から極秘のうちに牛を集め、そこに火を放ったのだ。驚いた牛は一斉に走り出す。そのざわめきを源氏の大軍の襲来と勘違いした平氏軍はわれ先に海上に停泊させていた船に逃げ込んだ。義経勢はその騒動に乗じて平氏軍を思う様に斬りたてたのである。

こうして海上の平氏と陸上の源氏はにらみ合う状態がしばらく続く。「屋島の戦

●屋島の合戦図

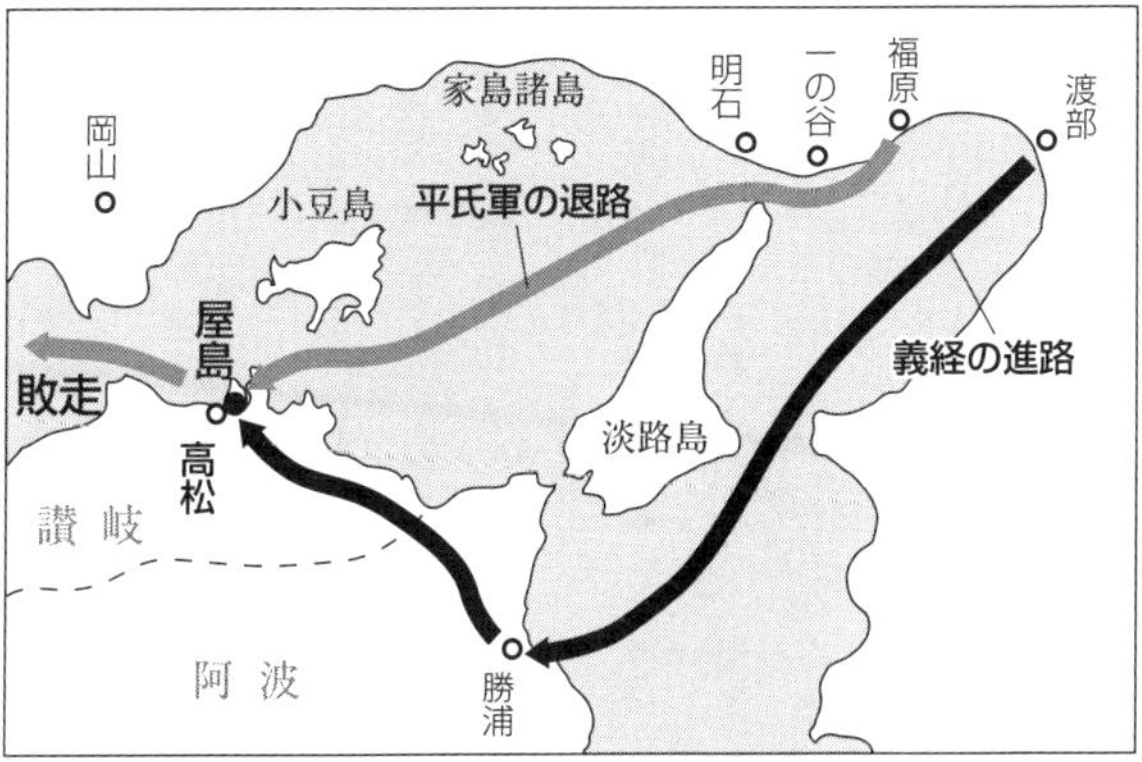

い」のハイライトとも言うべき、那須与一《なすのよいち》が弓矢で扇を射落としたのはこの時の出来事である。

その後、源氏の梶原景時《かじわらのかげとき》が大船団を引き連れ到着したため、平氏軍はあわてて船の碇《いかり》をあげ、九州目指して逃走した。

この戦いでも義経の敵の裏をかく奇襲が見事に当たったことになる。その奇襲を成功に導いた要因とは、義経軍の「迅速さ」にあった。そして、その迅速な移動を可能ならしめたのが、「馬」の利用だ。

少壮期、奥州平泉で過ごした経験を持つ義経は奥州馬に親しみ、その機動力を熟知していたに違いない。まさに、義経こそは合戦の革命児だった。

壇の浦の戦い　一一八五年（文治元）

平氏滅亡を決定付けた運命の一瞬

一一八五年（文治元）三月二十四日、源氏と平氏の最後の戦いが展開された。日本史上、最大規模の海戦の一つであるこの合戦の勝敗を左右したのは「潮流の急変」にあると従来言われていたが、近年、新たな説が注目を集めている。

◆緒戦は勝っていた平氏軍

壇の浦とは、関門海峡の下関側の海岸の名である。この壇の浦周辺に源氏が陣を布《し》いたところから「壇の浦の戦い」と呼ばれるようになった。

この日の両軍の戦力は『平家物語』によると、源氏は伊予・河野氏や紀伊・熊野の水軍を合わせ三千余艘《そう》の大船団。一方の平氏は、もともと西海を基盤としていただけあって、瀬戸内、四国、北九州一帯の豪族を集結させており、千余艘を数えた。

『吾妻鏡《あづまかがみ》』によれば、戦いは午前六時ごろ（卯刻《うのこく》）に始まった。まず、平氏軍の将軍平知盛《たいらのとももり》の大音声が響き渡る。

「軍《いくさ》は今日ぞ限り、者ども少しも退《ひ》く心あるべからず。東国の者どもに弱気見ゆな」

当日は知盛の兄である宗盛《むねもり》が平氏軍の総大将だったが、実質的には武勇に優れた知盛が作戦指揮をとっていた。

知盛の大号令に奮い立つ平氏軍。窮鼠《きゅうそ》猫を噛むのたとえ通り、追い詰められた平氏軍の士気はまさに天に抜ける勢いだった。その勢いのまま、緒戦は海戦にたけた平氏軍が圧倒した。

この日の朝、潮は西から東へ流れており、平氏軍は東流の潮に乗って猛攻勢をかけ、一時は内海の広がったところまで源氏軍を追い立てた。ところが、正午を過ぎて潮流が逆転するや両軍の形勢は逆転する。

平氏軍はいったん守勢に回るともろかった。それとみて味方に寝返り現象が続出、夕方近くになると平氏軍の敗色は濃厚となった。ついにその時が来たことを悟った知盛は、小舟を使って安徳《あんとく》天皇の御座船に乗り移ると、

「平家の世ももはやこれまで。見苦しい物はみな海へお棄てください」

そう言うや、自ら率先して船上の掃除を始めた。女房たちから戦況を問われると、

「もうじき珍しい東国の男をご覧になれるでしょう」

と軽口をたたくほどの余裕さえみせた。さすがに知盛は平氏軍随一の花も実もある武将であった。

知盛は八歳の安徳天皇が、祖母である二位尼《にいのあま》（平時子）に抱かれて入水《じゅすい》したのを見届けるや、「見るべき程のことは見つ。今は自害せん」と鎧《よろい》を二領着込み、幼帝の後を追った。

その後、名のある平氏方の武将たちも碇《いかり》を背負うなどして次々に海中に没した。総大将の宗盛は入水の決断がつかずぐずぐずしているところを家来の一人から海に突き落とされてしまう。

しかし、幸か不幸か、宗盛は泳ぎが達者で、海面を漂っているところを源氏方の熊手に引っかけられ、生け捕りとなる。同様に、安徳帝の母、建礼門院徳子《けんれいもんいんとくこ》も海面に浮いているところを引き上げられている。

◆タブーを破った義経の秘策

こうして平氏は滅んだ。天皇が海底に沈み、百官や女房が海面に漂うという史上

●壇の浦の潮流の変化

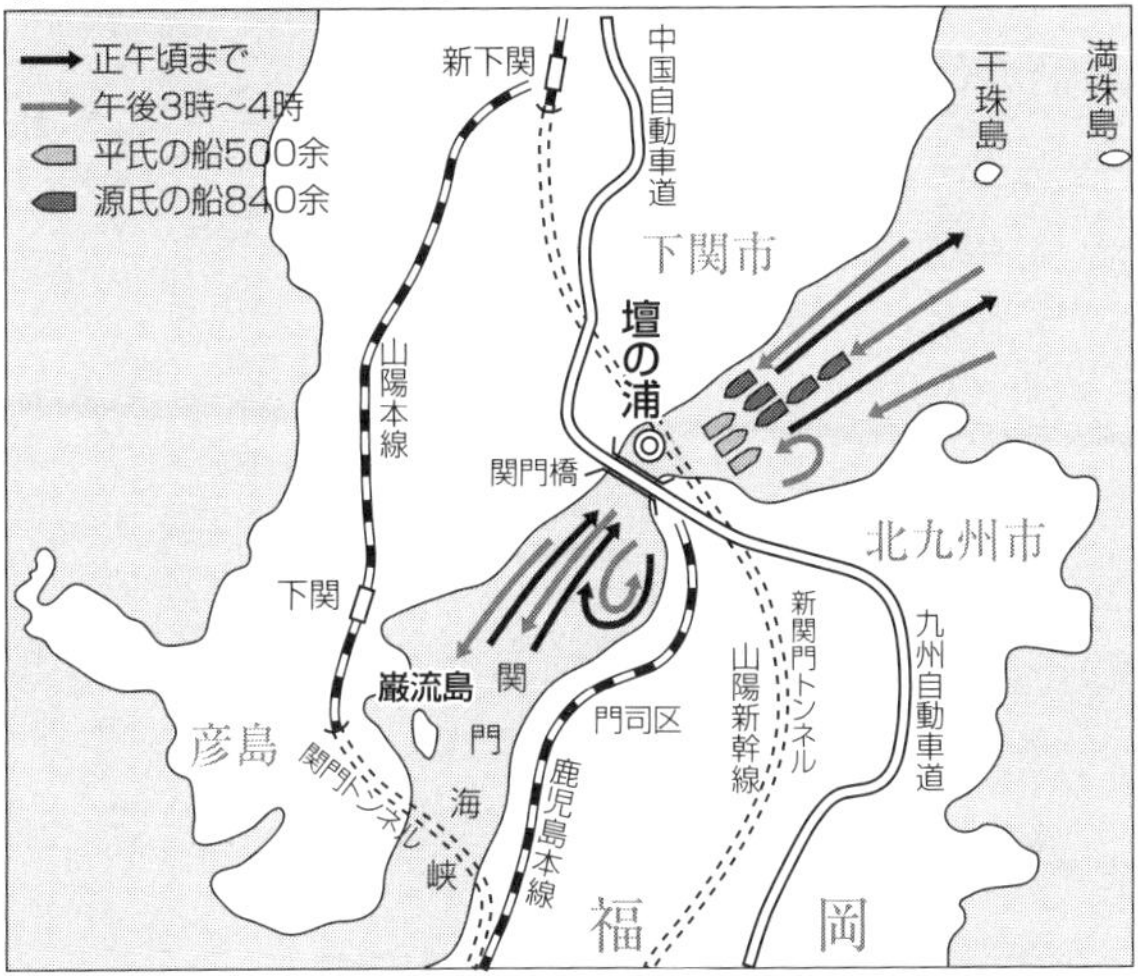

例を見ない光景だった。清盛《きよもり》全盛の時代、だれがこのように憐れな結末を想像したであろうか。

それにしても、平氏軍にとっては悔やんでも悔やみきれない潮流の変化だが、実はこの壇の浦の戦いには潮流がそれほど影響していないことが最近の研究でわかってきた。

関門海峡の潮流が急なのは夏と冬で、春と秋は流れが穏やかという。また、海上保安庁が計算したところ、合戦当日の関門海峡の最も狭い所でも東流は一・四ノット（時速約二・六キロメートル）、源氏が逆転したとされる西流でも最大で〇・九ノット（同一・七キロメートル）という数字が出た。これほどゆるやかな流れであれば、従来の定説のように潮流の急変が勝敗を左右したとはとても考えにくい。

平氏軍にとって壇の浦の戦いの敗因は、一つには味方の寝返りがあった。寝返った張本人は四国水軍の雄、阿波民部重能《あわみんぶしげよし》である。実はその朝、平氏軍首脳部の間でも、重能が裏切るのではないかという説が流れていた。重能の息子が源氏軍の捕虜になっていたからだ。

そこで、「今のうちに重能の首をはねてしまおう」という意見も出たのだが、大将の平知盛は「これまでよく奉公してきた者。証拠もなしに首は切れぬ」とそれを押さえたのである。

これが結果的にアダとなった。重能はいざ戦が始まってしばらくすると、源氏方にあっさり寝返ってしまった。あまつさえ、平氏方のだれがどんな船に乗っているのかという機密情報をペラペラしゃべってしまったからたまらない。この情報に従って平氏方の上級武将の乗った船が集中的に攻撃されたことは言うまでもない。

しかも、重能率いる三百艘の船団が寝返ったことで連鎖反応が生じてしまった。

●源平の戦い略図

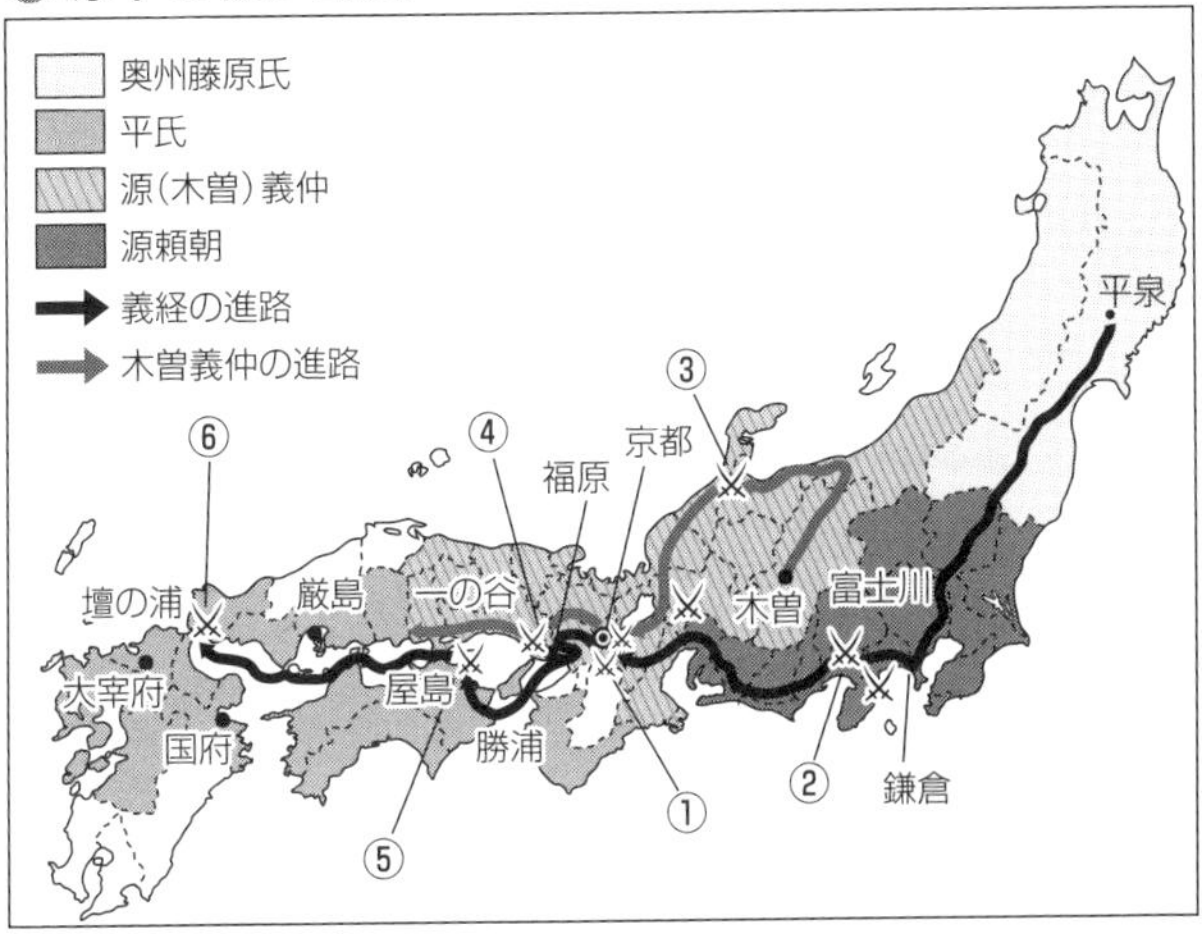

①源頼政の挙兵(1180年5月)

頼政が以仁王を奉じ、平氏を打倒すべく挙兵。宇治の平等院で敗れ共に死亡

②富士川の戦い(1180年10月)

平維盛が頼朝と富士川を挟んで対陣。平軍は水鳥の羽音を敵襲来と誤認し敗走

③倶利伽羅峠の戦い(1183年5月)

源(木曽)義仲が「火牛攻め」の奇襲戦法で平氏を破る

④一の谷の戦い(1184年2月)

源義経軍·源範頼軍が福原に結集した平氏を攻撃。平氏、屋島に敗走する

⑤屋島の戦い(1185年2月)

義経軍が屋島に逃れた平氏を背後から急襲。平氏はさらに西走する

⑥壇の浦の戦い(1185年3月)

平氏滅亡。源平の合戦はこれをもって終わる

平氏方についていた四国や九州から駆けつけた船団が次々に寝返ったり、戦線離脱したりしたため、パワーバランスが源氏方に大きく傾いてしまったのである。

もう一つの敗因は、源　義経《みなもとのよしつね》の奇襲作戦である。

最初に平氏軍に追い立てられた際、一計を案じた義経は味方の弓部隊に対し、敵船を操る舵取《かじ》り、水手《かこ》（漕《こ》ぎ手）を専《もっぱ》ら射殺するよう命じたのである。

当時の船の構造上、舵取りらはまったく防御設備のない舷外《げんがい》で櫓《ろ》や舵を操作していた。彼らは非戦闘員であるため、それを意識的に襲うということは当時の海戦の暗黙の禁忌《タブー》であった。義経はその禁忌を無視した。

舵取りを失った船はバラバラとなり、船団としての統制がまったくとれなくなった。これでは、どんなに勇猛な武士を乗せていても意味を成さない。

義経のこの破天荒な奇策が最終的に大きくものをいって、源氏軍は勝利を決定づけることができたのである。

発想の転換と言ってしまえばそれまでだが、「一の谷の戦い」「屋島の戦い」、そしてこの「壇の浦の戦い」といい、もしも源氏方に義経という天才がいなければ、源氏の天下は訪れなかったか、訪れても何年か後になったことは間違いないだろう。

奥州征討戦　一一八五年（文治元）

義経を倒し、奥州藤原氏を滅ぼした頼朝の智謀

奥州藤原氏に匿われている弟義経を討ち、あわせて藤原氏の滅亡をもくろんだ源頼朝。全国統一を完結させるため自ら三十万近い大軍を引き連れ奥州へと進撃する。進退窮まった藤原泰衡がとった行動とは――。

◆日本史上最大の兄弟喧嘩の真相

奥州藤原氏は、一〇八七年（寛治《かんじ》元）の後三年《ごさんねん》の役《えき》終結後、鎌倉幕府が成立するあたりの一一八九年（文治《ぶんじ》五）まで、およそ百年間、平泉（岩手県南西部）を本拠地として東北地方全体を支配した一族である。

この奥州藤原氏を滅ぼした人物こそ、ほかでもない源氏の棟梁《とうりょう》・源頼朝《みなもとのよりとも》である。平氏を滅亡させた頼朝にとって、奥州こそが頭痛の種だった。なぜなら鎌倉を本拠地とする頼朝は、京都のほうにばかり目を向けていると、いつなんどき背後から奥

州軍に襲われるか知れたものではなかったからだ。そこで、弟の源義経《よしつね》が奥州藤原氏の懐に逃げ込んだのを好機ととらえ、頼朝自ら大軍を率いて遠征し、義経共々、百年の栄華を壊滅させてしまったのが、今回の「奥州征討《せいとう》戦」である。

頼朝にとっては遠征を始めてからわずか一カ月半ほどでの勝利だった。一体、東北の覇王を自他共に認め一時代を築いた奥州藤原氏はなぜこうもあっさり敗北してしまったのだろうか。日本史上最大の兄弟喧嘩と言われる「頼朝VS義経」のいきさつと共にそのあたりを探っていくことにしよう。

奥州藤原氏の初代清衡《きよひら》は、後三年の役での勝利後、安倍一族の血を引いて信望があったことを背景に、軍事警察権を行使できる陸奥《むつ》押領使《おうりょうし》となり、奥六郡を支配した。清衡は、朝廷や藤原摂関家《せっかんけ》に砂金や名馬などの献上品を欠かさなかった。そのため朝廷は彼らの事実上の奥州支配を容認したのである。また、京の藤原摂関家からは一族の係累《けいるい》に連《つら》なる者と認められていたことも事実のようだ。

いずれにしろ、こうして清衡が奥州藤原氏の礎《いしずえ》を築き、それを二代基衡《もとひら》、三代秀衡《ひでひら》と継承し発展させていった。

今日でも有名な中尊寺《ちゅうそんじ》や毛越寺《もうつうじ》が建立《こんりゅう》されたのもこの奥州藤原氏の治世下で、

秀衡の代になると平泉は平安京に次ぐ人口を誇り、仏教文化を基盤とする大都市へと変貌していたのである。

一一八〇年（治承《じしょう》四）から一一八五年（元暦《げんりゃく》二）にかけての大規模な内乱、いわゆる源平合戦が起きたときは三代秀衡の治世で、秀衡のもとには源（木曽）義仲《よしなか》や平氏からの軍兵動員要請があったが、秀衡はどちらにも一切応じなかった。

一一八七年（文治三）春、平泉の藤原秀衡のもとに逃亡中の義経が身を寄せているとの一報が鎌倉の頼朝にもたらされる。

頼朝は平氏討伐《とうばつ》後、義経と後白河院《ごしらかわいん》との接近を警戒していたが、義経が後白河院から頼朝追討《ついとう》の院宣《いんぜん》を得たことから、ついに兄弟は決裂することとなった。しかし、このときの義経の挙兵は失敗し、以来、義経は行方不明となっていたのである。

義経にとって平泉は、第二の故郷であった。頼朝と出会う以前、義経は平泉で約六年間、秀衡に匿《かくま》われていた過去があり、この時点で天下の謀叛人《むほんにん》となっていた義経が身を隠せる場所は頼朝の目がまだ届かない奥州しかなかったのである。

つらい逃亡生活から解放され、ほっと一安心した義経だったが、運命は残酷だった。その年の十月二十九日、義経の最大の庇護者であった秀衡が没したのである。

死の床で秀衡は、義経を中心に藤原一族が結束して頼朝に対抗するよう、跡継ぎの次男泰衡《やすひら》に遺言したという。

◆義経が指揮官だったら……

どうやら秀衡は、奥州を鎌倉の支配が及ばない独立国にしようと考えていたらしい。そのためには平泉家臣団十七万騎の指揮を託せるのは軍事の天才、義経しかいないと決めていたのである。

しかし頼朝はこの秀衡の死を見逃さなかった。奥州征伐と義経追討の二つを同時に行う好機到来と判断し、さっそく行動に移る。朝廷を動かして義経逮捕の宣旨《せんじ》を平泉へ送らせる一方、自らも義経の引き渡しを泰衡に要求したのである。

京都と鎌倉の両方から矢のような催促を受け、ついに抗しきれなくなった泰衡は、義経追討を決断する。一一八九年閏《うるう》四月三十日、泰衡は数百騎を率いて衣川館《ころもがわのたち》にいる義経主従を襲った。武蔵坊弁慶《むさしぼうべんけい》ら約二十人いた義経の家来たちはよく奮戦したが、衆寡《しゅうか》敵せず、やがて義経は持仏堂に入り、まず妻と子（四歳の女児）をわが手にかけ、その後、自害した。享年三十一。

義経を滅ぼしたことで、頼朝から許されると考えていた泰衡だったが、その考えは甘かった。頼朝は天下の謀叛人たる義経を匿ったことを咎《とが》め、全国六十六カ国の御家人に対し、奥州追討のため鎌倉に馳《は》せ参じるよう動員令を発したのである。

同年七月十九日、頼朝自ら大将となって鎌倉を出撃した。その軍勢は二十八万四千余という大軍だった。同二十九日には白河関を突破し、八月七日には、泰衡の異母兄国衡《くにひら》が率いる奥州軍主力と阿津賀志山《あつかしやま》（福島県国見町）で交戦する。

平氏との度重なる合戦で鍛え抜かれた追討軍と、藤原三代の栄華を享受《きょうじゅ》し合戦の経験がほとんどない奥州軍とでは結果は明らかだった。この阿津賀志山の戦いでは、奥州方は兵の配置が分散して、いかにも素人が考えそうな布陣だったという。もしもこのとき義経が指揮官となって軍配をとっていたなら、結果は違ったものになっていたかもしれない。

とにかく、こうして奥州軍主力を撃破した追討軍は余勢をかって北上し、泰衡のいる平泉へと迫った。追い詰められた泰衡は、館に火を放って北へ逃亡する。しかし、その途中に家来の河田次郎《かわだのじろう》という者に殺され、ここに奥州藤原氏は滅んだのである。それは頼朝による全国支配が叶った瞬間でもあった。

第2章 鎌倉・室町時代

承久の乱　一二二一年（承久三）

鎌倉武士を奮い立たせた「尼将軍」大演説の真相

鎌倉幕府三代将軍・源実朝の急死によって勃発した「承久の乱」。幕府内部の混乱に乗じ、倒幕の兵を挙げた後鳥羽上皇だったが、この戦いに敗北したことで公家政権は著しく衰退することとなる。

◆後鳥羽上皇はなぜ倒幕を決意したのか

一一九九年（正治元）、鎌倉幕府を開いた源頼朝《みなもとのよりとも》が亡くなった。家督を継いだのは頼朝の長男頼家《よりいえ》である。ところが、頼家には性格に欠点があり、有力御家人から「将軍不適格」の烙印《らくいん》を押されてしまう。裁判権も奪われ、十三人の御家人による合議制とされてしまった。

そのうち、頼家を追い払い、かわりに頼朝の次男実朝《さねとも》を新将軍に据えようと画策する一派が現れる。その中心的人物が頼家・実朝兄弟の実母である北条政子《ほうじょうまさこ》とそ

源氏と北条氏の関係

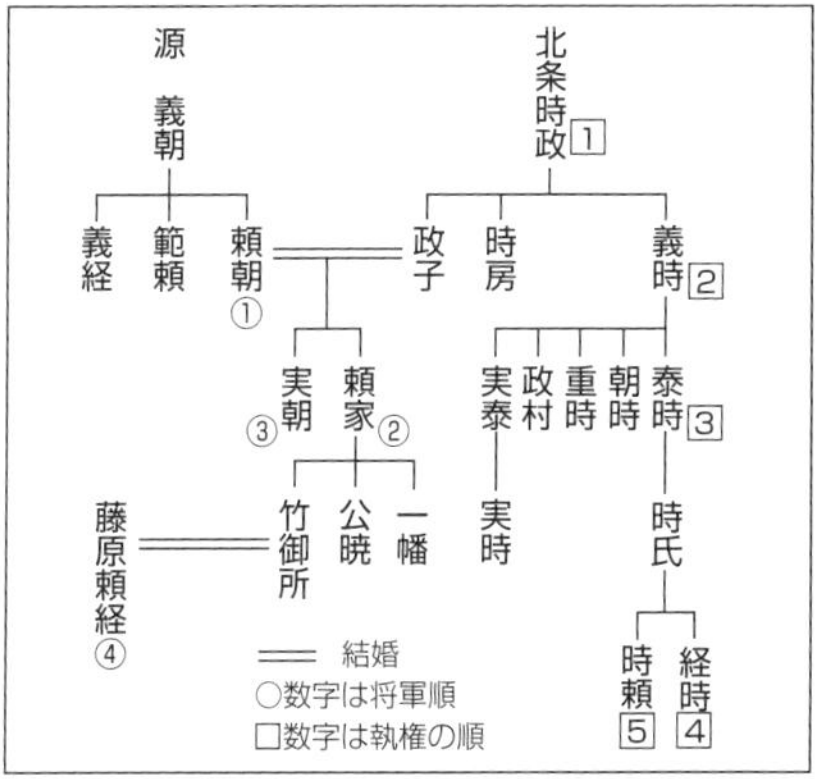

の父北条時政《ときまさ》である。
なぜ時政・政子父娘が頼家を嫌ったかといえば、頼家の妻の縁につながる比企《ひき》氏の台頭をこころよく思わなかったからだ。
一二〇三年、時政はついに実力行使に出る。比企能員《よしかず》を滅ぼし、頼家の長男を殺害する。そして、頼家を追放して強制的に出家させると（翌年殺害）、実朝を迎え入れ、自らは初代執権におさまった。執権とは当時の政務機関のなかで最上級の称で、将軍を補佐し政務を総轄する役割を担う。つまり、将軍とは名ばかりで、外戚による完全な傀儡《かいらい》政治の始まりであった。

こうした鎌倉幕府の混乱ぶりを冷ややかな目で眺めている人物が京都にいた。後《ご》鳥羽《とば》上皇である。対幕府強硬派だった後鳥羽は政治の実権を公家の手に取り戻そうと、その時機を虎視眈々《こしたんたん》と窺《うかが》っていたのである。

◈幕府軍の完全勝利と六波羅探題の設置

一二一九年一月二十七日、そんな後鳥羽に決定的な好機がめぐってきた。この夜、鶴岡八幡宮において右大臣就任拝賀の式典を終え、帰路につこうとした鎌倉三代将軍実朝が突然暴漢に襲われ、落命したのだ。

襲撃したのは同宮別当であり、実朝の甥《おい》で前将軍頼家の遺子公暁《くぎょう》である。公暁は叔父実朝こそは父を殺害した黒幕であると早合点して凶行に及んだものだった。これにより頼朝血脈の源氏将軍は途絶することとなる。

朝廷に親近感を抱いていた実朝の死によって、後鳥羽上皇は倒幕を決意する。上皇はこの時四十歳。挙兵の理由として、上皇の愛妾《あいしょう》伊賀局《いがのつぼね》の領地である摂津《せっつ》（大阪府北西部）の長江・倉橋両荘の地頭を廃止するよう幕府に要求し、それが拒否されたことも引き金になったらしい。

●承久の乱

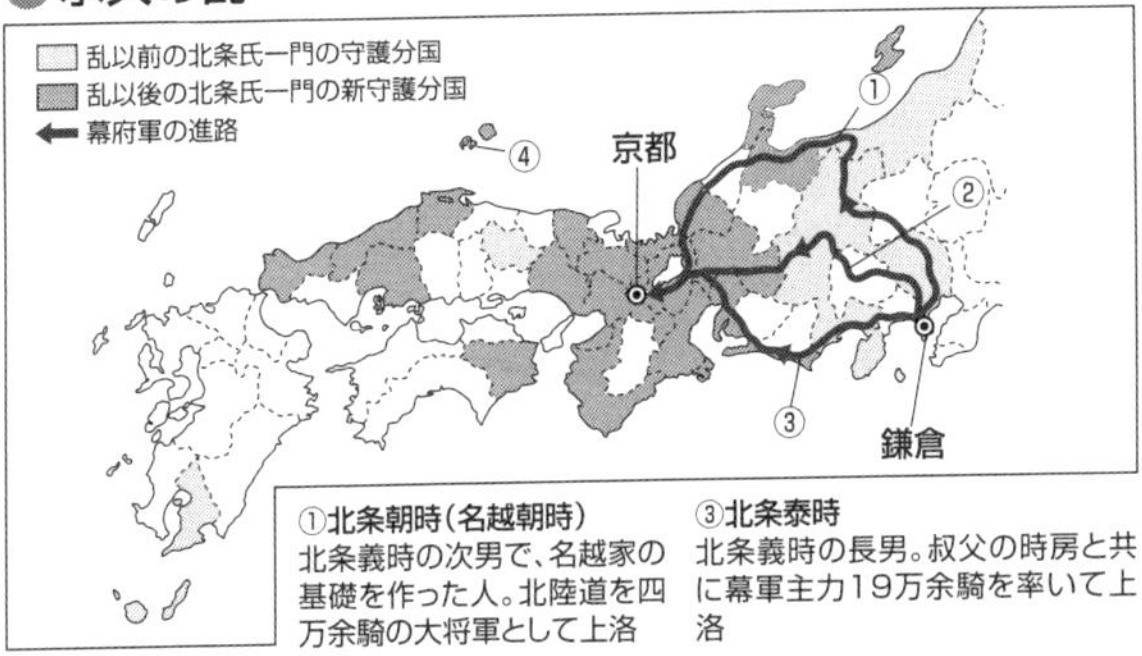

①北条朝時（名越朝時）
北条義時の次男で、名越家の基礎を作った人。北陸道を四万余騎の大将軍として上洛

②武田信光
甲斐国の人。東山道を5万余騎の大将軍として上洛

③北条泰時
北条義時の長男。叔父の時房と共に幕軍主力19万余騎を率いて上洛

④後鳥羽上皇
北条義時追討のため挙兵、承久の乱で敗れ隠岐に配流

一二二一年（承久三）五月十四日、後鳥羽上皇は鳥羽城南寺の流鏑馬《やぶさめ》ぞろいと称し、畿内近国十四カ国の兵を呼び集めた。翌十五日、執権北条義時《よしとき》追討の院宣《いんぜん》を出すと、まず自分の呼びかけに応じなかった京都守護伊賀光季《いがみつすえ》を滅ぼした。この事件はただちに鎌倉の幕府に伝えられた。幕府の対応は素早く、対策会議を開いて京都進撃を決定すると、遠江《とおとうみ》（静岡県西部）以東十五カ国に動員令を発した。

この時、鎌倉武士の団結を固める上で頼朝の未亡人、北条政子が果たした役割は大きい。頼朝亡き後は「尼将軍」として執権政治の道を開いた政子は、急変を聞いて続々と鎌倉に集まってきた御家人たちに向かい、こんな大演説をぶった。

「夫（頼朝）が出てくるまで、あなた方は貴族に言い様に使われ、東海道を徒裸足《かちはだし》で上り下りする惨《みじ》めな境遇だったことを思い出してほしい。夫のお陰であなた方は官位をもらい、俸禄《ほうろく》をもらうことができた。今、幕府は朝廷から追討を受けるいわれはまったくない。みんなで鎌倉を守り抜こうではありませんか」

このとき政子は六十五歳。一世一代の名演説であった。幕府につくか朝廷につくかを決めかねていた武士たちはこの演説に心を揺さぶられ、幕府に味方したとされている。

こうして五月二十二日、義時の嫡男泰時《やすとき》を総大将とする幕府軍が京を目指して進発した。途中、東国武士が各地から続々と加わり、最終的には十九万余の大軍に膨れ上がった。

一方の上皇軍は院を警備する北面の武士、西国守護、僧兵などを合わせても二万数千にすぎなかった。上皇は戦前、弱体化した幕府に味方する勢力はごくわずかであろうと踏んでいただけに完全にアテがはずれてしまった。鎌倉武士たちは後戻りよりも始まったばかりの改革、つまり武家の世を支持したのである。

六月五日、両軍の合戦は木曽川から始まった。多勢に無勢、しかも東国武士は勇猛だ。もともと命令系統がはっきりしていなかった上皇軍はみるみる追い立てられてしまう。木曽川を突破された上皇軍は十二日、二万数千の軍勢を瀬田（滋賀県）と宇治（京都府）に布陣させ、最後の決戦に挑んだ。

翌十三日は豪雨となった。宇治から迫った泰時軍は増水した宇治川を渡河すると上皇軍を撃破し、そのまま京都に入った。義時の弟時房《ときふさ》も瀬田を抜いて京に入って来た。幕府軍の完全勝利だった。

乱後、後鳥羽、順徳《じゅんとく》、土御門《つちみかど》の三上皇はそれぞれ隠岐、佐渡、土佐へ流される。むろん上皇方に味方した公家や武士も斬罪・流罪などの処分を受け、その所領も没収されてしまう。さらに、京都監視の目的で六波羅探題《ろくはらたんだい》が設置され、幕府権力の優位を全国にしらしめることとなった。

文永の役　一二七四年（文永十一）／弘安の役　一二八一年（弘安四）

二度の襲来の後に待っていた本当の「国難」

「蒙古軍来る」。初めて外敵から国土を蹂躙され、ときの鎌倉幕府は大混乱に陥った。しかし、合戦は終わってみれば日本軍の圧勝だった。勝敗を分けたものと、この戦いが後の幕府に与えた影響とは――。

◆「黄金と真珠を豊富に産する島国」

十三世紀、チンギス・ハンに始まるモンゴル帝国は孫のフビライの代に至り、アジアからヨーロッパにまたがる大帝国を築き上げた。侵略欲に燃えるフビライの大軍に敢然と立ち向かい、これを追い払ったのは南のベトナムと東の日本だけである。ベトナムの場合はジャングルが、日本の場合は海がその大軍を阻んだのである。

一体、日本は二度にわたるフビライ軍の猛攻をいかにして防ぐことができたのだろうか。

一二六八年（文永五）一月、モンゴル（蒙古《もうこ》）帝国皇帝フビライの使者が、九州・大宰府に到着する。フビライからの国書の内容は日本との国交を求めるものだった。臣下にするようなことはないと言いながらも、要求を断れば武力侵略も辞さないという高圧的なものだった。

フビライがなぜ日本侵略をもくろんだかについては、明確な答えが出ていない。一説にはマルコ・ポーロが著した『東方見聞録』に、「黄金と真珠を豊富に産する島国」と紹介されているのを知り、食指を動かしたものと言われている。

当時の鎌倉幕府は海外知識が明るいとは言い難い。それでも断片的に入ってくる情報からモンゴル帝国の強大さや侵略欲の旺盛さには恐れを抱いていたはずだ。

幕府は朝廷とはかり、フビライの国書に対して返事を出さない、つまり黙殺することとした。その一方で、執権を老齢の北条政村《ほうじょうまさむら》から十八歳と若い北条時宗《ときむね》に替え、防衛準備に入った。

◆文永の役、その隠された真相

一二七一年十一月、モンゴルは国号を「元」と改める。フビライは東方進出に拍車をかけ、高麗《こうらい》（朝鮮）への侵略を本格化させる。モンゴル軍（元軍）はその四十年ほど前から何度も高麗に攻め込んでおり、当時の高麗人にとってモンゴルは最大の憎悪の対象だった。

一二七〇年六月に始まった「三別抄《さんべつしょう》の乱」でも高麗軍は押し寄せるモンゴル軍をよくしのいだが、激戦空しく七三年四月、ついに高麗軍は降伏する。

こうしてモンゴル軍は翌年、日本に攻め込むわけだが、この三別抄の乱で高麗軍が三年間もちこたえてくれたことが、日本にとって幸いした。その間、襲来が予想される北九州沿岸に石塁《せきるい》を築いたり、必要と思われる兵力を手当てしたりできたからである。

一二七四年十月三日、ついにその時がやってきた。この日、モンゴル軍二万、高麗軍その他一万数千からなる元の軍勢が朝鮮半島の合浦《がっぽ》を発し、日本の北九州を目指した。

元軍はまず対馬に、ついで壱岐《いき》に上陸して思う様に蹂躙《じゅうりん》し気勢をあげると、その勢いのまま博多湾に入り、二十日朝から上陸作戦を開始した。迎え撃つ日本軍は、少《しょう》弐《に》経資《つねすけ》を総司令官とするおよそ一万。湾の沿岸一帯で彼らは勇敢に立ち向かった。しかし、元軍の集団戦法や火薬を使った新兵器の前に、日本軍は次第に敗色濃厚となる。

集団戦も火薬を使った武器も鎌倉武士にとって初の体験だった。それまでの鎌倉武士の合戦は個人による騎馬戦が基本であり、正々堂々と名乗りあってから干戈《かんか》を交《まじ》えるというパターンが普通だった。ところが、異国の侵略者にそんな日本のルールが通用するはずもなかった。

事実、「われこそは……」と名乗りをあげたところを元の兵に囲まれ、よってたかって討ち取られてしまう武士の話が記録に残されている。

火薬を使った武器も、威力こそ大したことはなかったが、その破裂音に人よりも馬が驚いた。さらに、元軍はにぎやかに太鼓やドラを打ち鳴らしながら集団を統制しており、この耳慣れない騒音にも馬がまいってしまった。どの馬も次々と制御不能に陥り、落馬して討ち取られる武士も多かった。

弓矢も、元軍の矢は日本軍のそれのゆうに二倍は飛んだ。しかも、鏃《やじり》には猛毒が塗られていた。その毒矢を集団で一斉に射るため、雨の降るごとくであったという。

こうして、日本軍をさんざん蹴散らした元軍はその夜、意気揚揚と船に引き揚げた。慣れない土地で野営し、日本軍から奇襲されることを恐れたのだ。結果的にこれがアダとなった。

その夜、北九州一帯を暴風雨が襲った。風がおさまり、夜がしらじら明けてくると、日本兵はわが目を疑った。あれほど湾上を埋め尽くしていた元の船が今はすっかり消えてなくなっていたからだ。

すぐに日本兵たちは昨夜の暴風雨で元軍が海中の藻屑《もくず》となったことを悟った。ドッと喜びを爆発させる将兵。歓声が博多湾にこだました。こうして、天の助けがあったとはいえ、日本軍はからくも勝利することができた。この戦いで元軍の死者は一万三千を数えたという。

◆前回を上回る兵力で襲来した弘安の役

その七年後、元軍は再度北九州に襲来する。「弘安《こうあん》の役」である。元は東方の島国と戦って一敗地にまみれた屈辱を晴らすため、前回をはるかに上回る兵力で臨んだ。

一二八一年（弘安四）の五月末から六月にかけて、元軍は朝鮮からの東路軍四万・

軍船九百隻と、本隊である中国江南からの江南軍十万・同三千五百隻の二手に分かれ、北九州に押し寄せた。

しかし、今回の日本側の防備は万全だった。幕府は九州の御家人に異国警固番役を、長門《ながと》と周防《すおう》（いずれも山口県）、安芸《あき》と備後《びんご》（いずれも広島県）の四カ国の御家人に長門警固番役を命じて備えを固める一方、海岸沿いに堅固な石塁を築き、元軍を容易に上陸させなかった。この石塁は高さ二メートル、総延長二十キロメートルにも及んだ。

一進一退の小競り合いが続くなか、元軍は防備の堅固な博多湾を避け、長崎・平戸方面からの上陸を試みる。こうして大船団が平戸に集結しかけたところに、再び暴風雨が長崎地方を直撃する。それは七月三十日夜から翌日の朝にかけての出来事だった。

◆実現しなかった三度目の侵略計画

この夜の暴風雨で元軍十四万のうち約四分の三の将兵が海底に沈んだ。『高麗史』は、元軍兵士の死体が海上や浦を埋め尽くし、そのために浦がふさがれ徒歩で通ることができた、と記録にとどめている。また、捕虜は二〜三万にも及んだ。残りの生き残った兵たちは船の損傷個所を修理しながらほうほうの体で逃げ帰った。

前回もそうだが、季節から考えて二度の暴風雨は台風と呼べるほどの強い風ではなかったらしい。それなのにこれほど壊滅状態に陥ったのは、急造軍船が粗雑だったからに他ならない。高麗で建造した船は、高麗人が征服者に命じられて嫌々造ったため、特にひどかったという。

また、海上生活に慣れない元軍は船の揺れを抑えるため船同士を鎖で連結しており、これが被害を大きくする一因となった。さらに、江南軍は中国大陸を出発する直前に疫病（コレラ）に見舞われていたという説もある。

粗雑な急造船、船同士の連結、疫病、これらの要因が絡み合って元軍は歴史的な大敗北を喫したのである。

ところで、弘安の役で元軍の再襲来が分かると、京都や奈良の寺社では連日、異国退散の大規模な祈祷《きとう》が行われたことは有名な話だ。その後、元軍が壊滅したため、「日本は神国であり、国難の際には神風が吹く」という信仰、思想が日本人の心に植え付けられてしまった。

文永の役

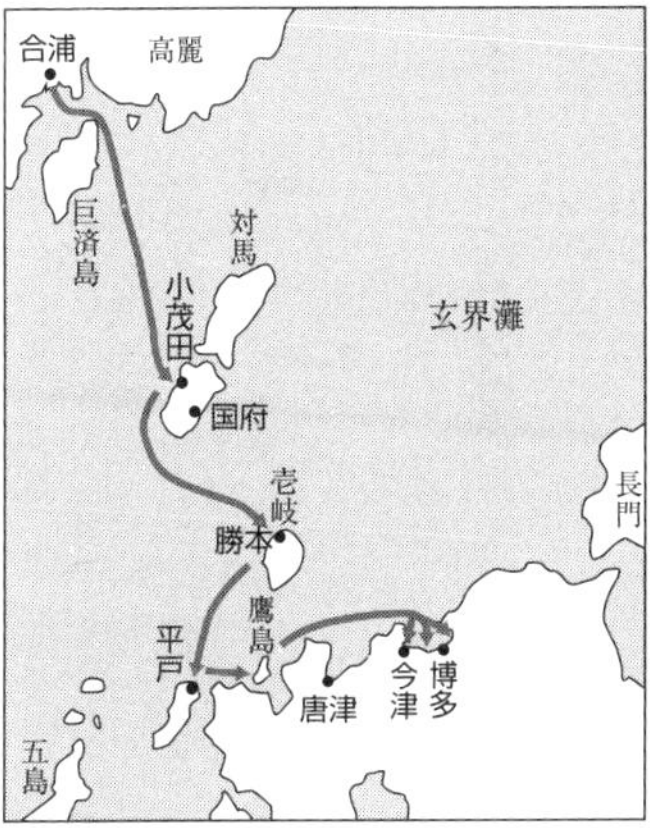

元軍(約4万人)	日本軍(約1万人)
*蒙古軍 (兵数) 約2万人 *高麗軍 (兵数) 約5500人 *その他 (兵数) 1万5000人 (船舶) 900隻	*鎮西軍指揮官 少弐経資 (騎兵) 約5000〜6000 *その他の兵 約5000人
約4万の将兵が900隻の軍船で対馬、壱岐を蹂躙しつつ、博多湾に殺到した	九州の御家人を中心とした約1万の武士団が立ち向かったが、相手の組織戦に圧倒された

弘安の役

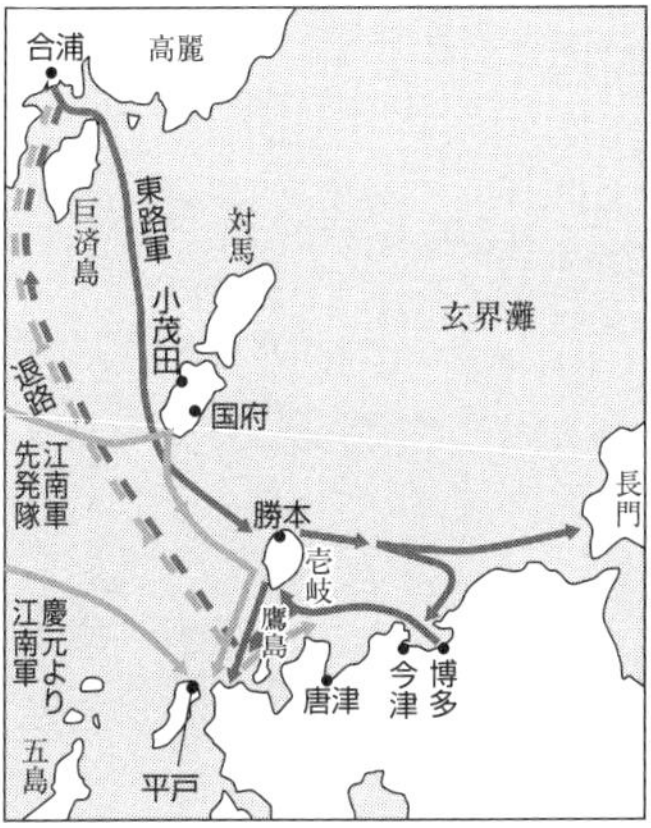

元軍(約14万人)	日本軍(約4万人)
*東路軍 (兵数)約4万人 (船舶)900隻 *江南軍 (兵数) 約10万人 (船舶) 3500隻	*九州守護 (少弐、北条、島津など) *関東兵 *南海道・西海道軍
約14万の将兵が4400隻の軍船に乗り壱岐で合流するはずだったが、東路軍が単独で先行し、壱岐に戻って江南軍と合流	元軍の再来を予想し、博多湾の東部に高さ2メートル、長さ20キロにわたる石の防塁を築いた。これが功を奏し元軍を撃退

太平洋戦争の末期、瀕死《ひんし》状態にあった日本で、軍上層部の中には神風の到来を真剣に信じ込んでいた者が少なくなかった。この神風信仰さえなければ敗戦が早まり、日本の被害はもう少し抑えられていたと指摘する歴史家もいるくらいだ。その意味では、この元寇《げんこう》で「神風」が吹いたことが日本の未来にとって幸いだったのだろうか……。

◈御家人たちにただ働きを強いる

それはともかく、こののち、元が三度目、四度目の日本侵略を企《くわだ》てたことはあまり知られていない。しかし、これは実現しなかった。

三度目の場合、元の占領下にあった現在のベトナムに反乱が起こり、日本侵略に準備していた兵力をそちらの鎮圧に振り向けたからだ。四度目のときは日本遠征に駆り出されることになった江南人の激しい抵抗にあい、さすがに執念深いフビライも断念せざるを得なかったのである。

こうして元との戦いは終結するが、鎌倉幕府には修復のきかない大きな爪跡が残ってしまう。

●蒙古襲来の経緯

年	主な事件
1268年	フビライの高麗使が国書を大宰府に提出、空しく帰国
1269年	高麗使らが対馬に上陸し島民を連れ去るが、再度、対馬に渡来し書状を渡して島民を帰す
1270年	朝廷が返書をしたためるが、幕府はこれを握り潰す
1274年	文永の役勃発。元軍が対馬、壱岐を蹂躙し博多に上陸。大暴風で撤退する
1275年	9月、元の使者杜世忠らを鎌倉で斬る
1276年	鎮西武士に筑前の香椎から今津まで約20キロに及ぶ石塁を築かせる
1279年	元使の周福らが来日するが、博多で斬られる
1281年	弘安の役勃発。東路軍志賀島・長門を襲う。壱岐で江南軍と合流。総勢14万の大軍だった。やがて大暴風雨が起こり元軍のほとんどが溺死敗退する
1284年	執権・北条時宗急死。34歳だった

この文永・弘安の両役では、参陣した御家人たちはまったくのただ働きだった。通常の合戦なら、倒した後で相手の領土を奪うという図式が成り立つが、今回のような合戦の場合、侵略者を追い払っても一寸の土地も増えることはなかった。

御家人たちには幕府から戦費の援助もなく、借金をする者が相次いだという。また、三度目の襲来を想定し、以後約三十年間にわたって防衛体制を維持した。この費用も御家人たちの手弁当であった。

これを契機として御家人たちの心が鎌倉幕府から離れていき、幕府体制は崩壊の道をたどることとなる。

正中の変　一三二四年（正中元）／元弘の変　一三三一年（元弘元）

後醍醐帝、二度の倒幕計画の全貌

二度に及ぶ倒幕計画も失敗し、自らは島流しに遭いながらも最後は鎌倉幕府を倒すことに成功した後醍醐天皇。その不屈の精神力の源には何があったのだろうか。そうまでして鎌倉幕府を倒したかった本当の理由とは？

◆政権奪還という「悲願」

天下の一大事を阻止するきっかけになったのは意外にも夫婦の寝物語だった――。

その夜、土岐《とき》氏一族の土岐頼員《よりかず》が妻に寝物語で何気なく倒幕計画をもらしてしまったことから、陰謀はすぐに六波羅探題《ろくはらたんだい》に筒抜けとなった。頼員の妻は六波羅奉行斎藤利行《としゆき》の娘だったのである。

一三二四年（正中元）九月十九日未明、後醍醐《ごだいご》天皇に謀叛《むほん》の企《くわだ》てありとの密告を受けた六波羅は、首謀者と見られる土岐頼兼《よりかね》と多治見国長《たじみくになが》の屋敷を三千の兵をもって急襲、進退に窮した両人は自刃して果てる。それは、後醍醐らが挙兵を決行しようとしていた日の四日前のことだった。

しかし、肝心の後醍醐はなぜか罪に問われることはなかった。この年の十二月、正中と改元されたため、これを「正中の変」という。こうして、後醍醐の最初の倒幕計画はあえなく頓挫した。

後醍醐が鎌倉幕府打倒を強く意識するようになったのは、天皇に即位した一三一八年（文保二）ごろと思われる。

帝はその三年後に後宇多《ごうだ》法皇の院政を廃し、親政（天皇自ら政治を行うこと）を開始する。

後醍醐は一二八八年、後宇多天皇の第二皇子として誕生した。即位は正中の変の六年前、三十一歳のときである。

この当時、すでに源頼朝《みなもとのよりとも》の血脈は断絶、実質的な将軍として執権の北条氏が君臨していたが、幕府の権威衰弱は否めなかった。しかも、朝廷までが皇位をめぐって二派に分かれ抗争を繰り広げる始末だった。

そうした状況下、武家から政権を奪還し、朝廷を一本化するのは自分の使命であると後醍醐は考えたようだ。よほど思い込みが激しい性格だったのだろう、正中の変が頓挫してのち、鎌倉幕府打倒の祈祷《きとう》を自ら行っていたことがわかっている。

後醍醐は法衣を身にまとい、護摩《ごま》の煙と焔《ほのお》を浴びながら不動の如く、悪鬼の如く、幕府調伏《ちょうぶく》を懇祈《こんき》した。後醍醐はこうした祈祷を四年も続けたのだ。並大抵の執念ではない。

◆各地に蜂起した倒幕軍

一三三一年（元弘元）四月、後醍醐は二度目の倒幕計画を企てるが、このときも密告によって事前に露見してしまった。密告したのは吉田定房《さだふさ》という公卿《くぎょう》で、後醍醐の側近中の側近だった人物。血の気が多い後醍醐が倒幕の密議を重ねていることを心配し、やむにやまれず六波羅探題に密告したのだった。

鎌倉幕府が自分を捕らえるために兵を京都に向かわせたことを知ると、後醍醐は敵の目を欺くために女房車に乗り、三種の神器だけを携えて御所を脱出したという。

その後、後醍醐は逃避行を続ける中で合流した源具行《みなもとのともゆき》、藤原公能《ふじわらのきんよし》、千種忠顕《ちぐさただあき》らと大和（奈良県）との国境にある笠置山《かさぎ》（京都府笠置町）に籠る。同年八月下旬

●鎌倉幕府の滅亡略図

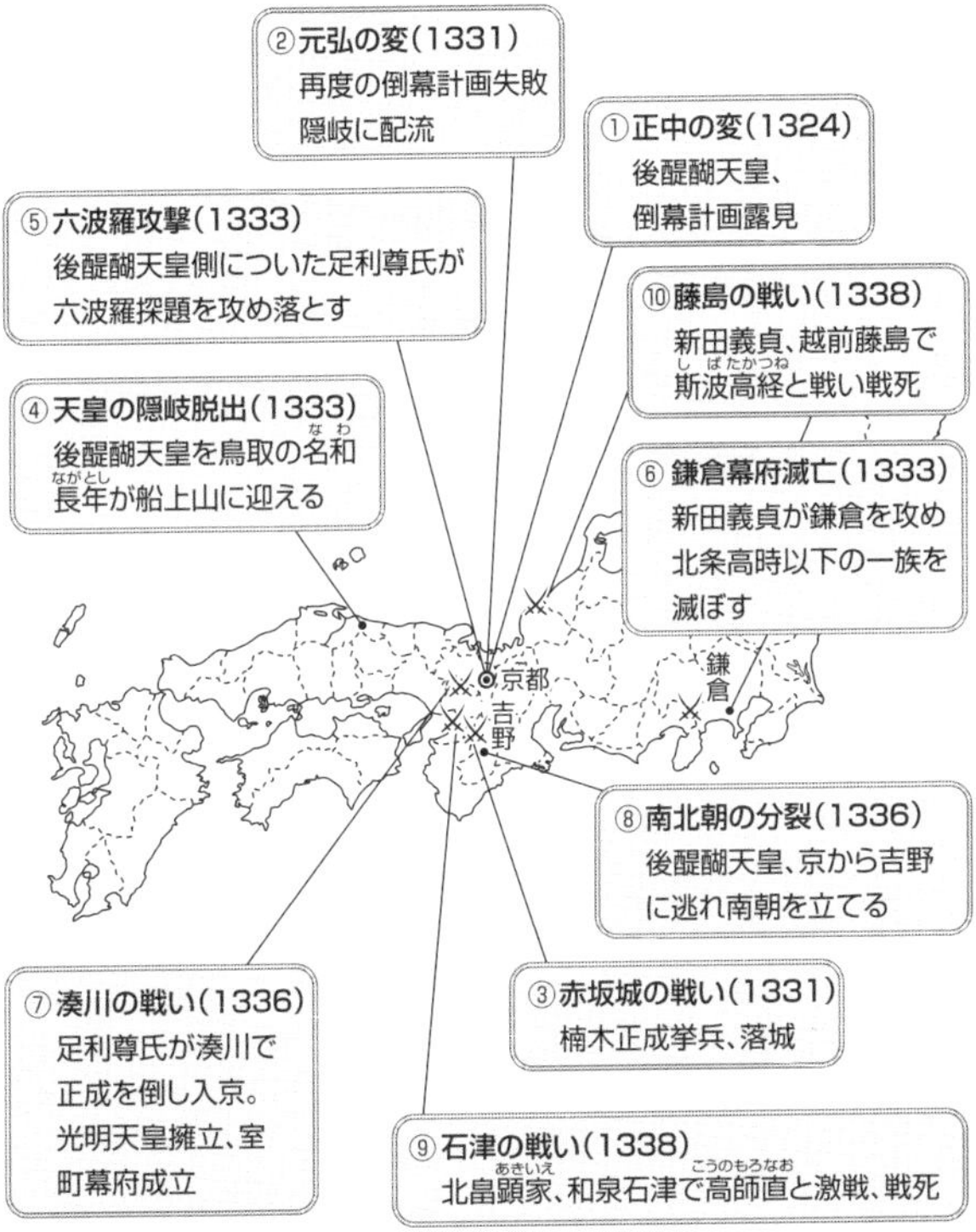
②元弘の変(1331)
再度の倒幕計画失敗
隠岐に配流
①正中の変(1324)
後醍醐天皇、
倒幕計画露見
⑤六波羅攻撃(1333)
後醍醐天皇側についた足利尊氏が
六波羅探題を攻め落とす
⑩藤島の戦い(1338)
新田義貞、越前藤島で
斯波高経《しばたかつね》と戦い戦死
④天皇の隠岐脱出(1333)
後醍醐天皇を鳥取の名和《なわ》
長年《ながとし》が船上山に迎える
⑥鎌倉幕府滅亡(1333)
新田義貞が鎌倉を攻め
北条高時以下の一族を
滅ぼす
京都
吉野
鎌倉
⑧南北朝の分裂(1336)
後醍醐天皇、京から吉野
に逃れ南朝を立てる
⑦湊川の戦い(1336)
足利尊氏が湊川で
正成を倒し入京。
光明天皇擁立、室
町幕府成立
③赤坂城の戦い(1331)
楠木正成挙兵、落城
⑨石津の戦い(1338)
北畠顕家《あきいえ》、和泉石津で高師直《こうのもろなお》と激戦、戦死

のことである。

そこで幕府は大仏貞直《おさらぎさだなお》、金沢貞冬《かなざわさだふゆ》、足利高《あしかがたか》（尊）氏《うじ》らに二十万の大軍を与えて西上させ、笠置山を攻めさせた。

九月二十八日夜、幕府軍は山上の笠置寺に火をかけると同時にどっと攻め込んだ。大混乱に陥る後醍醐軍。後醍醐はいち早く逃亡したが、翌日には笠置山中を彷徨《さまよ》っているところを発見され、捕らえられる。こうして翌年、後醍醐は隠岐へ追放されてしまう。

後醍醐の命運もいよいよ尽きかけたが、一三三二年十一月、それまで沈黙を守っていた帝の皇子の護良《もりよし》親王が吉野で挙兵するや後醍醐に失地回復の好機がめぐってきた。

護良親王は二十歳のときに天台座主《ざす》に就任したが、武芸にのみ専念し、「前代未聞の座主」と陰口を言われたほどの人物だ。護良親王の挙兵に呼応し、河内（大阪府）の楠木正成《くすのきまさしげ》や播磨《はりま》（兵庫県）の赤松則村《あかまつのりむら》などが倒幕の旗をあげた。

とりわけ、楠木正成の頑張りが大きかった。金剛山に連なる要害千早《ちはや》城（大阪南部）に立て籠もった正成は千人に満たない寡勢《かぜい》を指揮し、押し寄せる幕府の大軍を

南北朝動乱期の皇室略系図

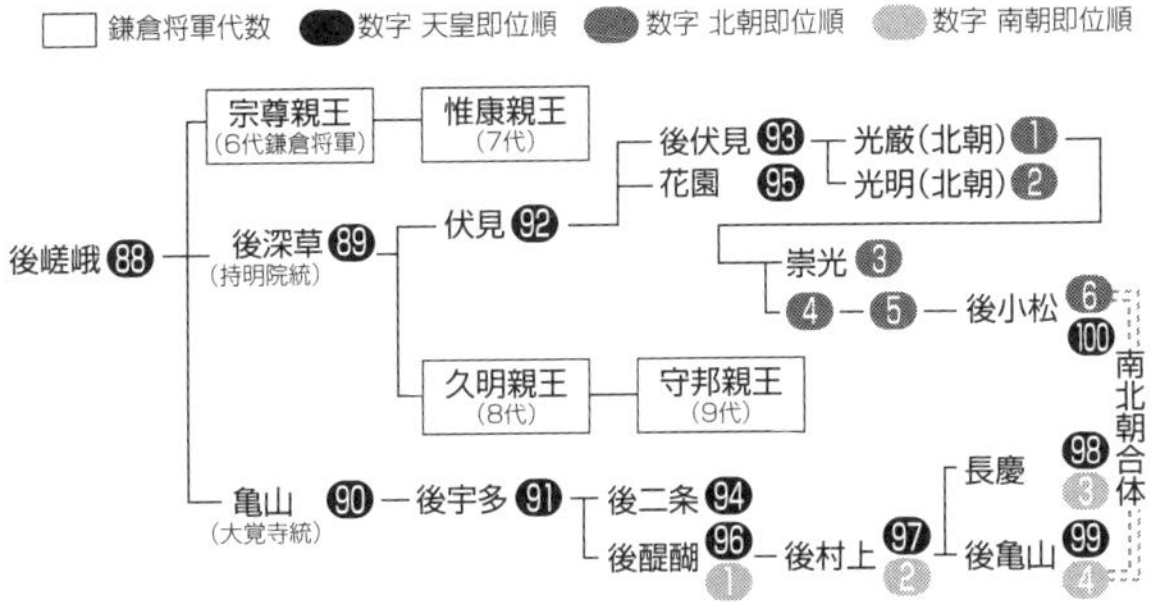

翻弄《ほんろう》、百日あまりも互角以上の戦いを展開した。これが各地で挙兵した倒幕軍に勇気を与え、反幕勢力は確実に増加していった。

翌年閏《うるう》二月、後醍醐はこうした混乱に乗じて隠岐から脱出する。

その後、幕府の有力後家人であった足利高氏が反旗を翻《ひるがえ》して六波羅探題を壊滅に追い込む。詳細は次項で触れるが、東国でも上野《こうずけ》（群馬県）の新田義貞《にったよしさだ》が鎌倉に攻め込み、北条氏を滅亡させた。

こうして首尾よく鎌倉幕府を滅ぼすことに成功した後醍醐は京都に還幸《かんこう》し、親政を再開する。すなわち「建武《けんむ》の新政」である。しかし、足利高氏と対立し、わずか二年半で崩壊。南北町時代を招くことになる。

稲村ヶ崎の戦い　一三三三年（元弘三）

鎌倉幕府崩壊を決定づけた稲村ヶ崎の攻防

源頼朝が開き、以来百四十年余り続いた鎌倉幕府が崩壊した決定的な合戦が「稲村ヶ崎の戦い」である。三方を山に囲まれ、残り一方には海が広がるという天然の要害に守られた鎌倉を、新田義貞の軍はどうやって陥落させたのか。その攻防を再現する。

◆義貞がかかえていた「恨み」

稲村ヶ崎は神奈川県鎌倉市南西部にある岬で、関東周辺の人たちには夏場の海水浴スポットとして知られる海岸だ。この稲村ヶ崎から鎌倉市中に突入し、幕府を壊滅させた武将こそ、上野国《こうずけ》（群馬県）新田荘《にったしょう》を拠点とする新田義貞《にったよしさだ》である。

新田義貞は源氏の流れをくみ、武勇に名高い八幡太郎義家《はちまんたろうよしいえ》の孫義重《よししげ》の子孫だという。しかし、倒幕の兵を挙げるまで京都では無名で、同族の足利高氏《あしかがたかうじ》（のち尊氏）のほうが源氏の嫡流《ちゃくりゅう》として認められていた。しかも、このとき二十九歳の高氏は官位（従五位上）を持ち、幕府の要職にも就いていた。一方、三十二歳の義貞は無位無官で、おまけに田舎暮らしの一御家人にすぎなかったのである。

そんな田舎武士の義貞が、突如、新田荘において倒幕の兵を挙げたのは、一三三三年（元弘《げんこう》三）五月八日のことだ。当初、義貞に従う兵は一族のみで、百五十騎ほどであったという。ところが、南下して鎌倉を目指す義貞軍に、上野、下野《しもつけ》（栃木県）、常陸《ひたち》（茨城県）、武蔵《むさし》（東京都・埼玉県）など周囲一円から加勢を申し出る武士が駆けつけ、急速に数千人規模へと膨らんだ。

義貞軍は十一日、迎撃しようと北上してきた鎌倉方の桜田貞国《さくらださだくに》の軍勢と小手指《こてさし》原《はら》（埼玉県所沢市）で衝突、両軍は互角に戦った。翌十二日早朝、義貞軍は久米川《くめがわ》（東京都東村山市）に布陣していた鎌倉軍を攻め、多摩川北岸の分倍河原《ぶばいがわら》（同府中市）まで後退させる。

武蔵と相模《さがみ》（神奈川県）の国境を流れる多摩川は、鎌倉幕府を牛耳る北条氏にとって重要な防衛線だった。義貞軍に多摩川を越えさせてはならじと、北条氏の事実上の棟梁《とうりょう》であった北条高時《たかとき》は弟泰家《やすいえ》を総大将とする大軍を急行させた。

十五日朝、両軍は分倍河原で激突する。このとき泰家は大軍にものを言わせ、義貞軍の頭上に大量の弓矢を浴びせかけた。この作戦が奏功し、義貞軍はいったん退却せざるを得なかったが、翌日の未明、義貞軍は鎌倉軍の三方から奇襲をかけ、壊滅させることに成功する。鎌倉方は前日の勝利で油断していたのが敗因だった。

総大将の北条泰家はからくも戦場を脱出し、命からがら鎌倉へ逃げ戻ったという。こうなると義貞軍に残るのは鎌倉だけとなった。

ところで気になる義貞の挙兵理由だが、「天下万民のため」という公憤《こうふん》にかられたものではなく、義貞には幕府に対してもっと私的な恨みがあったという説が有力だ。つまり、兵を挙げる直前に幕府から六万貫文という多額の公事銭《くじせん》（税金）を要求されており、それに怒った義貞が鎌倉へ抗議に向かったというのだ。

挙兵当初、一族郎党だけを引き連れていたのがなによりその証拠だ。つまり、義貞一族の存亡をかけて鎌倉へ抗議に出向いたわけであって、けっして公憤にかられたものではなかったのだ。ところが、南下するうちに周辺から続々と幕府に不満を持つ武士たちが集まり始め、総大将に祭り上げられたことから、義貞は「一族の安《あん》泰《たい》を図るため」という当初の目的をいったん放棄し、「倒幕」へと舵を切らざるを得なくなったというのが真相らしい。

◆鎌倉市中に押し寄せた義貞軍

それはともかく、分倍河原で幕府軍を蹴散らした義貞軍は騎虎《きこ》の勢いで鎌倉に迫った。このころ、幕府に反旗を翻《ひるがえ》した足利高氏らによって、京都における鎌倉幕府の出先機関である六波羅探題《ろくはらたんだい》が陥落したとの一報が前後して義貞方と鎌倉方の両方にもたらされたようである。

幕府方では義貞軍に応戦するため、鎌倉に通じる三つの要衝《ようしょう》――すなわち化粧《けわい》坂の切通し、巨福呂《こぶくろ》坂の切通し、極楽寺《ごくらくじ》坂の切通し――を防御するためそれぞれに兵を配置した。切通しとは文字通り山を切り開いて通した狭い通路のことである。

南には海が広がっているため、幕府方にとってはこの三つの切通しを守るだけで鎌倉の防御は完璧だった。まさに鎌倉は「守るに易《やす》く攻めるに難《かた》し」と言われた天然の要害であった。

十八日になり、義貞軍も兵を分け、この三つの道から一斉に攻撃を開始した。両軍はそれぞれの切通しで激戦を展開し、一進一退の攻防が続いた。

二十一日の夜明け前、義貞は極楽寺坂の切通しからさらに南に寄った稲村ヶ崎の海岸に立つと、馬を下りて兜《かぶと》を脱ぎ、海神の加護《かご》を祈って黄金の太刀《たち》を海へ投げ入れたという。すると、潮がみるみる引いていき、浜が大きく露出したではないか。これを見た義貞は、

「ものども、われに続け！」

と叫ぶや馬に一鞭《ひとむち》くれ、鎌倉市中に向かって突撃した。『太平記』にも語られたドラマチックな名シーンだが、なんのことはない、鎌倉の海は遠浅で、この季節は特に潮の満ち引きが激しいことを義貞は事前に知っていたのだという。

このときの総大将のパフォーマンスに乗せられた義貞の軍勢は極楽寺坂を守備する幕府軍を背後から襲い、これを撃退する。さらに、翌二十二日には巨福呂坂と化粧坂も相次いで陥落したことで、義貞軍は雪崩《なだれ》を打って鎌倉市中へ押し寄せたのであった。

追い詰められた北条高時は館を捨て、東勝寺《とうしょうじ》（かつて鎌倉市葛西ケ谷にあった寺院）に逃げ込むが、すぐに寺に火を放ち、一族二百八十名余とともに自刃《じじん》して果てた。ここに頼朝以来の鎌倉幕府は滅んだのである。

湊川の戦い　一三三六年（延元元）

わずか五年で散った楠木正成の「本懐」

楠木正成が歴史の表舞台に登場したのは一三三一年（元弘元）のことだ。しかし、活躍したのはわずか五年間。足利軍と戦って湊川で奮戦むなしく敗れ、彗星のように消え去った。正成が歴史に果たした役割とは？

◆千の兵力で二十万の幕府軍を翻弄

楠木正成《くすのきまさしげ》の出自はよくわからない。河内国にある観心寺領内の土豪《どごう》で、金剛山麓の赤坂を本拠に、河内のほか和泉・北紀伊地方にも勢力が及んでいたらしい。この時代に跋扈《ばっこ》していた「悪党」と呼ばれる者たちとのネットワークもあった。悪党とは、山賊や盗賊、農民兵である野伏《のぶせり》はじめ、幕府や荘園領主に反抗する輩《やから》をいう。

正成は近隣の土豪や悪党たちを組織して、常識やぶりの戦法で敵に向かった。その代表例が、一三三二年（元弘二）十一月の「千早《ちはや》城の戦い」だ。標高六百六十メートルの金剛山の中腹に千早城を築き、赤坂城を前衛に、山中に支城を配して金剛山を要塞化し、幕府軍を迎えた。

幕府の軍勢二十万に対し、楠木軍は千に満たなかったという。しかし、幕府軍は峻険《しゅんけん》な地に立つ千早城を攻めあぐむ。山に誘いこんで騎馬戦法を得意とする武士たちに下馬させたのが、正成の智略の優れたところだ。幕府軍の武士たちは正成が次々と繰り出すゲリラ戦法に面くらう。

こうして楠木軍は少ない兵で大軍の猛攻をしのぎ、千早城を死守した。「金剛山いまだ陥落せず」の報に全国の倒幕派は奮いたつ。正成が幕府軍の主力を河内に引きつけている間に倒幕派の勢力は拡大し、幕府勢力は急速に疲弊《ひへい》していった。鎌倉幕府が滅亡し、隠岐《おき》に流されていた後醍醐《ごだいご》天皇が京に凱旋《がいせん》したのは一三三三年六月のことだ。

◆退けられた正成の献策

後醍醐天皇は次々と新政策を打ち出し、長年抱いてきた天皇親政の夢を実現させた。しかし、王朝政治の復古をめざす建武の新政は、武士や庶民が台頭しはじめた社会に大きな亀裂を生む。

　武士階級の不満を代表するかのように、敢然と反旗を翻したのが足利尊氏《あしかがたかうじ》だ。鎌倉幕府側の大将として戦った尊氏は途中で天皇側に寝返って、勲功第一の名誉を得ていた。しかし、清和源氏《せいわげんじ》の流れを受け継ぐ尊氏の野望は征夷《せいい》大将軍の座につき、新しい武家政権を樹立することだった。

　尊氏は鎌倉を占拠し、京を目指して進軍する。しかし、京で天皇軍に敗れて西走、一三三六年（延元元）二月に九州へ逃れた。このとき楠木正成は尊氏の再起を予想し、後醍醐天皇に思いもよらぬ献策をした。

「新田義貞《にったよしさだ》は人望がないので武家は尊氏につくでしょう。義貞を討伐して、尊氏と和睦すべきです。私が使者として説得にまいります」

　尊氏は、功績に対しては必ず厚い恩賞で報い、新政権に不満をもつ武家の支持を集めていた。時代の流れを読むことに長《た》けた正成が、状況を冷静に分析して下した結論だった。千早城の戦いで見せた智略家ぶりが、ここに表れている。

　しかし、天皇はじめ、朝廷の中枢は驚き呆れ、その献策を「血迷いごと」であると断じた。義貞は鎌倉幕府滅亡の立役者であり、天皇軍を率いて奮戦してきた功労者だ。しかも、天皇に刃向かう逆賊にわが軍が敗れるはずがないと強弁されれば、正成は黙るよりなかった。

事態は正成が思うとおりに展開した。尊氏は九州の武士団を味方につけ、四月には反攻に転じ、東上を開始したのだ。五月五日に備後《びんご》（広島県東部）の鞆《とも》の浦《うら》に着き、陸路と海路の二手に分かれて備中《びっちゅう》（岡山県西部）へ向かう。備中には新田義貞が出陣していたが、陸路を進む足利軍の進撃をくい止めることができなかった。

尊氏の俊敏な動きに恐れを抱いた朝廷は正成に義貞救援の命を下した。千早城で大活躍した正成なら、憎き足利軍を叩きつぶしてくれるだろう、という程度の判断でしかない。

◆いつの日か本懐を遂げん

後醍醐天皇はじめ中枢は、戦略というものがまったくわかっていなかった。正攻法で戦っては勝ち目がないことを知る正成は、再び献策した。

「義貞軍を呼び戻し、御門《みかど》（天皇）は比叡山にいったんお入りください。足利軍を京に引き入れて取り囲み、兵糧が尽きるのを待って総攻撃をかけましょう」

ところが、面子《めんつ》にこだわる朝廷は、これも退けたのだった。

天皇の命令は絶対だ。正成は死を覚悟して、義貞が陣どる兵庫へ向かう。京から摂津に入ったばかりの桜井で、正成は、

「一族郎党、最後の一人まで朝敵と戦え」

と言い残し、息子正行《まさゆき》と別れた。『太平記』にある名場面である。

楠木軍三千の兵のうち、自分は七百だけを率い、残りは正行とともに河内に帰して、天皇軍の勢力温存をはかった。のちに南朝軍の将として大活躍する正行は、この軍勢をもとにして足利幕府軍を悩ますことになる。

兵庫に着いた正成は、義貞と杯を酌み交わして語り合ったという。義貞は作戦会議のつもりだったかもしれないが、敗戦を確信している正成にとっては、それも虚しい。ましてや義貞は、正成が新政権に無用と考えていた人物だ。それでも、戦いをともにしてきた仲間には違いないので、死を前にして感慨深く話したことだろう。

五月二十五日、新田軍は一万の兵力で和田岬に布陣し、海上からくる足利軍三万に備えた。楠木軍七百は湊川《みなとがわ》西岸に陣をおいて、陸上軍一万を待ち受けた。楠木軍が陸上軍の進撃を阻《はば》んでいる間に新田軍が上陸する足利軍に対抗する作戦だった。

ところが、新田軍は足利軍にあっけなく敗れてしまう。楠木軍は前後を敵に挟まれながらも、少ない兵でよく奮闘した。陸上軍の大将である足利直義《ただよし》だけに狙いを定めて、本陣を一気に攻め、あわやと思わせる場面もあった。

この「湊川の戦い」は午前十時にはじまり、午後四時ごろに終わった。正成はこの六時間あまりの間に、十六回の戦闘を仕掛けたという。しかし、兵が七十余名になったところで、もはやここまでと観念し、全員が自害した。

最期のとき、正成は弟の正季《まさすえ》に何か言い残すことはあるかと問いかけた。正季は「七生まで同じ人間に生まれて、朝敵を滅ぼしたい」と答え、正成も「いつの日か、本懐を遂げたい」と応じたという。無念な思いにかられていたに違いない。

もし、正成の献策が受け入れられていたら、歴史は大きく変わっていたかも知れない。しかし、朝廷の立場からすれば、どんなに優秀であっても、しょせん正成は身分が卑しい土豪だった。その点、足利氏や新田氏は天皇家と血の繋《つな》がりがあり、まだ信用できた。

歴史の表舞台に登場していた五年間、正成は冷遇されていることを身にしみて感じていたことだろう。それでもなお、天皇に殉じたのである。

観応の擾乱　一三五〇～一三五二年（正平五～同七）

足利尊氏・直義の骨肉相食む争いの行方

日本史上を騒がせた兄弟喧嘩といえば、源頼朝・義経兄弟が知られるが、室町幕府を開いた足利尊氏・直義の喧嘩もものすごいものだった。二人の対立はやがて全国の武士を二分する大乱へと発展する。

◆亀裂の発端

一三三八年八月、足利尊氏《あしかがたかうじ》は征夷《せいい》大将軍に就任し、武家の棟梁《とうりょう》となった。尊氏をここまで押し上げた立役者こそ、実弟の直義《ただよし》である。尊氏と一つ下の直義は同父同母の兄弟であり、幼いときから仲が良かった。二人の性格は対照的だ。兄の尊氏は生まれついての将器を備えており、鷹揚《おうよう》で人を憎まず、進歩的な理想家肌だった。片や直義は慎重居士《しんちょうこじ》で実務家肌の武将であり政治家だった。

しかし、尊氏・直義兄弟の間にはのちに亀裂が生じ、修復不可能な状態に陥ってしまう。一体、二人の仲を裂いた要因は何だったのだろうか。

尊氏が幕府を開いてから両者の溝は少しずつ深まり始める。それは、東国出身の尊氏が、鎌倉ではなく京都に幕府を開き、畿内周辺の新興武士層に目をかけるようになったからだと言われている。

米を中心とした農業が経済基盤であった東国出身の尊氏にとって、日々刻々と変わる西国の物流経済はダイナミズムにあふれ、このうえなく新鮮で魅力的に映ったに違いない。進歩的な思想の持ち主だった尊氏は、経済活動を盛んにすることで国の繁栄をはかろうとしたのである。

昔から苦楽を共にしてきた東国武士団にとって、それがおもしろいはずはなかった。彼らは尊氏に直接文句を言うかわりに、弟の直義に不平や愚痴を言うようになり、自然に直義を中心に東国武士団が結束し始めた。

◆兄弟の間に火種を放り込んだ人物

「尊氏―新興武士層」対「直義―東国武士団」という構図が固まりつつあるなか、兄弟の間に決定的な火種を放り込んだ人物がいる。足利家の執事高師直《こうのもろなお》だ。

●尊氏軍・直義軍の進路と経過

→尊氏軍　→直義軍

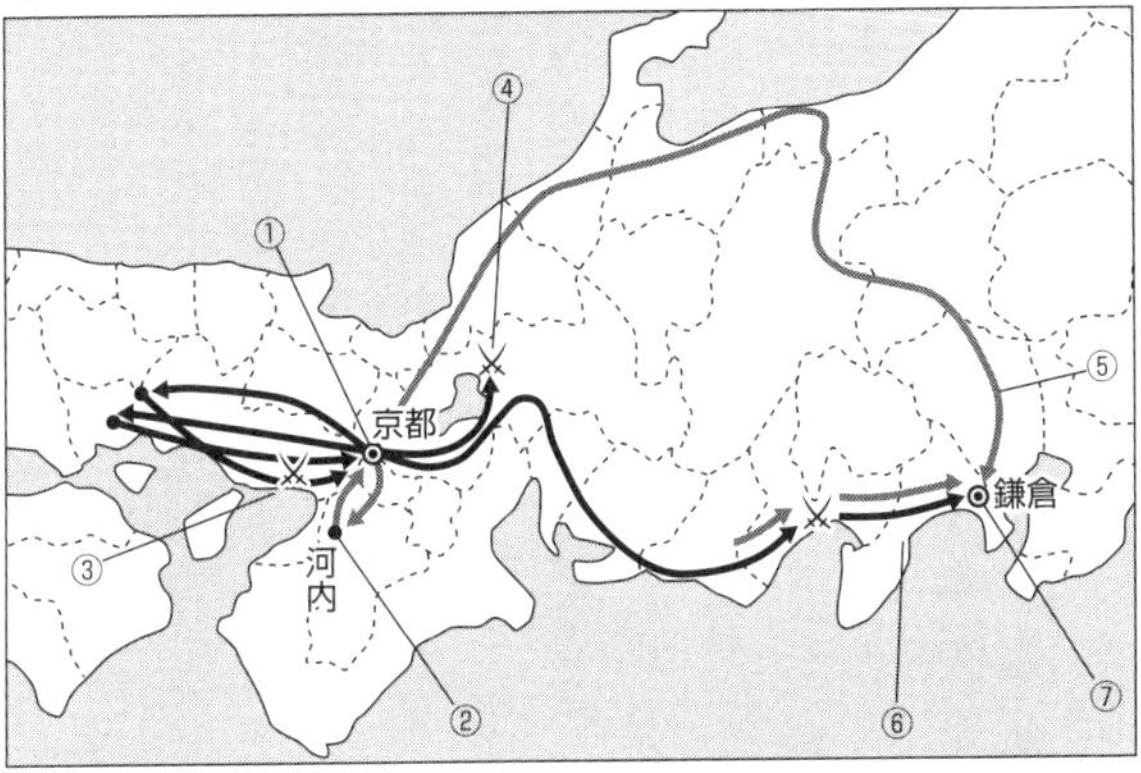

①1349年8月　高師直のクーデター
②1350年12月　直義が京都を出奔、河内で挙兵
③1351年2月　尊氏軍が摂津・打出浜で直義軍に敗れ和議が成立。師直は殺される
④1351年9月　尊氏、直義派の桃井直常らと戦闘
⑤1351年11月　直義、鎌倉に入る
⑥1351年12月　尊氏、直義軍を破る
⑦1352年1月　尊氏、直義を伴い鎌倉に入るが、のち直義は殺される

師直は足利譜代家人の筆頭で、性格はいたって強引。その師直が独断で自分の傘下の者に所領を与えようとしたため、これに直義が噛み付いた。直義は、師直の行動は幕府体制の秩序を乱すものであると激しく批難。師直の執事職を罷免《ひめん》させることに成功する。

怒った師直は五万の大軍で直義を追いつめ、直義が逃げ込んだ尊氏邸を取り囲んだ。一三四九年八月十三日のことである。このクーデターは尊氏の支持を得た師直の側が勝利し、結果的に直義は政務から撤退、出家する。

翌年十月二十六日、直義は出家先を脱出。十二月には直義は南朝に帰順するという形をとって尊氏討伐の綸旨《りんじ》（天皇の命令）を得ることに成功する。「観応《かんのう》の擾乱《じょうらん》」と呼ばれる争いの始まりである。

このころ、尊氏は京都を留守にしていた。九州・中国地方で勢力を伸ばしつつあった足利直冬《ただふゆ》を討つために遠征の途についていたのである。直冬は尊氏の実子だが、尊氏に九州へ追いやられてからは自ら将軍のような振る舞いをみせていた。

西下の途次にあった尊氏は直義挙兵の報に接し、即座に京都に引き返した。そして、子の義詮《よしあきら》と合同して直義に戦いを仕掛けるが、結果は直義方の優勢勝ちだった。

その後、幕府内で直義派が台頭するようになると、再び尊氏派対直義派の反目が激化する。一三五一年八月、身の危険を感じた直義は京都を逃れ、北陸を経てその後鎌倉に入る。

ここで尊氏は直義追討《ついとう》の兵を挙げ、駿河の薩埵《さった》峠（静岡市）において直義軍を撃破する。降伏した直義は鎌倉の寺に幽閉され、すぐに死亡する。享年四十五。病死と発表されたが、真相は毒殺だったようである。

永享の乱　一四三八年（永享十）／嘉吉の乱　一四四一年（嘉吉元）

幕府の「矛盾」をさらけ出した二つの内乱

室町時代中期、天下を揺るがす大事件が二度立て続けに勃発した。それが「永享の乱」と「嘉吉の乱」である。幕府の弱体化をさらけだすことになるこの二つの争乱はなぜ起こったのだろうか。

◆くじ引きで将軍の座を奪われた足利持氏

一四三八年（永享《えいきょう》十）八月、鎌倉公方足利持氏《くぼうあしかがもちうじ》が関東管領上杉憲実《かんれいうえすぎのりざね》に対し兵を挙げた。「永享の乱」の始まりである。

持氏はかねて自分が将軍になる野心を秘めていた。ところが、一四二八年、足利義持《よしもち》が後継を指名しないまま没したため、幕閣のくじによって義持の弟・義教《よしのり》が六代将軍に決まる。持氏にはそれが大いに不満だった。

持氏は室町幕府の関東支配機関である第四代鎌倉公方として鎌倉府首長という立

場にあった。挙兵時、持氏は四十一歳。十年前に将軍の座を目の前で義教にさらわれたことで、以来、持氏は義教に対し嫉妬の青い焔を燃やし続けていたのである。

義教が新将軍に決まってまもなく、持氏が自らの血に朱を混ぜて書いたとされる願文《がんもん》が鶴岡八幡宮に今も伝わっている。持氏が八幡宮に大勝金剛尊像《だいしょうこんごうそんぞう》を造立《ぞうりゅう》するという内容だが、その中に「呪咀《じゅそ》の怨敵《おんてき》を未兆に攘《はら》うため」という一文がある。

文章の中で「怨敵」を名指ししているわけではないが、持氏のその前後の行動から考えれば、義教を指していることは明白である。それほど持氏は義教のことを恨んでいたのである。

その気持ちをなだめる役割を担ったのが、上杉憲実だった。しかし、持氏は憲実を次第に遠ざけるようになる。それどころか、持氏は憲実を殺すのではないかという噂が流れたため、憲実はあわてて領国上野《こうずけ》（群馬県）に脱出を図る。持氏はすぐにこれを討伐する軍を起こした。

持氏挙兵の報に接し、将軍義教は邪魔者を葬り去る好機と判断、後花園《ごはなぞの》天皇から持氏追討の綸旨《りんじ》を得ると、諸将に出陣を命じた。

こうして幕府軍と持氏軍は箱根付近で対峙《たいじ》した。いざ幕府の大軍を目前にすると

●足利将軍、嘉吉の乱までの略系図

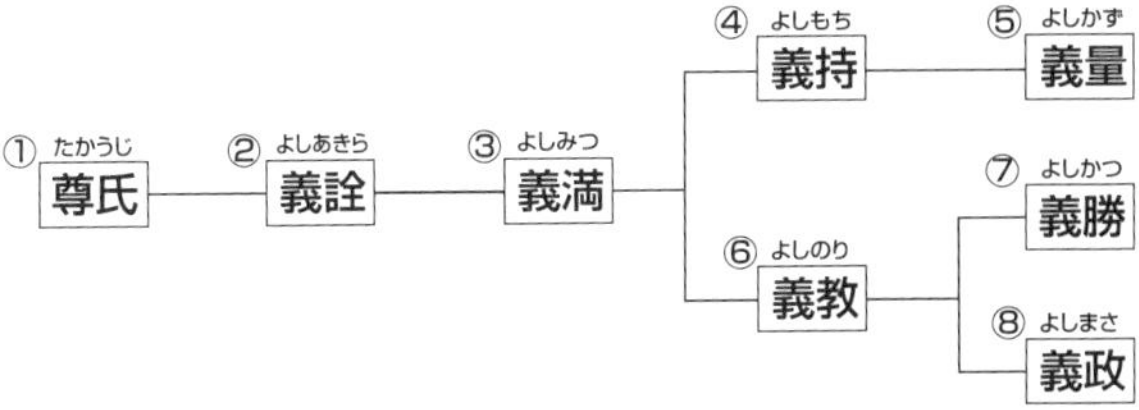

○数字は将軍就任順

持氏方についた諸将はひるみ、寝返り現象が続出。持氏の側近までもが裏切り、これがため鎌倉は陥落する。

翌年二月、幽閉先の鎌倉・永安寺において追い詰められた持氏は自害して果てる。こうして、京都と鎌倉の東西決戦「永享の乱」は大した戦闘もないまままあっけなく幕を閉じた。

乱のわずか一年後、持氏の忠臣だった下総《しもうさ》（千葉県北部と茨城県の一部）の結城氏朝《ゆうきうじとも》が持氏の遺児二人をかついで、反上杉憲実の狼煙をあげた（「結城合戦」）が、一年ほどで鎮圧されている。

◆将軍・足利義教暗殺事件

一四四一年（嘉吉元）六月二十四日、幕府の重鎮である赤松満祐《あかまつみつすけ》邸で催されていた結城合戦祝勝会のさなか、一大事が発生する。出席していた将軍義教を、満祐とその子教康《のりやす》らが暗殺してしまったのである。ときの将軍が家来に討たれるという、まさに前代未聞の大事件だった。

赤松氏にそれを踏み切らせた要因は、将軍義教の恐怖政治にあった。くじによって急きょ僧侶から将軍に抜擢された義教には、幕府内に支持基盤と呼べるものがなく、さらにまた、周囲から「くじ引き将軍」と揶揄《やゆ》されることに対しても強くコンプレックスを感じていたため、独裁色を強めることで自らの権威を確立しようとしたのである。

義教は大した理由もなく守護の所領を没収したり、家督相続に口を挟んだりすることも度々あった。赤松満祐自身も所領を召し上げられそうになったことがあり、この事件の一年前には実際に弟の義雅《よしまさ》が所領を没収されていた。義教はそのときの所領を自らの男色相手（赤松貞村《さだむら》）に与えたという。

◆二度の乱がもたらしたもの

赤松満祐はそんな将軍義教の横暴さに恐怖心を募らせ、先手に出たのが、このた

●永享・嘉吉の乱

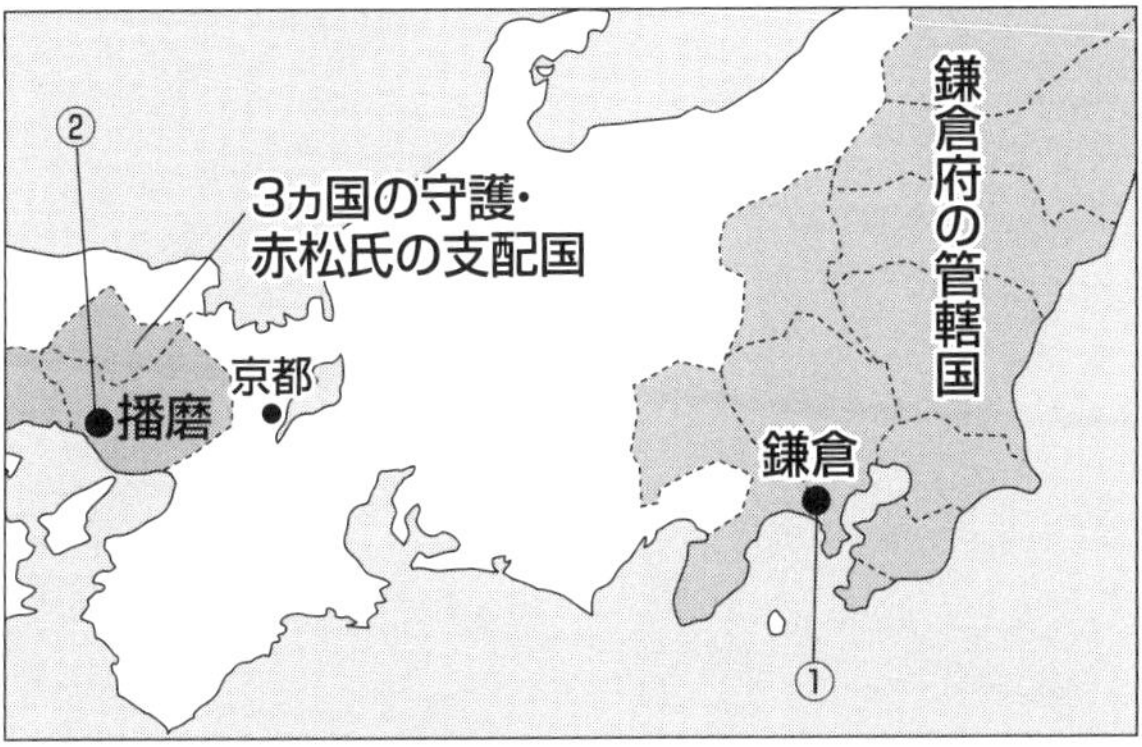

①永享の乱（1438〜39年）
鎌倉公方・足利持氏は将軍義教に反抗し、それを諫める関東管領・上杉憲実を討つべく挙兵するが、幕府軍に攻められ自刃。鎌倉公方の関東支配は終わる

②嘉吉の乱（1441年）
播磨・備前・美作の守護である赤松満祐は、将軍義教を暗殺し、領国の播磨に逃亡したが、幕府軍に攻められ自刃、赤松家滅亡す

びの暗殺劇であった。

その後、赤松父子は自邸に火を放った後、義教の首を槍先にかけ、領国播磨《はりま》（兵庫県南西部）に逃亡する。

幕府ではただちに満祐を追討するため細川・山名両氏らを派兵させた。満祐は坂本城（姫路市）に拠《よ》って、足利直《ただ》冬《ふゆ》（尊氏《たかうじ》の子、直義《ただよし》の養子）の孫を迎え、足利義尊《よしたか》と名乗らせ、次の将軍として認めさせようとしたが、だれ一人応ずる者はなかった。

八月十九日、塩屋関（神戸

市垂水区）で戦端は開かれた。満祐に従う者はわずか三千五百に対し、幕府追討軍は五万の大軍である。勝敗は最初から見えていた。

満祐軍は、最後は標高四百五十メートルの城山城《きのやまじょう》（兵庫県たつの市）に籠もったが、九月十日、幕府軍の猛攻撃を受け、満祐は一族とともに自刃して果てた。播磨の豪族から四識家《ししき》（侍所の長官）にまで上りつめた赤松総領家はこうして滅亡した。これが「嘉吉《かきつ》の乱」である。

「永享の乱」「嘉吉の乱」とわずか三年で二つの大事件が勃発し、幕府の屋台骨も大きく揺らぎ始める。

その一方で、各地の守護たちは次第に力をつけていた。そのことがやがて戦国時代を告げる応仁の大乱を呼び込むことになるわけである。

応仁の乱　一四六七〜一四七七年（応仁元〜文明九）

天下を二分する戦いと戦国の幕開け

畠山氏一族の争いに端を発した応仁の大乱は、幕府の二大勢力（細川氏、山名氏）の対立や将軍家内部の抗争を巻き込み、さらに各地の諸勢力を二分し、全国的争乱へと拡大していくことになる。

◆日野富子がもたらした波紋

足利尊氏《あしかがたかうじ》を初代とする室町幕府。代を重ねるにつれ、実権は将軍家から管領《かんれい》へと移行していった。

八代将軍義政《よしまさ》の時の管領は細川《ほそかわ》（勝元《かつもと》）、斯波《しば》（義敏《よしとし》）、畠山《はたけやま》（政長《まさなが》）の三家で、なかでも細川勝元は幕府第一の実力者として権勢をふるっていた。

芸術を愛好した義政には幕政を見ようという気はさらさらなく、自らが東山に創建した銀閣寺に若くして籠り、半隠居生活を送っていた。嗣子《しし》がなかったため次期将軍には弟で、浄土寺門跡となっていた義尋《ぎじん》（のちの足利義視《よしみ》）を据える考えだった。ところが、やがて思わぬ問題が生じる。

義政夫人の日野富子《ひのとみこ》に子が生まれたのである。のちの足利義尚《よしひさ》で、義政三十歳の時の子だ。わが子に将軍家を継がせたいと思うのは母親の情というもの。義尋のほうにはすでに細川勝元が後見人としてついていたため、それに対抗する意味で富子は四識家《ししきけ》（室町幕府侍所の長官に任ぜられた四家）の一人で実力者の山名持豊《やまなもちとよ》（宗全《そうぜん》）と手を結んだのである。

ちょうどそのころ、三管領の残る二家、斯波氏と畠山氏においても家督をめぐる争いが起きていた。こうして戦いの構図が出来上がってしまう。

◆東軍と西軍の激突

争乱は畠山政長と従兄弟の畠山義就《よしなり》との衝突で幕を開けた。一四六七年（応仁元）正月十八日、幕府の管領の座を追われ、屋敷を義就に明け渡すよう命令された政長はそれを不服として自邸に火を放ち、京都・洛北の上御霊《かみごりょう》社境内に立て籠って挙兵する。

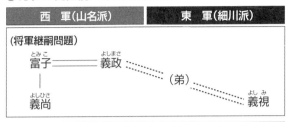

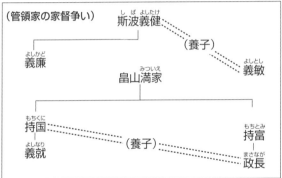

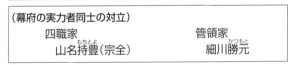

●応仁の乱直前の東西軍対立図

西　軍(山名派)	東　軍(細川派)
(将軍継嗣問題)	
富子《とみこ》＝義政《よしまさ》	(弟) 義視《よしみ》
義尚《よしひさ》	
(管領家の家督争い)	
斯波《しば》義健《よしたけ》	(養子)
義廉《よしかど》	義敏《よしとし》
畠山満家《みついえ》	
持国《もちくに》	持富《もちとみ》
義就《よしなり》	(養子) 政長《まさなが》
(幕府の実力者同士の対立)	
四職家	管領家
山名持豊《もちとよ》(宗全)	細川勝元《かつもと》
(有力大名)	
大内・一色《いっしき》	赤松・京極
土岐《とき》・六角	富樫《とがし》・武田

戦火は地方にも飛び火し、11年にも及んだ

政長と義就は家督をめぐって数年来争いを続けていた仲だ。義就は目障りな政長を滅ぼすには願ってもない好機と判断、手勢を率いて上御霊社に向かった。そこに山名勢も加わり、上御霊社を北と南から挟み撃ちにすると、進退窮まった政長は上御霊社に放火し、混乱に乗じて遁走《とんそう》を図った。

政長はその足で「親分」の細川勝元のもとに走り、泣きついて庇護《ひご》を求めた。最初、勝元はこの争いを畠山氏の内訌《ないこう》（うちわもめ）であり、立ち入るべきではないと考えていた。しかし、義就の勝利によって幕府の実権が山名派に移ることを恐れ、勝元は挙兵を決意する。

五月に入ると、細川方の軍勢が京都に続々と集まり、将軍の居館・室町第《むろまちてい》（花の御所）を占拠し、相国寺《しょうこくじ》に布陣した。これに対し、山名方も軍勢を招集し、宗全邸に本陣を置いた。この宗全の陣は勝元の陣の西方にあったため「西軍」と称され、勝元方は「東軍」と呼ばれた。ちなみに、京都の西陣織はこの時の宗全の陣があった場所に由来する。

五月二十六日、両軍の戦闘が始まった。東軍は十六万余、西軍は十一万余と伝えられる。最も激しい戦いは一条大宮のあたりで、この戦いによって公家や武家の屋敷、町家は言うに及ばず、多くの名刹《めいさつ》・古刹《こさつ》が灰燼《かいじん》に帰した。その後も戦闘は続き、毎日京の町のどこかが廃墟となった。市中には略奪が横行し、特に商家の土蔵が狙われた。

◆西軍に周防と伊予から援軍が

六月三日には細川勝元に対し将軍義政より軍権の象徴である牙旗《がき》が与えられる。形式的には東軍が官軍、西軍が賊軍となったわけである。このことは、義政が中立性と将軍としての権威を自ら放棄したことになり、以後、両軍の不毛な争いを止める力を失った。

勝元は「正義はこちらにあり」と喜んだが、それも束《つか》の間、西軍に新手の援軍が現れる。西国最大の大名である周防《すおう》（山口県東部）の大内政弘《おおうちまさひろ》と伊予《いよ》（愛媛県）の河野通春《こうのみちはる》だ。彼らは水陸二手に分かれ、二万の軍勢を京に入れた。

大内氏と河野氏は、対外貿易や瀬戸内方面に勢力拡大をもくろむ細川氏に反抗し、西軍に加勢したのだった。これにより、西軍は勢いを取り戻し、それまで東軍にやや有利に運んでいた戦況は一気に逆転した。

東軍は次第に追い詰められ、いよいよ花の御所と相国寺の一帯だけとなった。十月三日から四日間、その相国寺の争奪をめぐって両軍の間で血で血を洗う激戦が繰り広げられた。これが「相国寺の戦い」である。

この合戦で東軍は西軍の首八百を取り、西軍は東軍の首を八台の車に積んで帰陣したという。まさに、傷み分けであった。そのことが将軍義政にも伝えられたが、義政は酒盃を手から離すことはなかった。彼の目には、細川勝元と山名宗全が勝手に権力争いをやっているとしか映らなかったのだろう。無能な権力者を頂いたばかりの悲劇である。

◆全国的騒乱への拡大

この「相国寺の戦い」は両軍とも消耗があまりに激しかったためか、以後は膠《こう》着《ちゃく》状態が続き、大きな合戦は京都で行われなくなった。そのかわり、戦線は各地に飛び火する。

全国各地で東西両軍に応じた大名たちが領土をめぐって勝手に争いを始めたのだ。守護代や有力家臣たちの中には主人の留守を幸いに、造反の狼煙《のろし》をあげる者も続出する。さらに、一般民衆の間でも飢饉《ききん》の広がりによって土一揆《いっき》が頻発した。

騒乱がここまで発展した要因として、当時の天皇（後花園帝）や将軍義政の無策ぶりがあげられる。一四六〇年代、日本全土は異常気象が数年来続き、全国的飢饉に見舞われた。ところが、天皇も将軍も自らの楽しみに明け暮れ、何一つ救援策を講じなかった。

これにより、公家も武家も庶民も、男も女も、老いも若きも、すべてが殺気立っていた。油がたっぷり染みた紙がそこにあれば、火種は何でもよかったのである。

一四七三年三月、まず山名宗全が、五月にはそれを追う

●京都市街地と応仁の乱で被災した京都市内

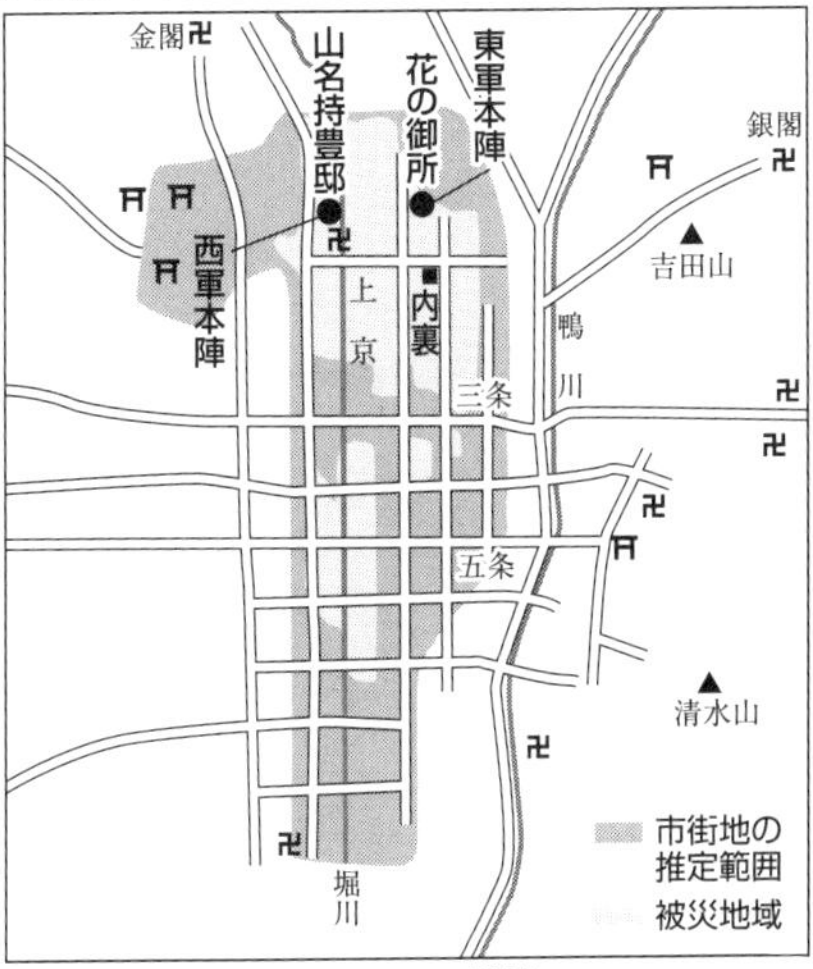

応仁の乱後、持豊の陣所近辺に機織《はたおり》職人が定住、やがて西陣織の名が有名になる

ように細川勝元が病死する。宗全七十歳、勝元四十四歳だった。さらに、同年十二月には日野富子の推す義尚が九代将軍に決定する。これによって両軍には次第に厭《えん》戦《せん》気分が広がるようになる。

地方から遠征している諸大名にとっては、留守にした自国で謀叛や一揆が起ることが、今現在の京都の合戦よりも心配事だった。それだけに、本音では一刻も早く帰国したかったのである。

一四七七年、西軍の中核だった大内政弘がとつぜん周防に帰国する。この時点で京での戦闘は止み、十一年間の大乱に終止符が打たれた。これほど長期間に及んだ大乱だったにもかかわらず、両軍の主だった将はただの一人も戦死していないという奇妙な戦いだった。しかし、この乱がもたらした影響は大きかった。室町幕府の権威は著しく失墜《しっつい》、畿内の一地方政権程度に成り下がってしまった。

それまで押さえつけられていた権力から解放されたことで、各地で下剋上《げこくじょう》現象が頻発、やがて群雄が割拠《かっきょ》する戦国時代へと突入する。

第3章　戦国時代

伊豆の乱　一四九三年（明応二）

北条早雲はいかに伊豆一国を手に入れたか

戦国乱世を招いた張本人の一人とされる北条早雲。自らの知恵と行動力だけで伊豆一国をわがものとした戦いが「伊豆の乱」である。この戦いを契機として、およそ百年間、五代にわたって後北条氏の繁栄が続くことになる。

◆謎の出自をめぐって

北条早雲《ほうじょうそううん》とは、小田原に本拠を置き、豊臣秀吉《とよとみひでよし》によって滅ぼされるまで五代・百年間にわたり関東一円を支配した後北条《ごほうじょう》氏（鎌倉時代の執権《しっけん》・北条氏と区別するためこう呼ばれる）の祖であり、戦国大名の嚆矢《こうし》とされる人物だ。

そんな早雲が、世に出るきっかけとなった戦い、それが「伊豆の乱」である。この戦いではわずかな手勢で夜襲に成功し、あっという間に伊豆一国を手に入れてしまった。そのあたりの合戦のいきさつを、残された数少ない史料から見えてくる彼の経歴とともに述べていくことにしよう。

早雲の出自《しゅつじ》についてはこれまで通説では「伊勢出身の素浪人《すろうにん》」とされてきたが、近年の研究によると、備中《びっちゅう》国荏原荘《えばらしょう》（岡山県井原市）の高越山《たかごえやま》城の城主伊勢盛定《いせもりさだ》の次男とする説が有力だ。生まれは一四五六年（康正《こうしょう》二）という。

若いころは伊勢新九郎盛時《もりとき》を名乗った。母は室町幕府の高級官吏、伊勢貞国《さだくに》の娘である。早雲は素浪人どころか、全国でも屈指の名族の出身だったのだ。盛時少年はこの母の人脈を頼って早くから京都に出て、幕府の役人として登用されている。幼少期から地元の禅僧に厳しく教育された盛時は余程優秀だったのだろう。

そのうち、盛時はあるお家騒動に巻き込まれる。盛時の姉北川殿が駿河《するが》国（静岡県）の守護今川義忠《いまがわよしただ》に嫁いでいたのだが、子の龍王丸《たつおうまる》がまだ幼いころに夫義忠が戦死してしまい、それがため後継者問題をめぐって家中で内紛《ないふん》が起こったのである。それは、龍王丸を推す一派と、義忠の従弟《いとこ》の小鹿範満《おしかのりみつ》を擁立する一派との争いだった。

この内紛に対し、調停役として幕府から派遣されたのが、若年だが有能な官吏で、しかも龍王丸とは叔父甥《おじおい》の関係になる盛時であった。一四七六年（文明《ぶんめい》八）というから、盛時二十一歳のときである。

盛時はこの難題を見事に裁いた。龍王丸が成人するまで小鹿範満が今川の家督を代行するという条件で、双方を納得させたのである。これが契機となり、盛時は幼い龍王丸の後見（補佐役）におさまる。

ところが、龍王丸が十五歳を迎え元服間近となっても、範満は約束通り家督を返そうという態度を見せなかった。それどころか龍王丸を排除して今川の家督を正式にわがものにしようとしたため、北川殿と龍王丸は京都にいる盛時に泣きついた。盛時は再度駿河に下向するや、ただちに兵を集め駿河館を襲撃、範満を自害に追い込む。まさに電光石火の早業であった。一四八七年（長享《ちょうきょう》元）のことである。

その後、龍王丸は晴れて元服し氏親《うじちか》を名乗る。のちにこの氏親が成した子の義元《よしもと》が織田信長《おだのぶなが》によって桶狭間《おけはざま》で討ち取られることになる。

◆単身で敵情を探る早雲

叔父盛時に深く感謝した氏親は、盛時に富士郡下方荘《しもかたしょう》十二郷を贈り、その気持ちを表した。こうして盛時は一城（興国寺城＝沼津市）の主となった。盛時三十二歳のときである。その数年後、盛時にさらに飛躍の機会が訪れる。一四九一年（延《えん》徳《とく》三）四月、関東を統治する伊豆の堀越公方足利政知《ほりこしくぼうあしかがまさとも》が亡くなった。公方とはこの当時「幕府の出先機関の長」を指す言葉と思って間違いない。ただちに十五歳の長男茶々丸《ちゃちゃまる》が跡を継いだが、茶々丸は跡目相続後、継母とその子（つまり自分にとって異母弟）の母子《おやこ》二人を殺害してしまう。

足利政知は将軍義政《よしまさ》の弟に当たる人物だ。関東にはもともと足利将軍家に反抗する勢力として古河公方足利成氏《こがくぼうあしかがしげうじ》がおり、この古河公方に対抗する目的で幕府から派遣されたのが政知である。したがって、この当時、関東には古河と堀越の二人の公方が並び立つ異常事態に陥っていたのである。なお、古河公方は下総《しもうさ》国古河（茨城県古河市）を本拠とし、堀越公方は伊豆国堀越（静岡県伊豆の国市）を本拠としたことからこう呼ばれた。

いずれにしろ、こうして茶々丸が引き起こした事件により、伊豆は内乱状態に陥った。これを知った盛時は、今こそ伊豆一国を奪う好機ととらえ、さっそく行動に移る。まず、五歳のわが子（のちの氏綱《うじつな》）に家督を譲って、自らは出家し早雲庵宗《そう》瑞《ずい》と号した。そして、

「自分は病身で余命いくばくもない。余生を気楽に過ごせればそれでよい」

などと欲のないことを周囲に言いふらし、伊豆・修善寺《しゅぜんじ》へ湯治《とうじ》に出かけた。修善寺の北方七〜八キロメートルの距離にあるのが、茶々丸がいる堀越御所である。早雲はこの修善寺で温泉三昧の日々を過ごすが、連日のように近在の樵夫《きこり》などを話し相手に呼び出し、無聊《ぶりょう》の慰《なぐさ》めとした。実は、こうして伊豆一国の地形や経済状態までもすっかり聞き出していたのである。

敵情を探ることに成功した早雲は、ただちに駿河へ立ち返ると今川氏親から兵三百を借り受け、自らの手勢二百と合わせ、五百の軍勢で清水浦から船で駿河湾を渡って西伊豆に上陸する。

このころ、伊豆国の兵の多くが上野国《こうずけ》（群馬県）の合戦に出て手薄になっていたのを早雲は勿怪《もっけ》の幸いと判断したのだ。早雲の兵は西伊豆海岸から疾風《しっぷう》の如く夜道を駆け抜け、またたく間に堀越御所を取り囲んだ。この奇襲により、茶々丸はあえなく自刃した。こうして早雲は伊豆一国を平定したのである。

この「伊豆の乱」が起きたのは、一四九一年（延徳三）とも一四九三年（明応二）とも言われはっきりしないが、いずれにしろこれによって新興勢力が勃興《ぼっこう》する下剋《げこく》上《じょう》の先駆け、すなわち戦国時代の幕開けとなったのは間違いのないところだ。

九頭竜川の戦い　一五〇六年（永正三）

九頭竜川を赤く染める朝倉対一向宗徒の激闘

越前の守護大名、朝倉氏を襲った最大の危機。「南無阿弥陀仏」の筵旗を押し立て、九頭竜川右岸に陣を敷く一向宗徒三十万の大軍勢。川の流れが血で朱に染まるほどの激戦の勝敗を分けたものとは？

◆越前国になだれこんだ一向宗徒

一向宗《いっこうしゅう》とは仏教の浄土真宗《じょうどしんしゅう》のことで、鎌倉時代初期に開祖親鸞《しんらん》によって始まった一派である。戦国時代に登場した大名の中で、この一向宗を信じる宗徒（門徒《もんと》）の存在に頭を悩ませなかった大名はまず一人もいなかったと言ってよい。

上杉家、朝倉家、徳川家、島津家……などなど。なかでも越前（福井県）朝倉家は、戦場となった九頭竜川《くずりゅうがわ》の流れが血で真っ赤に染まるほどの凄まじい合戦を一向宗徒との間で繰り広げている。これが「九頭竜川の戦い」である。一体、なぜこんな激戦に発展してしまったのだろうか。

朝倉氏は、もともと越前の豪族であったが、南北朝時代を経て越前守護斯波《しば》氏の重臣となった。世に出るきっかけとなったのが、朝倉氏の七代目当主孝景《たかかげ》（敏景《としかげ》とも）の存在だ。孝景は主君斯波氏の相続争いや応仁の乱などを巧みに利用し、一四七五年（文明《ぶんめい》七）ごろには越前一国を平定してしまう。まさに、実力と強運で一国を掴《つか》み取った北条早雲《ほうじょうそううん》や斎藤道三《さいとうどうさん》らと並ぶ戦国の梟雄《きょうゆう》（残忍で猛々《たけだけ》しい人のこと）の一人である。

この孝景とその子氏景《うじかげ》の父子《おやこ》二代にわたる頑張りによって越前朝倉氏にもようやく平和なひとときが訪れると思われた矢先、新たな敵が思わぬ方向から現れる。それが一向宗である。

一四八八年（長享《ちょうきょう》二）六月、隣国加賀（石川県）の守護大名富樫政親《とがしまさちか》が一向一揆に攻められ、自害する。これにより加賀はその先百年にわたって一向宗徒が支配し、「百姓の持ちたる国」と言われた。一向一揆勢は加賀を手に入れた勢いのまま能登と越中（富山）も支配下に置いた。次の目標は越前だった。

朝倉氏と一向宗の関係は、一四七一年、孝景が浄土真宗中興の祖とされる本願寺第八世蓮如《れんにょ》に越前吉崎での滞在許可を与え、そこを拠点に北陸での布教活動を許可したことに始まる。このことがいずれ朝倉家に仇《あだ》となって降りかかってこようとは孝景は思いもしなかったはずだ。

それは孝景の孫の貞景《さだかげ》の代に起こった。一五〇六年（永正《えいしょう》三）七月半ばになり、加賀・能登・越中の三国の一向宗徒が、南無阿弥陀仏《なむあみだぶつ》の筵旗《むしろばた》を押し立てながら越前国になだれ込み、九頭竜川右岸（北側）に陣を敷いた。一説には二十万とも三十万とも言われる大軍だった。

◆味方の屍を踏み越えて突撃する一揆勢

これに対し、川の左岸（南側）に布陣した朝倉軍は十分の一の二～三万程度だったとみられている。侍大将として軍配をとるのは貞景の叔父の朝倉教景《のりかげ》（法名宗滴《そうてき》）。当時、知勇兼備の武将として広く知られていた。また、若いころの織田信長の才能を早くから見抜いていた人物としても有名で、死の床で「あと三年長生きして織田上総介《かずさのすけ》（信長）の行く末を見たかった」と言い残したと伝えられる。この教景が亡くなったのは一五五五年（天文《てんぶん》二十四）のことだ。つまり、桶狭間《おけはざま》の戦い（一五六〇年）の五年も前に教景は信長の活躍を予見していたわけである。

閑話休題《それはさておき》――。

両軍はしばらく睨《にら》み合ったまま小康状態が続いたが、八月に入ると一気に過熱する。教景は一揆勢を望観し、近々、本隊が川を渡ろうとしている気配があることを看破した。「大軍に先手を打たれては圧倒的に不利」と判断した教景は、機先を制してこちらから渡河《とか》するよう全軍に命令した。

その際教景は、上流を騎馬武者が進み、そのすぐ下流を徒武者《かち》が渡るよう命じている。騎馬によって少しでも水勢を弱めて徒武者を渡りやすくする工夫だった。さすがは百戦錬磨の教景らしい気配りである。

八月六日夜半、渡河作戦は決行された。まず朝倉軍三千の精兵が急流をついて一気に川を渡りきり、敵陣に突撃したのである。一揆勢は虚を突かれ、たちまち算を乱して敗走した。しかし、なかには死をも恐れず立ち向かってくる宗徒も少なくなかった。

死ねば現世の苦しみから解放され極楽浄土に行ける、と信じ込んでいた当時の一向宗徒にとって死ぬことはけっして恐れることではなかった。彼らは口々に南無阿弥陀仏を唱えながら味方の屍《しかばね》を踏み越え、後から後から朝倉軍に向かっていったのである。

　こうした旺盛な戦闘意欲が一揆勢にあったにもかかわらず、戦が終わってみれば朝倉方の完勝だった。九頭竜川の流れは両軍の負傷者や戦死者の血で朱《あけ》に染まり、河岸一帯は数日間にわたって血生臭い風が吹き続けたという。

　勝敗を分けたのは、なんといっても戦闘のプロと素人の差だった。一揆勢はその大半を成すのが農民で、正式な戦闘訓練など受けたことがなく、命令系統もはっきりしない烏合《うごう》の衆だった。その点、朝倉軍は応仁の乱以来、幾多《いくた》の合戦を繰り返してきたことで、乱戦の中でも統制のとれた動きを自然にとることができ、しかも一人一人が一騎当千の精兵に仕上がっていた。兵の多寡《たか》はほとんど関係なかったのである。

　翌年八月、再度一向一揆勢が越前に侵入したが、朝倉軍の前にまたも敗れ去っている。こうした一揆勢との度重なる合戦で疲弊《ひへい》したのが原因なのか、やがて訪れる本格的な戦国乱世の荒波の中で、朝倉氏は自滅に近い崩壊を迎えるのであった。

河越城の戦い　一五四六年（天文十五）

北条氏康が仕掛けた劇的な「奇襲戦」とは？

北武蔵の要衝・河越をめぐっての北条氏康と上杉憲政ら反北条連合軍との戦い。戦国史上「三大奇襲戦」の一つにも数えられる合戦の経過をたどってみると、氏康の、祖父北条早雲ゆずりの用意周到さに驚かされる。

◆後北条氏の関東支配を決定づけた戦い

江戸時代の歴史家・頼山陽《らいさんよう》が、その著書『日本外史《にほんがいし》』の中で、厳島《いつくしま》の戦い（一五五五年）、桶狭間《おけはざま》の戦い（一五六〇年）と並んで、日本の歴史上の三大奇襲戦の一つに挙げたのが、この「河越城《かわごえじょう》の戦い」（一五四六年）である。

この合戦に勝利したのは、後北条《ごほうじょう》氏繁栄の礎《いしずえ》を築いた北条早雲《そううん》の孫の氏康《うじやす》である。この勝利によって関東の旧勢力は滅び、その覇権《はけん》は相模《さがみ》（神奈川県）の北条氏の手に移り、以来約半世紀にわたって北条氏が関東の王として君臨することになるわけである。

そもそも北条氏は、早雲、氏綱《うじつな》の父子《おやこ》二代で伊豆、相模、南武蔵《むさし》（東京都の大部分）を制圧した。三代氏康になってもこの版図《はんと》拡大の野望は膨らむ一方で、西は今川氏の駿河《するが》（静岡県）を、北は北武蔵（埼玉県の大部分）をうかがっていた。

こうした北条氏の尽きることがない領土欲に危機感を抱いたのが、関東管領上杉《かんれいうえすぎ》（山内《やまのうち》）憲政《のりまさ》である。関東管領とは、室町幕府が設置した鎌倉府の長官である鎌倉公方《くぼう》を補佐する役割を担っていた。この憲政の養子になったのが、のちの越後の竜・上杉謙信《けんしん》である。

上杉憲政は、北上してきた北条軍が河越城（埼玉県川越市）を奪取するや、危機感を一層募らせた。河越という土地は北武蔵の南端に位置する要衝《ようしょう》で、ここを奪われることは北武蔵全体が奪われることを意味したからだ。この河越城はもともと同族の上杉（扇谷《おうぎがやつ》）朝定《ともさだ》の居城だったものだ。

そこで憲政は、朝定と同盟し、さらに古河公方足利晴氏《こがくぼうあしかがはるうじ》にも呼びかけ、八万（三万、五万説も）もの大軍を組織する。その一方で、当時北条氏とは駿河・河東《かとう》（富士川以東の地域をさす）の領有をめぐって争っていた今川義元《よしもと》とも連携し、この機会に新興勢力の北条氏を一気に挟撃《きょうげき》して葬《ほうむ》ってしまおうと画策したのである。

一五四五年（天文十四）十月、駿東《すんとう》にある北条方の支城を攻めるために出陣した今川軍と呼応し、憲政・朝定・晴氏の反北条連合軍は河越城を十重二十重《とえはたえ》に取り囲んだ。守る城方の兵力はわずかに三千。城代には北条氏の宿老大道寺盛昌《だいどうじもりまさ》が務めていたとみられている。

前門の虎（反北条連合軍）に後門の狼（今川軍）と、前後から挟み撃ちされることになった氏康は、それでも冷静に対処した。なんと、甲斐《かい》（山梨県）の武田信玄《たけだしんげん》を担《かつ》ぎ出し、今川義元との和睦《わぼく》の仲介役になってもらい、これを成功させたのだ。和睦の条件として義元から出された「駿東からの全面撤退」を氏康はのむことになったが、背に腹はかえられなかった。

これによって背後からの危機は脱した。城は依然として孤立無援状態だったが、寄せ手の憲政らは無理押しせず、兵糧《ひょうろう》攻めを選択したことが、城方には幸いした。

そのまま越年して四月上旬になり、氏康はようやく動いた。周辺から兵をかき集め、八千余の軍勢を率いて北上する。これ以上、河越城を放置しておけば、城兵は餓死するか城を出て討ち死にするかしかないと氏康は考えたのだ。

軍勢を進める氏康の頭の中に浮かんでいる作戦は、ただ「奇襲」あるのみだった。われに十倍する大軍に対して、正面からぶつかっても到底勝ち目はないと氏康は冷静に判断していた。

◆厭戦気分を煽るために策を弄する

氏康は、河越に到着すると城の南西方向にある砂久保という所に着陣した。

「今ごろ、のうのうとよく来たものだ」

上杉憲政は試しに氏康の陣に兵を当ててみるが、相手は戦いもせず風のように退却した。そして、上杉の兵が引き揚げると、ぞろぞろとその場に戻ってきた。これを数回繰り返すと、憲政たちは、北条方には戦う気がないのだと侮《あなど》るようになった。

そうした謎の行動を見せる一方で氏康は、憲政・朝定・晴氏のそれぞれの陣に使者を送り、「多勢に無勢でどうにもならない。城兵の命さえ助けてもらえれば、城も領地もお返しします」と泣きついたのである。三者はそろってその要求をはねつけたことは言うまでもない。憲政などはいよいよ氏康を小馬鹿にし、「氏康ごとき、わが手の小指にも及ばぬ」と嘲《あざけ》ったという。

このとき憲政は、無理に戦って味方に犠牲者を出すより、このまま城を包囲しているだけで、そのうち氏康は降伏を申し出てくるに違いないと楽観視していたのだ。

こうして連合軍の士気はゆるむ一方だった。長期にわたる包囲戦に飽き飽きしていたこともあり、将兵のほとんどがどこからかやって来た遊女や酒に溺《おぼ》れた。実は、こうした遊女や酒売りなどの商人を氏康が事前に大量に準備し、ころあいを見て戦場に送り込み、市を開かせたのだ。むろん、厭戦《えんせん》気分を煽《あお》るためである。

四月二十日夜半、氏康軍が暗闇をついて突如、連合軍に襲いかかった。氏康軍の将兵はすでに敵の配置を知り尽くしていた。しかも、夜間の同士討ちを避けるため白紙を袖に付け、合言葉まで決めていた。

連合軍の将兵は、相手はもはや戦う気がないと油断し、安心しきって熟睡していたところを襲撃されたからたまらない。何事が起ったのかと恐怖に駆られ、同士討ちする者、裸で逃走する者が続出した。しかも、この氏康軍の奇襲に呼応するように、城に缶詰めになっていた北条方の兵士三千が、これまでの溜《た》まりに溜まったうっ憤を晴らすかのように、どっと雪崩《なだれ》を打って足利晴氏の陣に突入したのである。

勝敗はほとんど一瞬で決まった。この戦いで上杉朝定は討ち死にし、上杉憲政は居城がある上州（群馬県）平井へ、足利晴氏も古河城へ逃げ帰った。連合軍方の戦死者は一万三千にものぼったという。

北条方の勝因はいくつか挙げられるが、いの一番に準備の周到さに尽きるだろう。遊女や商人を用意したのがその典型だが、もうひとつ、北条方の諜報活動を一手に担っていた忍者（乱波《らっぱ》とも）軍団・風魔《ふうま》一族を氏康が手足のように使いこなしたことも軽視できないという。

氏康は小田原に居ながらにして、河越城における敵軍の陣形、士気などについて現地へ向かわせた風魔の忍者から逐一報告を受けていたのである。これは織田信長による桶狭間の戦いにも言えることだが、奇襲戦の成功は、事前に敵軍に関する正確な情報をどれだけ掴んでいたかにかかってくるようだ。北条氏康という武将は合戦における情報の大切さを早くから知っていたのである。

いずれにしろ、こうして古河公方、両上杉氏という関東の旧勢力の命運は尽き、武蔵六十七万石は後北条氏の版図《はんと》に吸収されたのである。

上田原の戦い　一五四八年（天文十七）

軍神・武田信玄、同じ相手に二度も敗れる

北信濃攻略に乗り出した武田信玄の前に立ちはだかったのが、勇将の誉れ高い村上義清。軍神と崇められた信玄に対し二度も苦杯をなめさせた男だ。義清は一体、どんな戦術を駆使して信玄軍を撃退したのだろう――。

◆領土欲が旺盛な信玄

武田信玄《たけだしんげん》といえば、甲斐《かい》（山梨県）の虎と称され、同時代の越後《えちご》（新潟県）の竜・上杉謙信《うえすぎけんしん》と並んで戦国期を代表する守護大名である。信玄も謙信もことのほか合戦に強かった。

これは何をもって勝ち戦《いくさ》とするか判断が分かれるところだが、ある史家の調査研究によると、二人とも生涯に数十回合戦して、決定的な負け戦と言えるのはどちらも二回しかないという。群雄《ぐんゆう》が割拠《かっきょ》し権謀術数《けんぼうじゅっすう》が渦《うず》巻く戦国期にあって、これは

奇跡的なことである。

面白いのは、信玄が喫した二敗というのが、実は同じ相手にやられたものなのだ。その信玄に二度も苦杯をなめさせた武将こそ、当時、北信濃《しなの》（長野県北部）に勢力を張っていた村上義清《むらかみよしきよ》である。のちに軍神とまで崇《あが》められた信玄を義清はどうやって二度も打ち破ることができたのだろうか。

一五四一年（天文《てんぶん》十）、二十一歳で十九代目武田家当主となった信玄（当時は晴《はる》信《のぶ》）は、翌年から父信虎《のぶとら》以来続けられてきた信州（長野県）の領国化政策を本格化させた。まず、諏訪《すわ》氏の内紛につけいって諏訪頼重《よりしげ》を攻め滅ぼし、諏訪郡を平定する。さらに、伊那《いな》の高遠頼継《たかとうよりつぐ》が守る高遠城を陥落させ、南信濃を平らげる。

一五四七年八月、東信濃に侵攻した信玄は、笠原清繁《かさはらきよしげ》の志賀《しが》城を攻略、佐久郡をほぼ手中に収めた。こうした信玄の北進政策に危機感を覚えたのが、更級《さらしな》・埴科《はにしな》地方を領し、北信に強大な勢力を持つ葛尾《かつらお》城（埴科郡坂城《さかき》町）の村上義清であった。

翌年二月一日、信玄は甲府を発し、降り積もった雪を踏みしめながら諏訪から大門峠を越えて小県《ちいさがた》盆地に入った。その軍勢はおよそ七千。当時、村上義清は小県郡の塩田《しおだ》城（上田市前山）を前線基地としており、まずその塩田城と葛尾城の間を分断する作戦だった。

それに対し、村上軍五千（七千とも）も葛尾城を出て佐久方面に南下したが、すぐに上田原《うえだはら》という所で武田軍と遭遇し、合戦となった。上田原は千曲川《ちくまがわ》の左岸にある河原で、現在のＪＲ上田駅から西方に約三キロメートルの距離に位置している。

二月十四日早朝、産川《うぶがわ》・浦野川《うらのがわ》という千曲川の二本の支流を挟んで、両軍入り乱れての大混戦となった。まず武田方の先鋒、板垣信方《いたがきのぶかた》が村上軍に突撃した。信方は武田家の中でも重きをおく宿将《しゅくしょう》で、信玄の子供時代は傅役《もりやく》もつとめている。そんな信方は村上軍の前線を蹴散らすと、余勢をかって敵陣深く突入した。しかし、これは敵の誘いだった。信方はやがて村上軍に包囲され、戦死してしまう。

◆一カ月の猛攻に耐えた戸石城

敵の宿将を討ち取ったことで勢いづいた村上軍は一気に逆襲に転じた。このときの乱戦で武田方は板垣信方をはじめ甘利虎泰《あまりとらやす》、初鹿野伝右衛門《はじかのでんえもん》、才間河内守《さいまかわちのかみ》ら有力武将が次々に戦死した。信玄自身も手傷を負ったが、どうにか本陣に踏みとどまって指揮をとったという。双方ともに千を超す戦死者を出したが、有力武将が何人も討ち取られたことを考慮すれば、武田方の負けは否めなかった。

この「上田原の戦い」は地の利の有無が勝敗を左右したと言える。千曲川の本流をはじめ、支流が何本も入り乱れた場所が戦場となったため、地理に不案内な武田軍は思うように動くことができず、それが敗因となった。

この戦いから二年後の一五五〇年夏、北信攻略をあきらめきれなかった信玄は再び兵を起こす。村上義清が葛尾城を留守にし、一部の村上兵が葛尾城の支城の戸石《とい し》城（砥石城とも、上田市上野）に集結しているという情報を得た信玄は、ただちに甲府を出て八月二十八日には戸石城の麓《ふもと》の屋降《むねくだり》という所に陣を敷いた。

戸石城は、塩田城とともに小県における村上義清の最重要戦略拠点であった。東太郎山（標高千三百メートル）に築かれた枡形《ますがた》城、本城、戸石城、米山城からなり、これら四城を総称して「戸石城」と呼ぶ。現在のJR上田駅から北東方向約五キロメートルの距離にある。

九月三日、武田軍は戸石城のすぐ下まで近付くと、九日から攻撃を開始した。この武田方の猛攻撃は一カ月余りも続いたが、城はついに落ちなかった。

なぜなら、戸石城は、東は神川《かんがわ》の絶壁、西は険しい尾根という天険を利用した名だたる堅城で、攻め込める箇所は、砥石のようだと形容された南西の崖しかなかったからである。この崖をよじ登ってくる武田兵に対し、村上軍は岩を落としたり煮え湯を浴びせたりして撃退したという。

戸石城にこもる村上軍はわずか五百ほどとみられているが、その大半は三年前に信玄によって滅ぼされた志賀城の残党で、士気はすこぶる高かった。

十月一日になり、村上義清が総力を挙げて戸石城の救援に来るとの報に接した信玄は、あわてて撤退を始めるが、ときすでに遅かった。

信玄にすれば、村上義清が北信濃の名門高梨政頼《たかなしまさより》と対陣している隙を突いたつもりの今回の戸石城攻めだったが、義清は急きょ政頼との和睦を成功させ、戸石城の救援に駆け付けたのである。

こうして武田軍は、義清が率いる村上軍本隊と、戸石城から出てきた村上勢によって挟撃され、総崩れとなった。このときの戦いで武田方は死者千人余、負傷者二千人余という大敗を喫し、名だたる武将も数多《あまた》失った。

この「戸石城の戦い」は、その後「戸石崩れ」と呼ばれ、武田家中では屈辱の歴史として記憶されることとなった。

厳島の戦い　一五五五年（弘治元）

不利な状況を跳ね返した毛利元就のある秘策

「三矢《さんし》の訓《おしえ》」で知られる毛利元就。陶晴賢と繰り広げた厳島の戦いは中国地方の覇権をかけた戦いだった。大軍の陶軍に対抗するため元就は謀略の限りを尽くし、最後には鮮やかな奇襲戦を成功させた。

◆元就が流した「噂」

「厳島《いつくしま》の戦い」が行われたのは一五五五年（弘治元）十月。このとき毛利元就《もうりもとなり》は五十九歳。それまでの元就の道程《みちのり》は多難だった。もともと毛利氏は安芸国《あきのくに》（広島県西部）吉田盆地に勢力を持つ一豪族だった。二十七歳で家督を継いでからは当時中国地方で覇を競っていた二大勢力（西の大内《おおうち》氏、東の尼子《あまご》氏）と離合《りごう》を繰り返しながら毛利家の勢力を拡大していく。

安芸国を統一したときはすでに五十四歳になっていた。その翌年、大きな飛躍の好機が訪れる。

大内義隆《おおうちよしたか》の家臣、陶晴賢《すえはるかた》が謀叛《むほん》によって義隆を自害に追い込み、主家を乗っ取ったのである。

元就はこの混乱に乗じて旧大内家の支城を次々と攻略、一気に領土を拡大した。これにより陶晴賢としては元就が無視できない存在となった。

とは言っても、二万の大軍を擁する陶軍に対し、毛利軍はわずか四千足らず。正面からぶつかっては到底勝ち目がなかった。そこで元就は得意の謀略戦を仕掛けることにした。

まず、元就は決戦の場を安芸の宮島、すなわち厳島と定めた。厳島は東西約四キロメートル、南北約十キロメートルという平地の少ない小島だ。狭い島に陶軍をおびき寄せることで大軍の利を失わせ、奇襲をかけやすくする狙いだった。

元就はここに城（宮尾城）を築き、守備隊を常駐させた。そして陶晴賢の周辺に間者を放つと、こういう噂を流した。

「元就は厳島に城を築いたことを後悔している。いま陶軍に厳島を攻められたらひとたまりもなく崩れるだろう」

さらに、元就の重臣桂元澄《かつらもとずみ》の名前で「あなたが厳島を攻めた折には自分は元就の背後をつくつもりでいる」という偽りの内応書を晴賢に送ったりもしている。

まさに、若いころから苦労を重ねた元就ならではの周到ぶりである。陶晴賢はこの罠にまんまと引っかかってしまった。

◆前後から攻められた陶軍

一五五五年九月二十一日、陶軍二万は岩国から軍船五百余艘《そう》に分乗して厳島に上陸すると、翌々日から宮尾城への攻撃を開始した。まだ目新しい火縄銃を盛んに撃ちかけ、昼夜の別なく攻め立てた。しかし、城に籠る守備隊の兵士はわずか五百とはいえ、特に選抜された猛者ぞろいだけに士気は一向に衰えなかった。

業を煮やした陶晴賢は、人夫を動員して城の水路を断ち、同時に城壁を掘り崩して塀を倒す作戦に打って出た。その工事が完了したのが、九月二十七日のことだ。陶軍の本営では翌日に総攻撃をかけることで軍議はまとまりかけるが、大将の晴賢がこれに待ったをかけた。

大内氏一族には昔から日の吉兆を信じる風習があり、それによると二十八日と二十九日の両日は出陣にとって忌日《きにち》にあたるため、総攻撃は三日後の十月一日（この年の九月は二十九日まで）と決まった。もしも、最初の予定どおり、二十八日に総攻撃が行われていたら勝敗はどちらにころんでいたかわからない。

一方、偵察隊を出して宮尾城の陥落が時間の問題であることを知った毛利元就。彼が参戦を引き延ばしていたのは、ひとえに伊予《いよ》（愛媛県）村上水軍の来援を待っていたからだ。

当時、瀬戸内海の海運は言うに及ばず、東シナ海から東南アジアの海域まで荒らし回っていた村上水軍は、その利権を横取りしようと圧力を加えてくる陶晴賢と敵対していた。元就はそこをついて村上水軍を味方にするべく数年前から説得工作を続けていたのだった。

しかし、二十八日になっても村上水軍は現れなかった。元就は仕方なく毛利軍だけで戦うことを決意し、渡海準備に入った。そこへ、村上水軍の総帥村上武吉《むらかみたけよし》が三百艘の船団を引きつれ、到着する。歓喜する毛利軍。元就はさっそく武吉を加えて軍議を開くと、翌二十九日に渡海することを決定した。

二十九日夕刻、元就は四千の兵を二手に分け、本隊二千を島の裏手から、別働隊二千を島の正面から上陸させた。

船に乗る直前、激しい暴風雨に見舞われたが、元就はこの嵐を「敵を油断させるための神の加護」であると兵を励まし、渡海を強行したという。また、上陸するや「勝たねば死あるのみ」と、乗ってきた船をすべて引き返させた。文字通り、背水の陣をしいたわけである。

●厳島の合戦図

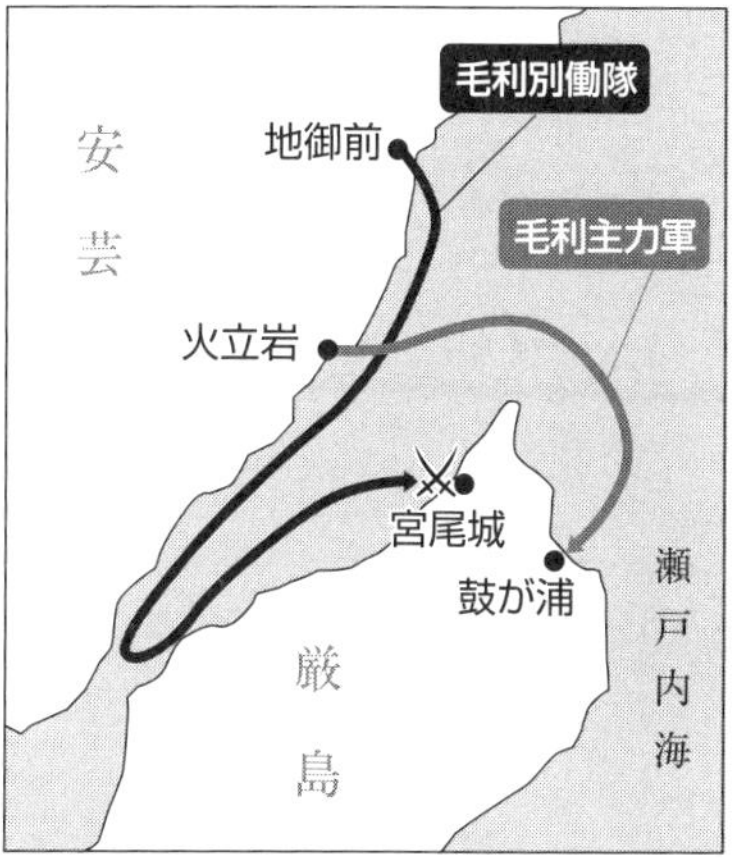

◆中国の雄へとのし上がった元就

こうして翌十月一日早朝、元就本隊は陶軍の本営塔ノ岡の背後から、別働隊は正面から一斉に攻めかかった。嵐の日にまさか攻撃してくるはずがないと油断していたところを腹背から攻撃され、陶軍は大混乱をきたした。

元就の読み通り、大軍であることがかえって災いしたのだ。狭い島の中で陶軍は思うように動けず、とうとう総崩れとなった。こうしてその日の昼過ぎには決着がついた。まさに電光石火の奇襲戦だった。

この戦いで陶軍の戦死者は四千七百人を数えたという。実に四人に一人が戦死したわけである。陶晴賢はどうにか逃げることができたものの、船を得ることができず島内で自刃したという。その場所は特定されていない。享年三十五。

戦後元就は、厳島全体が厳島神社の神域であったことから、血で汚れた社殿を洗い流して清めさせ、島内の血が染み込んだ部分の土を削り取らせたという。

この勝利によって毛利元就の名は全国にとどろいた。こののち元就は陶晴賢の嫡子長房《ながふさ》を滅ぼし、大内氏の旧領を手中に収める。さらに、出雲の尼子氏を討滅し、西国の雄へとのし上がっていくのである。

長良川の戦い　一五五六年（弘治二）

生き残りをかけた父と子、その戦いの結末

「長良川の戦い」は骨肉相食《は》む戦国時代を象徴する争いである。父（斎藤道三）とその長男（義龍）が、互いの生き残りをかけ、長良川を血に染めた。この戦いは結果的に道三の娘婿・織田信長にとって飛躍のきっかけとなった。

◆美濃国を信長に譲り渡そうとした真意

一五五六年（弘治二）四月、稲葉山城の山裾を流れる長良川を挟み、義絶した父《おや》子《こ》の軍が対峙《たいじ》した。父の斎藤道三《さいとうどうさん》と長男の義龍《よしたつ》である。道三軍は兵わずか二千七百、対する義龍軍は兵一万七千で、「蝮《まむし》」と恐れられた梟雄《きょうゆう》にも勝ち目はなかった。

死を覚悟した道三は、四月十九日の日付で、十歳の四男にあてて遺言状をしたためた。その書き出しの文に、下剋上《げこくじょう》の戦国を生き抜いてきた道三ならではの洞察力が反映されている。

「態々《わざわざ》と申し送り候意趣《いしゅ》は美濃《みの》国の大桑《おおが》（岐阜県山県市）に於《お》いて、終《つい》には織田上総介《おだかずさのすけ》（信長）の存分に任すべきの条、譲状《ゆずりじょう》を信長に対し渡し遣《つか》はし……」

道三は美濃一国を織田信長に委ねるという「譲状」を、すでに大桑城で信長に渡していたのだ。これは美濃国の将来のためには、わが息子よりも信長にその行く末を託したほうが賢明と道三が判断したからであった。

道三にとって信長は愛娘である濃姫《のうひめ》の婿《むこ》だ。隣国尾張の宿敵織田信秀《のぶひで》と和を結んだ証として、濃姫と嫡男信長の婚姻が整えられたのだった。一五四九年（天文十八）、信長十六歳、濃姫十五歳の春のことである。

その二年後に信秀が急死し、信長が家督を継いだ。「うつけ者」と家臣たちに陰口を叩かれていた信長ゆえに、織田家中では国の行く末を危ぶむ声があがった。道三が信長に会って人物を見極め、場合によっては尾張へ攻め込もうと考えたのも無理はない。こうして一五五三年（天文二十二）、濃尾国境近くの正徳寺で両雄の有名な会見が実現する。

対面に先立ち、道三は信長一行を待ち受け、様子を隠れ見したという。槍隊、弓隊、鉄砲隊を引きつれた威風堂々とした行進だが、信長は茶筅髷《ちゃせんまげ》を結い、獣皮の半《はん》袴《こ》をはくなど、狂人としか思えない異様な風体《ふうてい》。

驚き呆れる道三だったが、会見の席について再び驚かされることになる。威儀を正した凛々《りり》しい青年大名が現れたからだ。振る舞いも立派だった。

「いっぱい喰わされたわい」というのが、道三の偽らざる心境だったろう。信長は道三の心を見透かしていた。『信長公記《しんちょうこうき》』は道三が会見後にため息まじりに語った言葉を伝える。

「されば無念なる事に候、山城（道三）が子供、たわけ（信長）が門外に馬を繋《つな》ぐべき事、案の内にて候」

とても無念だが、わしの子供は信長の家来に成り下がるだろう、というのである。

このとき斎藤義龍は二十七歳。父から家督を譲られて五年を経ていたが、実権は父が握ったままだった。美濃一国を乗っ取った道三の目には息子に比べて、信長の破天荒な器量がまぶしく映ったに違いない。

◆父子を不和にさせた噂の真相

なぜ父子が反目し、長良川の清流を血に染めることになったのだろうか。骨肉相喰《は》む相克《そうこく》は世の常。ましてや戦国時代では珍しいことではない。たとえば甲斐《かい》の武《たけ》田信玄《だしんげん》は、父信虎《のぶとら》を国外へ追放し、嫡男義信《よしのぶ》を自害に追い込んでもいる。信玄は領国経営のために私情を棄て、鬼になったのである。

道三父子の場合、不和になった理由を探るには道三の事績を追う必要があるだろう。ここで注意しなければならない点がある。油商人だった道三が、権謀術数を尽くして美濃国の実力者に成り上がり、ついには守護職の座を奪ったという通説は現在では否定されているということだ。

新説は、道三一代の事業と考えられていた国盗りを、親子二代によるものとする。京都・妙覚寺の僧だった道三の父（義龍の祖父）が還俗《げんぞく》し、油商人として美濃に出入りするようになった。守護土岐《とき》氏をはじめ守護代斎藤氏に重用されるうち、執権長井氏の家老だった西村の名跡を継いで頭角を現わし、ついには長井氏（傍流）を称するにいたる。

以上が父の所業だ。家督を継いだ道三は、守護土岐政頼《まさより》の弟頼芸《よりあき》に取り入ると、政頼を急襲し、頼芸を守護職につけた。その後、頼芸の威光のもと、主家長井氏を討ち、守護代斎藤家をも押領して国権を掌握する。土岐氏の内紛をめぐる大乱で頼

●斎藤道三略系図

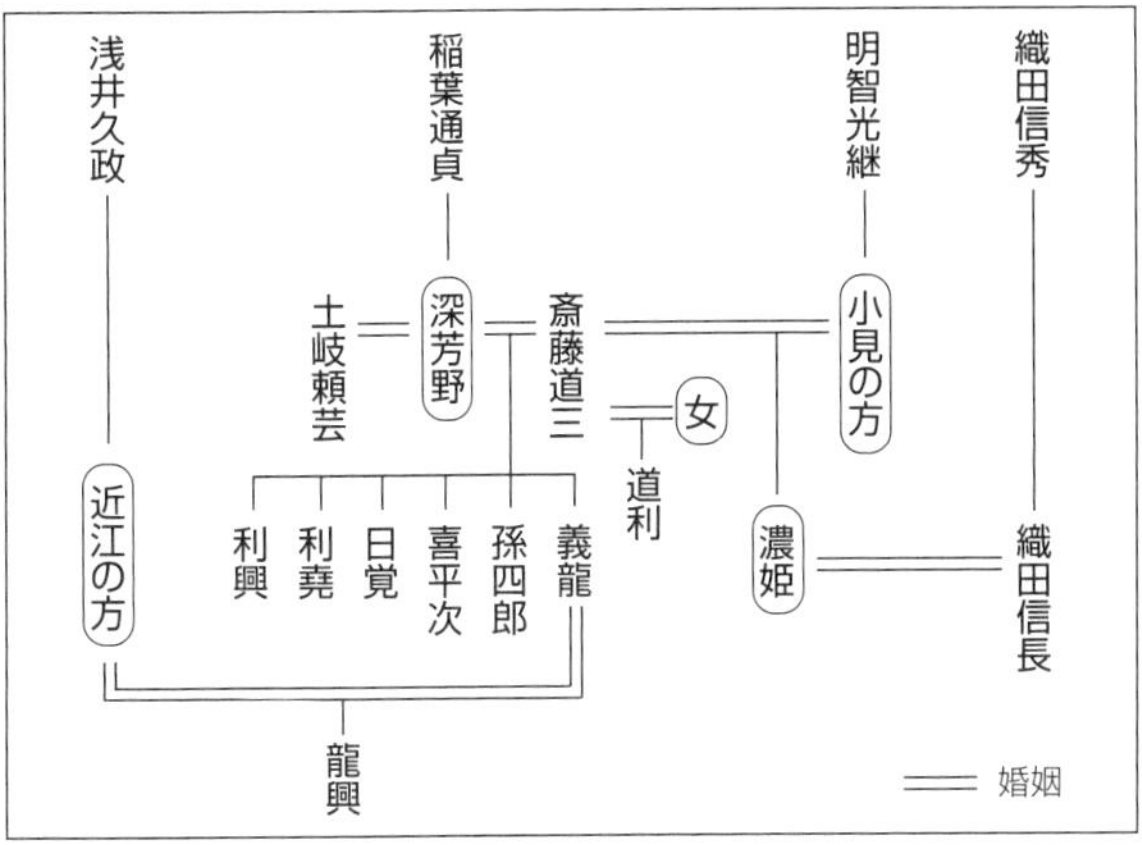

芸をよく輔《たす》けたが、乱が治まると頼芸を追放して、国盗りを完成させた。一五五一年（天文二十）のことである。

信長と会った道三が「山城が子供、たわけが門外に馬を繋ぐべき事……」と嘆息したのは、その二年後だ。道三はこの言葉を口にしたとき、家督を譲った義龍を見限ったのかもしれない。義龍を廃して二男孫四郎《まごしろう》、三男喜平次《きへいじ》のどちらかを後継につける画策を始めたという。

義龍にとっては、そもそも父の存在が疎《うと》ましかったのだろう。家督を譲られたといっても、なにかと口出しする父を快《こころよ》く思うはずがない。深まる溝を意識するところへ、自分を退《しりぞ》けようとする父の動向が伝わってきた。

「なぜだ?」。父が弟たちを可愛がっているのは承知の上だが、自分を廃嫡《はいちゃく》に追い込もうとする本当の理由がわからない。

巷説《こうせつ》では、義龍は土岐頼芸の子だったという。道三は頼芸から深芳野《みよしの》という愛妾をもらい受けたが、すでに頼芸の子を身ごもっていて、それが義龍だというのだ。真相は不明である。

ただ、義龍が噂を信じたとすれば、父(かも知れない)頼芸を追放し、これまで自分を欺いてきた道三に敵意を抱いたとしても無理はない。

◆信長に継承された天下取りの野望

廃嫡どころか、自分の命すら危ない状況を察知した義龍は、一五五五年(弘治元)十一月、先制攻撃にでる。孫四郎、喜平次の弟二人を呼びよせて、殺害に及んだのである。道三に対する宣戦布告だった。こうして長良川を舞台にした合戦へのカウントダウンが始まる。

翌年正月、長良川西岸の鷺山《さぎやま》城に拠《よ》る道三は義龍への攻撃を開始、義龍も対岸にある稲葉山城から応戦した。道三の誤算は自らを味方する兵が思うように集まらず、義龍軍が予想外の戦いぶりを示したことだ。そこで、百戦錬磨の道三もいったん兵を引き、軍を立て直すことにした。

「わしの目も曇ったものよ」。兵の多くが義龍につき、義龍の采配に不備が見られなかったことに道三は驚いた。干戈《かんか》を交えてはじめて知る、戦国武将としての息子の姿だった。

やや態勢を持ち直したものの、義龍軍を打ち負かす展望はなかなか見えない。援軍を申し出た信長の軍も、義龍軍の防御にあって攻めあぐんでいた。

四月に入り、命もここまでと覚悟を決めた道三は、最期の戦いを挑む。そして、四月十九日、残る四男に宛てて遺言状をしたためたのだった。

翌二十日、道三は死地を長良川河畔に定めて、戦端を開いた。戦線は川の流れを挟んで左右したが、まもなく義龍軍が渡河し、道三を襲う。道三の首を取ったのは小牧源太《こまきげんた》、長井忠左衛門《ながいちゅうざえもん》という荒武者だった。道三六十三歳と伝わる。

道三が信長に与えた譲状に、美濃国を譲るという直接的な文言はない。「国盗り勝手」と信長に奮起を促したことに意味がある。その真意は「尾張にとどまらず、天下に目を向けよ」という道三なりのメッセージだったかもしれない。

当時の信長は尾張の支配権を固めていく途上にあり、家中を掌握しきれていなかった。悶々としながら同族を粛清していく過程で、道三の遺言にどれほど勇気づけられたことだろう。

一方、父を討って美濃一国の主となった斎藤義龍は舅《しゅうと》である道三の仇を討とうと侵攻する信長の軍によく抵抗したが、一五六一年（永禄四）に病死。信長は子の龍興《たつおき》を滅ぼして、道三の希望どおり美濃を支配下に入れた。稲葉山に新城を築き、「岐阜」と命名して天下取りの拠点としたのは、一五六七年のことだった。

織田信長を天下人に育てあげた要因の一つは、長良川の戦いを前に斎藤道三がしたためた譲状の「励まし」だったに違いない。

川中島の戦い　一五五三～一五六四年（天文二十二～永禄七）

甲斐の虎と越後の竜、両雄が塗り替えた戦国地図

まさに竜虎相打つ戦い。馬上から必殺の太刀をふるう謙信、手にした軍配で発止と受けとめる信玄――。この川中島合戦こそは戦国史上最大規模の死闘だ。一体、両雄にとってこの合戦の意味するものとは何だったのだろうか。

◆干戈を交えた両雄

武田信玄《たけだしんげん》と上杉謙信《うえすぎけんしん》の間で行われた「川中島の戦い」は都合五回に及ぶ。両者は一五五三年（天文二十二）から一五六四年（永禄七）にかけて足掛け十二年もの間、信濃（長野県）の川中島において干戈《かんか》を交えたのである。

普通、川中島の戦いというと、一五六一年（永禄四）九月十日に行われた四回目の合戦を指す。この時、信玄四十一歳、謙信三十二歳。この第四次の戦いは武田、上杉両軍合わせて何と八千人以上の戦死者を出すという史上稀にみる激戦となった。

戦国期の横綱同士が大軍を擁してにらみ合い、互いに秘術を尽くして戦った合戦のあらましを以下でたどってみることにしよう。

そもそも川中島の戦いの原因は、隣国信濃を完全支配したいという信玄の野望に端を発している。

一五四一年、甲斐（山梨県）の武田信玄は父信虎《のぶとら》を追放し、二十一歳の若さで武田家を相続。その後、信玄は十年の歳月を費やして諏訪《すわ》、佐久《さく》、伊那《いな》、筑摩《ちくま》、小県《ちいさがた》などを手中に収める。

信玄はさらに北上して北信濃に侵攻する。北信濃の一大勢力であった村上氏は信玄の勢いに抗しかね、信濃を捨てて越後（新潟県）の上杉謙信を頼る。北信濃は越後と接するだけに、自分の領地をもおびやかされかねないと判断した謙信は、信濃への出兵を決意するのだった。

かくして合戦は始まった。川中島は長野盆地のほぼ中央、信玄の領国と謙信の領国の境目に位置する。千曲川《ちくまがわ》と犀川《さいがわ》の合流点の南西にあたり、信州第一の肥沃《ひよく》な水田地帯である。

この川中島において信玄と謙信が最初に戦ったのは一五五三年。二回目は一五五五五年、三回目は一五五七年と二年おきだ。いずれも、せいぜい小競り合い程度で、大した戦闘は行われていない。しかし、この四回目は違った。

四年前の第三回戦のときと比べ、信玄の影響力が北信濃に露骨に及んできたことに危機感を募らせた謙信は、いよいよ信玄と雌雄を決するべく腹をくくった。

◆見破られた「啄木鳥の兵法」

一五六一年八月十四日、とつぜん謙信が一万三千の兵を率い、越後の春日山城を発した。この年の閏《うるう》三月、謙信は関東管領《かんれい》上杉憲政《のりまさ》から正式に上杉の名字（それ以前は長尾姓）と関東管領職を譲られていた。関東管領となり、関東の主《あるじ》となった謙信は、他国の平穏を乱す侵略者・信玄を征伐する大義名分を得たわけである。

越軍は速やかに北国街道を南下し、善光寺へと迫る。この動きをいち早く察知したのが、川中島の武田の前線基地である海津《かいづ》城を守る高坂昌信《こうさかまさのぶ》だ。

すぐに高坂は「越軍来る」の狼煙《のろし》をあげた。狼煙は峰から峰へとリレーされ、甲斐の躑躅《つつじ》ケ崎館《がさきやかた》にいる信玄のもとにわずか二時間で届いたという。

「謙信動く」の報に接し、信玄はそこに謙信の並々ならぬ決意を読み取った。なぜなら、これまでの謙信との戦いはいずれも自分が先に仕掛け、それに謙信が応戦するというパターンだったからだ。

十六日、越軍は千曲川を渡って川中島の南にある妻女山《さいじょさん》に布陣する。一方の信玄は十八日、二万の大軍を擁して甲府を出発。二十四日には上田を出て、妻女山の西方八キロメートルにある茶臼山《ちゃうすやま》に着陣した。こうして千曲川を挟んで対峙《たいじ》すること五日間、双方とも動かなかった。

二十九日になって、信玄は全軍を海津城に移動させた。それから十日間、妻女山の越軍も海津城に入った甲軍もなりをひそめて動かなかった。九月に入り、晩秋の気配が漂い始めた、まさにその時だった。

信玄は九日夜半になり、高坂昌信に別働隊一万二千を預けて妻女山へ向かわせ、自らは八千の兵を率いて川中島の八幡原《はちまんばら》に布陣した。別働隊に越軍の背後をつかせ、あわてて山を下って逃げてくるところを川中島で待ち受け、一気に殲滅《せんめつ》する作戦だった。名付けて「啄木鳥《きつつき》の戦法」。

啄木鳥が木の中の虫を捕る際、まず穴の反対側をつつき、その音に驚いて穴から出てきたところを待ち伏せして捕獲するという習性を兵法に応用したものだ。これは軍師山本勘助《やまもとかんすけ》の献策と言われている。

しかし、謙信は軍事の天才だ。九日夕刻、海津城からにわかに上がる炊煙《すいえん》を見て、信玄の作戦を看破する。越軍は夜陰に乗じて山を下ると、物音を消して千曲川を渡った。

●川中島の合戦図（第４次）

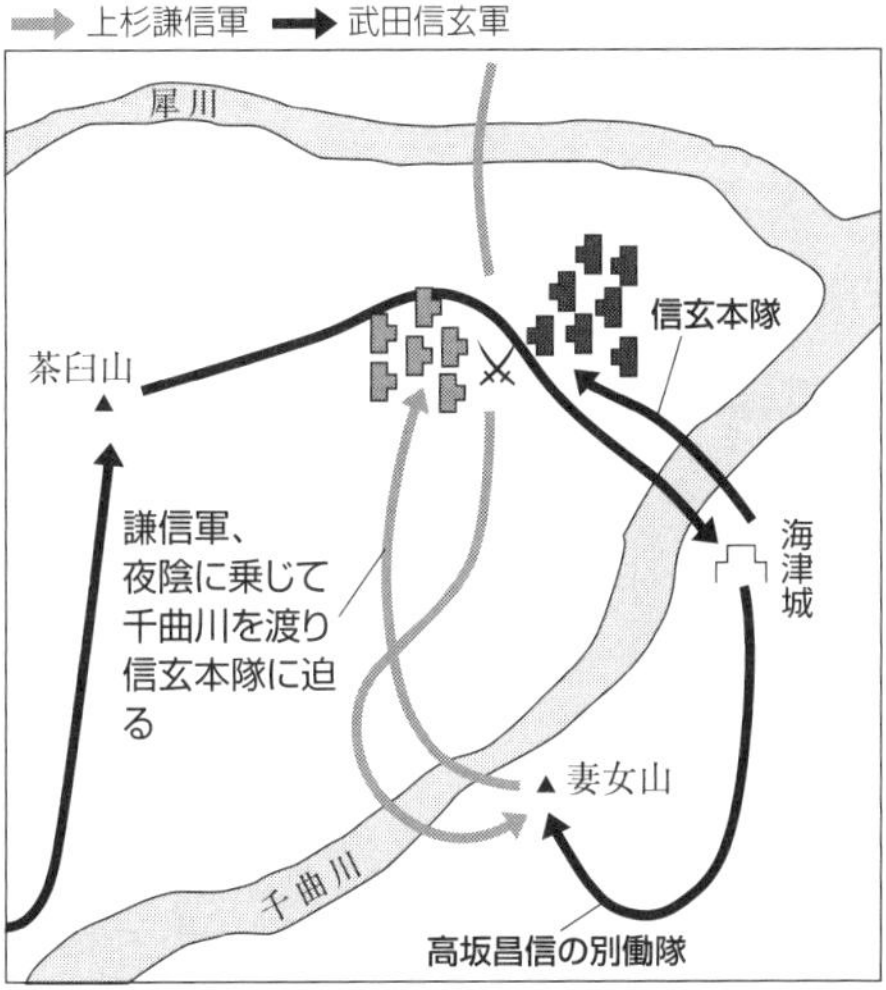

さて、妻女山に向かった甲軍の別働隊だが、高坂昌信は夜明けとともに山頂への突撃を命じた。甲軍一万二千の吶喊《とっかん》が朝靄《あさもや》の山腹に響き渡る。しかし、山頂が近づくにつれて高坂はわが目を疑った。あたりには偽装の旗が秋風にたなびくばかりで、人影がまったくなかったからだ。

「謀《はか》られた！」

と高坂は無念の臍《ほぞ》をかむが、

あとの祭だ。

一方、川中島に布陣する甲軍本隊。周囲は川霧が重くたちこめ、一寸先も見えない状況のなか、信玄は妻女山から越軍が逃げて来るのを今や遅しと待ち構えていた。そこへ、サァーッと一陣の突風。霧が晴れると、眼前にはすっかり突撃態勢を整えた越軍が展開していた。

◆「車懸りの陣」対「鶴翼の陣」

あっ、と息を呑む信玄。その動揺は味方の将兵にさざなみのように伝わった。それと見て、謙信は総攻撃を命じた。信玄も負けじと応戦の軍配をふるう。たちまち白兵戦が始まり、叫喚《きょうかん》と剣戟《けんげき》の音、軍馬の嘶《いなな》きが天地をどよもした。

このとき越軍は「車懸《くるまがか》りの陣」という戦法をとった。軍勢を一番手、二番手、三番手といくつかに分け、本陣を中心にして渦巻状に敵陣に攻めかかるという方法だ。一番手が疲れると二番手、二番手が疲れると三番手という具合で、常に元気のいい部隊が襲ってくるため、攻められた側はたまったものではない。そして、最後には本陣の旗本部隊をもって敵本陣を壊滅させるという、まさに攻撃一辺倒の戦法であった。

これに対し、甲軍は「鶴翼《かくよく》の陣」で応戦した。文字どおり、鶴が羽を広げたような陣形である。厚みはないが、左右に長く、敵を包囲して殲滅するにはまたとない備えだ。越軍が妻女山から遁走《とんそう》してくるところを一網打尽にする信玄の狙いだった。しかし、兵数が敵より少ない戦いではこの陣形の不利は否めなかった。

意表をつかれた上に数でも不利な甲軍は次々と陣を破られ、信玄の本営にも危険が迫ってきた。乱戦のなかで信玄本陣に深く突入し、馬上から信玄に三太刀切りつけた法体《ほったい》の騎馬武者がいた。それが謙信だという。

それほど、このときの謙信にすれば、妻女山から甲軍の別働隊が駆けつける前に信玄の首をなんとしても取りたかったのである。

しかし、謙信はあと一歩のところで長蛇《ちょうだ》を逸する。恐れていた別働隊が妻女山から到着したのだ。別働隊は鬨《とき》の声を上げながら越軍の背後から攻めかかった。これで攻守が逆転し、腹背から挟み撃ちされる形となった越兵は命からがら犀川方向へと潰走《かいそう》する。被害の大きかった甲軍はあえて追撃することもなく、九時間に及んだ激戦はこうして幕を閉じたのである。

この四回目の川中島の戦いは、前半は越軍、後半は甲軍が有利だった。全体とすれば引き分けだ。信玄も謙信も、合戦のあとで「味方が勝利した」と記録にとどめているが、両方が同じことを書いているということは決着がつかなかったことの何よりの証拠だ。

また、五回にわたる川中島の戦いを総評したとしても、引き分け、あるいは痛み分けと言えるだろう。しかし、結果的に謙信が信玄征伐の目的を果たせなかったのに対し、信玄は信濃制圧を成し遂げているという現実がある。それを考えると、信玄のほうが戦略的勝者と言えよう。

それはともかく、こうして戦国期を代表する二大巨頭が互いに牽制《けんせい》したり消耗戦を繰り返したりする中で、漁夫の利よろしく織田信長《おだのぶなが》という新時代の旗手が台頭していくことになるわけである。

長浜表の戦い　一五六〇年（永禄三）

土佐の覇権をめぐる長宗我部氏の運命の戦い

長宗我部国親が小豪族同士の勢力争いから一歩抜け出し、土佐一国の支配を決定づけた戦い。長宗我部軍はこの合戦が初陣となった国親の嫡子元親の活躍もあってこれに勝利する。

◆土佐の小豪族が四国を制するまで

戦国時代、一時的にしろ四国全土を統一した大名と言えば、土佐国（高知県）の長宗我部元親《ちょうそかべもとちか》である。元親の父親は国親《くにちか》といい、この国親が敷いてくれたレールがあったればこそ、子の元親は土佐国の平定、そして四国統一へと邁進《まいしん》することができたのである。

長宗我部国親は、もともと土佐の小豪族の出身だ。そんな国親は同じ小豪族や国《こく》司《し》（国の長官）らとの間で虚々実々の駆け引きを展開し、土佐でも最大の勢力へと上りつめる。その転機となった合戦が、「長浜表《ながはまおもて》の戦い」である。

室町時代、土佐国の守護は細川氏がその任にあった。ところが、応仁の乱で土佐における細川氏の影響力が弱まると、一気に小豪族同士による勢力争いが始まった。当時、土佐国は七郡に分かれ、それぞれ安芸《あき》、大平《おおひら》、吉良《きら》、香宗我部《こうそかべ》、長宗我部、津野《つの》、本山《もとやま》などの有力な国人《こくじん》（土着の領主）が牛耳っていた。また、これらとは別格の位置に、土佐一条《いちじょう》氏の存在があった。

土佐一条氏の祖は、応仁の乱を避けるため、荘園があった土佐西部の幡多《はた》郡中村に京都から移ってきた関白一条教房《いちじょうのりふさ》で、以来、一条氏は「御所《ごしょ》」と奉《たてまつ》られ、土佐の国司としての役割を担ってきたのである。

一五〇八年（永正《えいしょう》五）、長宗我部氏の本拠岡豊《おこう》城（南国市岡豊町）を、本山氏を中心とする反長宗我部連合軍が攻撃する。このころ長宗我部氏の当主は兼序《かねつぐ》で、知勇兼備の武将として知られていた。しかし、御所一条氏の後ろ盾をよいことに勝手な振る舞いが目立つようになり、周辺の国人衆の反感を買ったものと考えられている。なお、この岡豊城攻めは一五〇九年（永正六）とする説があることを付記しておく。

兼序は落城寸前に四歳の嫡子国親（当時は千雄丸《せんゆうまる》）を城から脱出させると、自刃して果てた。その後、国親は一条房家《ふさいえ》（教房の子）を頼り、そこで成長した。

この御所一条氏に養育されていたころの国親の逸話が伝わっている。国親七歳のときだ。楼閣《ろうかく》の二階の座敷で涼んでいた房家が傍らに国親を呼び寄せ、戯《たわむ》れに「ここから庭に飛び降りることができたら家を再興してやろう」と言うと、その言葉も終わらぬうちに国親は身をひるがえして飛び降りて見せたという。

一五一八年、房家の斡旋《あっせん》により、国親は岡豊に戻ることがかなう。その後、「いまは自重して力を蓄えるとき」と考えた国親は、かつての仇敵《きゅうてき》本山氏と婚姻関係を結ぶ。このころ、一条房家が、長宗我部と本山の両者に和解するよう命じたこともあり、土佐国は一時的に平穏な日々が訪れる。しかし、国親の胸の内には本山ら国人衆に対する青い復讐の炎がめらめらと燃え盛っていたのだった。

一五四九年（天文《てんぶん》十八）の秋、四十代半ばとなっていた国親がついに動いた。まず、父兼序を滅ぼした連合軍の一氏、楠目《くずめ》城（香美《かみ》市土佐山田町）の山田氏を討ち取る。ついで、一五五六年（弘治《こうじ》二）には香宗我部氏を屈服させ、自らの次男親泰《ちかやす》を跡継ぎとして送り込み、香宗我部家そのものを乗っ取ってしまう。

あとは父を殺した連合軍の首魁《しゅかい》、本山氏をいかに滅ぼしてやろうかと策略をめぐらせていたとき、国親のもとに思わぬ〝朗報〟が舞い込む。

◆大恩のある一条氏までも追放する

長宗我部の兵糧船《ひょうろう》を本山茂辰《しげとき》の家来が襲ったのだ。国親の娘を妻にもらっていた茂辰は、これは自らのあずかり知らぬことだと申し開きしたが、聞く耳を持たない国親は、本山氏が本拠とする朝倉城（高知市朝倉）の支城である長浜城（同市長浜）を急襲した。一五六〇年（永禄三）五月二十六日の夜のことだった。

このとき、長宗我部家を浪人していた福富右馬丞《ふくとみうまのじょう》という者が長宗我部の軍勢を長浜城に手引きしたという。作事（建築）に長《た》けていた福富は、長浜城の普請《ふしん》を請け負ったことがあり、その関係で「わが軍の兵を手引きしてくれれば、お前の帰参を許す」と国親からそそのかされたのだった。

当時、長浜城の城主だった大窪美作守《おおくぼみまさかのかみ》はなんとか城を落ち延びたが、これに怒った本山茂辰は翌朝、兵を率いて長浜城へ向かった。こうして、本山軍二千と、長宗我部軍一千による土佐中央部の覇権をめぐる決戦が始まった。

二十八日早朝、両軍は長浜城外の戸ノ本というところで激突した。長宗我部軍は兵力的に不利だったが、この合戦が初陣となった国親の嫡男元親（当時二十二歳）の目覚ましい活躍もあって、これに勝利する。本山茂辰は命からがら朝倉城に逃げ戻った。この合戦の直後、国親が急病で亡くなった。五十七年の生涯だった。死の床で国親は「本山を討つよりほかに自分への供養はない。喪《も》が明けたのちは喪服を甲冑《かっちゅう》に替え、軍議をせよ」と元親に遺言したという。

元親は父の遺志を継ぎ、本山氏の支城を次々と落としていく。追い詰められる一方の本山茂辰は一五六四年（永禄七）、瓜生野《うりうの》（長岡郡本山町）で失意のうちに病死したという（茂辰の没年などについては異説あり）。

その後の元親だが、今度は土佐国内で唯一自分に従わない御所一条氏に目を向けた。元親は、一条氏が幼少期の父国親を庇護し引き立ててくれたお陰で今の長宗我部家があることは百も承知していたが、世は食うか食われるかの戦国時代、非情にも一条氏の内紛に乗じて領土を略奪し、一五七四年（天正二）には一条氏を土佐から追放してしまう。こうして父国親の〝遺産〟を受け継いだ元親は土佐一国の統一に成功したのである。

桶狭間の戦い　一五六〇年（永禄三）

東海の覇王・今川義元を撃破した信長の機略

戦国の風雲児、織田信長が世に出るきっかけとなったのが、今川義元を滅ぼした「桶狭間の戦い」である。当時、一介の田舎大名に過ぎなかった信長は東海の覇王と恐れられた義元をいかにして撃破したのだろうか。

◆今川義元出陣の目的

一五六〇年（永禄三）五月十九日、三河と尾張の国境付近にある桶狭間《おけはざま》において、織田信長《おだのぶなが》の軍勢と今川義元《いまがわよしもと》の大軍が激突。世に言う「桶狭間の戦い」である。

この一戦で義元の首をあげた信長はこの日を境に天下布武《ふぶ》への道を疾走することになる。今川義元はこの時、四十二歳。駿河《するが》、遠江《とおとうみ》、三河《みかわ》の三国を領する押しも押されもせぬ百万石の大大名。一方の信長は二十七歳。やっと尾張を統一したばかりの小大名である。

義元が二万五千の大軍を率い、駿府《すんぷ》（静岡市）を出発したのは合戦の七日前のことだ。この時の出陣の目的は、従来は天下に号令するための上洛説が言われていたが、直前にそのための準備行動が一切みられないことから、最近は織田家との国境をめぐる紛争を鎮圧するために出動したという説が有力視されている。

ともあれ、五月十二日に駿府を発した今川軍は十七日、沓掛《くつかけ》城に着陣する。翌十八日夕、今川の先鋒部隊が明朝にも丸根《まるね》・鷲津《わしづ》両砦《とりで》を攻めるらしいという報告が間者によって清洲《きよす》城の信長にもたらされる。

その報告を聞いても、信長は家臣に何の指示も出さず、軍議を開くこともしなかった。そんな信長のやる気のない態度に重臣どもは、

「運の尽きるときは智恵の鏡も曇るというが、まさに今がそれだ」

と嘆いたという。

しかし、十九日未明、今川軍がいよいよ国境を越えて侵攻したとの急報に接するや、信長の行動は人が変わったように素早かった。得意の謡曲「敦盛《あつもり》」を一差し舞い終えると、

「法螺貝《ほらがい》を吹け！　具足《ぐそく》をよこせ！」

そう叫んで、立ったまま鎧《よろい》を着けさせながら湯漬けをかきこむや、わずかな手勢を率いて清洲城を出発した。

◆「運は天にあり」

午前八時ごろに熱田に到着。信長は南南東の方角にある丸根・鷲津両砦から煙が上がっていることを確認しながらさらに南下する。丹下砦を経て善照寺砦に入ったのは正午ごろだった。このとき、今川軍の動静を探らせていた間者より、義元本隊が桶狭間山において休息中との情報がもたらされる。

今日の地図には桶狭間山という地名も山もないが、東海道と大高道の分岐点、海抜六十メートルほどの小高い丘がそれでないかという。義元本隊はこの丘で昼食をとることになった。丸根・鷲津両砦を落としたことで上機嫌の義元は祝杯をあげ、謡を三番も歌ったという。

一方の信長、間者から知らされた義元本隊の休憩を一世一代の好機と判断、籠城を主張し必死で諫《いさ》める重臣どもの制止を振り切り、最前線の中島砦へと馬を急がせた。

善照寺砦を発する際、信長は味方の兵に向かって、

「小軍なりとも敵を怖《おそ》るるなかれ、運は天にあり！」

と叫んだという。

通説ではこのとき信長軍は中島砦には向かわず、山中を大きく迂回して義元本隊の側面を急襲したとされている。しかし現在ではこの説は否定され、信長軍は義元本隊の真正面から堂々と突撃したという説が有力だ。

もともと『信長公記《しんちょうこうき》』では、信長軍の進撃ルートは「善照寺砦→中島砦→桶狭間」と記されていた。ところが、江戸初期にベストセラーとなった『信長記』を著した小瀬甫庵《おぜほあん》が物語を面白くするため、迂回説を採用した。後世の歴史家や作家たちがそれを鵜《う》呑みにしたため、迂回説が定説化してしまったのである。

さて、信長軍は中島砦に入ると休憩もそこそこに、すぐに再び馬腹を蹴った。目指す桶狭間山までは直線距離にしてわずか三キロメートルほどだった。途中、激しい雨が降り出し、これがため敵に気配を悟られることなく近づくことができたという。

◆天魔に魅入られた義元

午後二時ごろ、信長軍二千（三千とも言われる）は義元本隊の目前まで迫った。

敵陣に目をやると今川軍は突然のにわか雨に陣形を乱し、兵たちは三々五々、木陰に身を寄せて雨宿りしていた。まさか、この雨をついて信長軍が急襲してくるとは夢にも思っていなかったのである。

敵の油断を見て取った信長は、

「かかれ、かかれ！」と、全軍に突撃命令を発した。

餓狼《がろう》のごとく一本の槍となって義元本隊に襲いかかる信長軍。不意をつかれ、義元の旗本たちは右往左往の慌てぶりをみせる。そんな乱戦の中で総大将義元は首を取られ、今川勢は総崩れとなる。

こうして、桶狭間の戦いは戦国大名が戦場で討ち死にするという稀有《けう》な決着で幕を閉じる。信長は午後四時ごろには討ち取った義元の首級《しるし》を槍先にかかげ、清洲城へ意気揚揚と凱旋《がいせん》した。

今川義元は紛れもなく智勇兼備の名君だった。後世、愚将の代表のように言われたが、その実像は当時第一級の大名だった。領国の内政では検地の実施、家臣団の組織化、寺社の統制、楽市楽座（これは信長よりも先）による商工業の奨励、鉱山開発など先進的な施策を次々に実行した。外政でも、隣国の北条氏や武田氏を相手に一歩もひけをとらない駆け引きを繰り広げている。そんな義元だが、この桶狭間の戦いに限っては天魔に魅入られたとしか言い様がなかった。

当時の義元と信長の力関係でいえば、圧倒的に義元が勝っていた。したがって義元は、自分が大軍を率いて押し出せば、若い信長などいっぺんに震え上がり、降参してくるとにらんだのである。

その慢心によって敗れたわけだが、義元でなくても百人が百人の武将がそう考えたはずである。これをもって「油断」と決め付けるのは義元に対し酷というものだろう。ただ、相手が悪かった。相手は常識の埒外《らちがい》にすむ天才児だったのである。

●桶狭間の合戦図

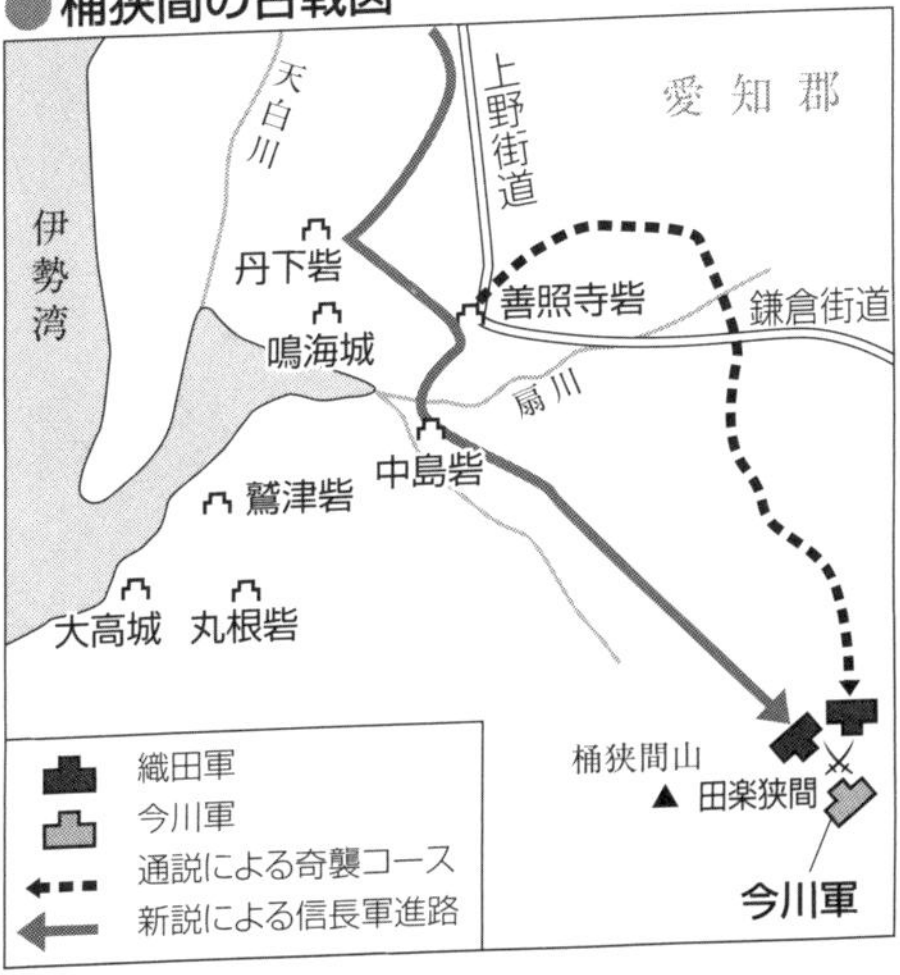

月山富田城の戦い　一次　一五四二年（天文十一）　二次　一五六二年（永禄五）

山陰を代表する堅城をめぐる二度の戦い

断崖絶壁に守られた富田城。この山陰を代表する堅城をめぐっての二度にわたる合戦。第一次合戦では西国の雄・大内義隆の猛攻を跳ね返すが、その二十年後に毛利元就に攻められ、籠城一年半でついに城は落ちる。

◆尼子対大内の死闘の顚末

戦国時代、山陰を代表する堅城といえば、第一に出雲《いずも》（島根県東部）の月山富田《がっさんとだ》城があげられる。この城を本拠としたのが、尼子《あまご》氏である。

一三九一年（明徳《めいとく》二）、山陰地方に勢力を持つ山名《やまな》氏が室町幕府に対して反乱を起こす。この明徳の乱で功のあった京極高詮《きょうごくたかのり》が出雲・隠岐《おき》の守護に補任され、高詮は現地を治める守護代として弟高久《たかひさ》の子尼子持久《もちひさ》を派遣する。これにより富田城を拠点とする出雲尼子氏の歴史が始まる。

その後、持久の子の清定《きよさだ》、その子の経久《つねひさ》と代を重ねるごとに出雲での勢力を強めていき、最盛期の経久の代には周辺十一カ国をその支配下に置くほどだった。この時点で、尼子氏は主家の京極氏から完全に独立し、周防《すおう》・長門《ながと》（いずれも山口県）両国を本拠とする大内《おおうち》氏と並んで、中国地方における二代勢力と言われるまでに急成長を遂げていたのである。

こうした尼子氏の繁栄と、その後の没落をつぶさに見てきたのが、富田城である。この城がいかに攻めにくい城であったか、大内氏、そして毛利氏との間で繰り広げられた二度の合戦を取り上げてその秘密に迫ってみよう。

富田城は、米子《よなご》平野のはずれの飯梨川《いいなしがわ》右岸にある月山の地形を利用した複郭式の山城だ。北方には日本海とつながった中海《なかうみ》が広がっている。

月山は標高二百メートルにも満たない小山だが、断崖絶壁が多く、しかも麓《ふもと》を流れる飯梨川が外堀の役割を担っていた。まさに、山そのものが天然の要塞《ようさい》と言えた。

一五四二年（天文《てんぶん》十一）正月、大内義隆《よしたか》は出雲を攻略するため自ら一万五千の大軍を率いて周防山口を出撃した。このころ、前年の十一月に、謀略の天才と恐れられた尼子経久が亡くなっており、その跡を経久の嫡孫晴久《はるひさ》が継いでいた。

大内義隆は、晴久による統治が安定せぬうちに、出雲を攻め滅ぼし、一五三七年以来、大内氏と尼子氏との間で繰り広げられてきた、石見《いわみ》銀山（島根県大田市）をめぐる争奪戦に終止符を打とうと考えたのである。

大内軍はまず厳島《いつくしま》に向かい、義隆はそこで戦勝祈願を行っている。その後、軍を進めるに従い、毛利元就《もうりもとなり》ほか安芸《あき》（広島県西部）、備後《びんご》（同東部）の諸勢が遠征軍に加わった。

こうして大内軍は元就が押さえる吉田（広島県安芸高田市）から石見国へ侵入、出雲の赤穴《あかな》（島根県飯石《いいし》郡）に出た。

尼子方には、本拠富田城の周囲を固める十の支城「尼子十旗《じっき》」があり、この赤穴にはそのうちの一つに数えられる瀬戸山城があった。大内軍はこの城に対し六月七日から攻撃を開始した。小城ひとつ、一押しで落ちると思われたが、瀬戸山城主赤穴光清《みつきよ》の抵抗は頑強だった。業を煮やした大内軍は強引な力攻めを選択し、七月二十七日になってようやく陥落させた。

年が明けて、大内義隆は月山と対峙《たいじ》する経《きょう》（京）羅木山《らぎさん》に本陣を移し、その後、数回にわたり、富田城に攻撃を仕掛けるが、全国屈指の堅城だけに、ゆるぎもしなかった。大内軍が城攻めに手間取っていると、すでに大内氏に加担していた諸将の中から、もはや大内は頼りにならない、と寝返る者が続出、次々と尼子の富田城に入って行ってしまったのである。

ここに至り、その年の五月初旬、大内義隆は無念の臍《ほぞ》をかみつつ全軍に総撤退を命じた。義隆にとっては終わってみれば周辺国諸将の信頼を失っただけで何一つ得た物がない無意味な合戦だった。このことがのちの大内氏衰退の要因になったことは否めなかった。

◆城を大軍で包囲し、兵糧攻めに

この尼子氏対大内氏の合戦から二十年後の一五六二年（永禄《えいろく》五）七月初旬、今や大内氏の旧領を手中にし、西国の雄へとのし上がっていた毛利元就が、一万五千の軍勢を率いて尼子攻めに乗り出した。

毛利軍はまず石見銀山を奪い、余勢をかって出雲平野に進出、洗合《あらわい》（荒隈とも＝島根県松江市）に本陣を構え、富田城攻略の拠点とした。

富田城を望観した元就は、そこは百戦錬磨だけに、いきなり力攻めをしても効果はないとたちどころに看破し、尼子十旗を攻略することから手を付けた。このころには尼子方に属していた周辺国の諸将は続々と毛利方に寝返り、最終的に毛利軍は三万程度にまで膨らんでいた。

毛利軍は尼子十旗を次々と陥落させ、ついには富田城と十旗のうちの白鹿《しらが》城（松江市）が残るだけとなった。その白鹿城には一五六三年八月十三日に総攻撃を開始した。城に籠る尼子勢は約三千。この寡勢《かぜい》で毛利の攻撃をよくしのいだが、十月末、籠城《ろうじょう》八十日余りの末、ついに城は落ちた。

こうして尼子方は富田城だけになった。ここに至っても元就は無理押しをせず、じっくりと持久戦、すなわち兵糧《ひょうろう》攻めを選択した。富田城を大軍で包囲すると同時に、中海や三保湾にも軍船を配備し、陸海共に富田城の補給線を遮断したのである。この水も漏らさぬ包囲網が完成したのは永禄八年の春ごろのことだ。

その年の四月十七日、毛利軍はいよいよ富田城への総攻撃を開始した。三万余の軍勢を三隊に分け、元就の嫡孫輝元《てるもと》を先鋒とする本隊を正面の御子守《おこもり》口に、吉川元春《きっかわもとはる》の軍勢を南方の塩谷《しおだに》口に、小早川隆景《こばやかわたかかげ》の軍勢を北方の菅谷《すがたに》口に配置した。一方の尼子方も、総大将の尼子義久《よしひさ》（晴久の嫡男）の指揮のもと、一万二千余の軍勢を三隊に分け、毛利方の攻撃に備えた。

こうして三方それぞれで攻防戦が始まった。尼子方は三倍近い敵に攻められながらも、名にしおう堅城に守られ、毛利方の攻撃をことごとく跳ね返した。先述したように月山は断崖絶壁が多く、しかも三つの侵入路はいずれも狭隘《きょうあい》で、力攻めをできないことが尼子方に幸いした。

やがて、このままでは味方の犠牲者が増えるだけと判断した元就は、四月二十八日になって兵を撤退させた。そして、富田城の包囲網を崩さないよう言い残し、自身はいったん領国の安芸に戻ってしまう。

九月に入ると、元就は再び出雲に出陣した。のちの世まで語り継がれる尼子方の勇士山中鹿介幸盛《やまなかしかのすけゆきもり》の華々しい活躍があったのは、このときの合戦だ。

このころの富田城はほとんど兵糧が尽きかけており、餓死者も出るありさまだった。城兵たちの中には死を覚悟して逃亡する者も少なくなかった。

年が明けて一五六六年になった。富田城の兵糧事情は一層深刻さを増していたが、まだまだ落城する気配を見せなかった。しかし、義久が元就の謀略にかかり、重臣を殺してしまったことが引き金となり、城内の士気は一気に冷え込んでしまう。

このときを待っていた元就は、それまで行っていた投降兵の処刑を取り止め、命を保障すると尼子方に通達してきた。これがきっかけとなり、尼子兵が数十人ずつ集団で城を逃亡するようになる。

そのうち、五月ごろになると、元就は風邪がもとで体調を崩し、床についてしまう。毛利方では七十歳という元就の年齢を考慮し、早々にこの戦いの終結を図るべく、尼子方に和議を申し出ることにした。

尼子義久はその申し出を受け、万止《や》む無しと開城降伏を決意する。こうして籠城から約一年半がたった十一月二十八日、幽鬼の如く痩《や》せ細った義久以下籠城兵らは城を出て、元就の前に膝を屈したのである。最後まで城に残っていた尼子方の兵は百数十人だったとも三百人余りだったとも言われている。

こうした毛利との長年の戦いによって、堅城を誇った月山富田城もついには落城した。しかし、けっして力攻めで落ちたわけではなかった。その意味では富田城の難攻不落伝説は守られたと言えなくもない。

その後、富田城は江戸時代初期に松江城の新築と引き替えに廃城となった。現在、その城跡は、出雲尼子氏五代百七十年余の栄枯盛衰をひっそりと今に伝えている。

姉川の戦い　一五七〇年（元亀元）

信長・家康連合軍はいかに大激戦を制したか

織田信長が指揮した合戦の中でも最大の激戦となったのが、浅井・朝倉連合軍と戦った「姉川の戦い」だ。徳川家康の加勢によってからくも勝利をつかんだ信長。天下布武の道はあまりにも険しいものだった。

◆信長の前に立ちはだかった朝倉義景

織田信長《おだのぶなが》と浅井《あざい》・朝倉《あさくら》連合軍が戦った「姉川の戦い」は戦国期の合戦の中でも屈指の激戦だった。結果的に織田の勝利に終わったが、両軍合わせて戦死者だけでも二千五百人を数えた。両軍を隔てた姉川には戦死者の遺体が累々《るいるい》とし、川面は血で朱《あけ》に染まったという。

一五七〇年（元亀元）四月二十日、信長は三万の大軍を擁して、越前朝倉氏の攻略に向かった。信長はこのとき三十七歳。その三年前には長年苦しめられていた美《み》濃《の》の斎藤氏を滅ぼし、さらに二年前には足利義昭《あしかがよしあき》を擁して上洛も果たしていた。

足利義昭は将軍の座についたことで一時的には喜んだものの、すぐに自分が傀儡《かいらい》将軍であることに気付かされる。そこで義昭は、諸国の有力大名に信長打倒を呼びかける密書を送った。越前の朝倉義景《あさくらよしかげ》のもとにもその密書は届いた。

そのことを知った信長は、義景の真意を探るため上洛を命じた。もとより義景はそれに応じるはずもなかった。もともと義景は、尾張守護代の被官にすぎなかった織田氏を陪臣《ばいしん》と見下し、くわえて自分に幕府の再興を頼ってきた足利義昭が信長に鞍《くら》替えしたことにも不満を覚えていた。

信長自身、いずれ朝倉義景と決着をつけることになるだろうと考えていただけに、これを好機ととらえ、朝倉氏討伐の兵をあげた。

織田軍は越前領内に侵入すると支城を次々に落とし、義景の本拠地一乗谷《いちじょうだに》に迫った。朝倉氏の滅亡も時間の問題と思われたその時だった。信長の予想外の事態が出来《しゅったい》する。妹お市《いち》の婿で織田家とは同盟関係にあった北近江《おうみ》の浅井長政《あざいながまさ》が裏切ったのである。まさに晴天の霹靂《へきれき》だった。このままでは織田軍は前後から挟み撃ちにされてしまう。

「退却するにしかず」

決断すると信長の動きは迅速だった。信長は命からがら京都を経由し、岐阜に逃げ戻った。

信長が浅井長政の裏切りを知ったときの話が、『朝倉家記』に残されている。浅井方の動向に不穏なものを感じ取ったお市が、越前にいる兄信長に秘密裏で使者を出し、袋入りの小豆を送った。その袋は不思議なことに両端がひもで結ばれていた。信長は即座に、「これは朝倉と浅井が自分を挟撃しようとしているという暗示に違いない」と看破し、義弟長政の背信を悟ったという。

ともかく、長政を信頼していただけに信長の怒りは凄まじく、浅井・朝倉両氏の討滅を決意する。これが姉川の戦いの発端である。

◆十三段構えの十一段まで破られた織田軍

六月十七日（一説に十八日とも十九日とも）、合戦準備を整えた信長は岐阜を発した。手始めに美濃・近江の国境に設けられた浅井方の四つの砦《とりで》を攻略、その後、浅井の本拠地小谷《おだに》城を攻めるため、城の北方にある虎御前山《とらごぜ》（虎姫山）に本陣をおき、城を包囲した。

信長としては、籠城が長引けば背後から朝倉方に攻められる心配があったため、城に籠もる浅井方を野戦に引きずり出す作戦に出る。しかし、様々に挑発をこころみるが、相手は一向に乗ってこなかった。

攻囲から四日後、織田軍は小谷城の包囲を解き、南を流れる姉川の南岸に移動した。六月二十四日になって、織田とは同盟関係にある徳川家康《とくがわいえやす》が五千の兵を率いて来援する。

『総見記《そうけんき》』によると、そのあと軍議が開かれ、席上、家康は信長に対し先陣を申し出たが、信長は「家康殿は脇で織田の戦いぶりをご見物あれ」と自信たっぷりに言い、徳川軍はもっぱら朝倉勢に当たるよう命じたという。

翌日、朝倉勢も到着し、織田と徳川の連合軍二万五千（一説に三万五千とも）と、浅井・朝倉連合軍一万五千（一説に一万八千とも）は姉川を挟んで対峙《たいじ》する。いよいよ決戦の日が迫っていた。

二十八日早朝、合戦はまず徳川と朝倉の間で火蓋が切られた。これを合図に織田と浅井の戦いも始まり、やがて両軍入り乱れての激戦となった。

●姉川の合戦図

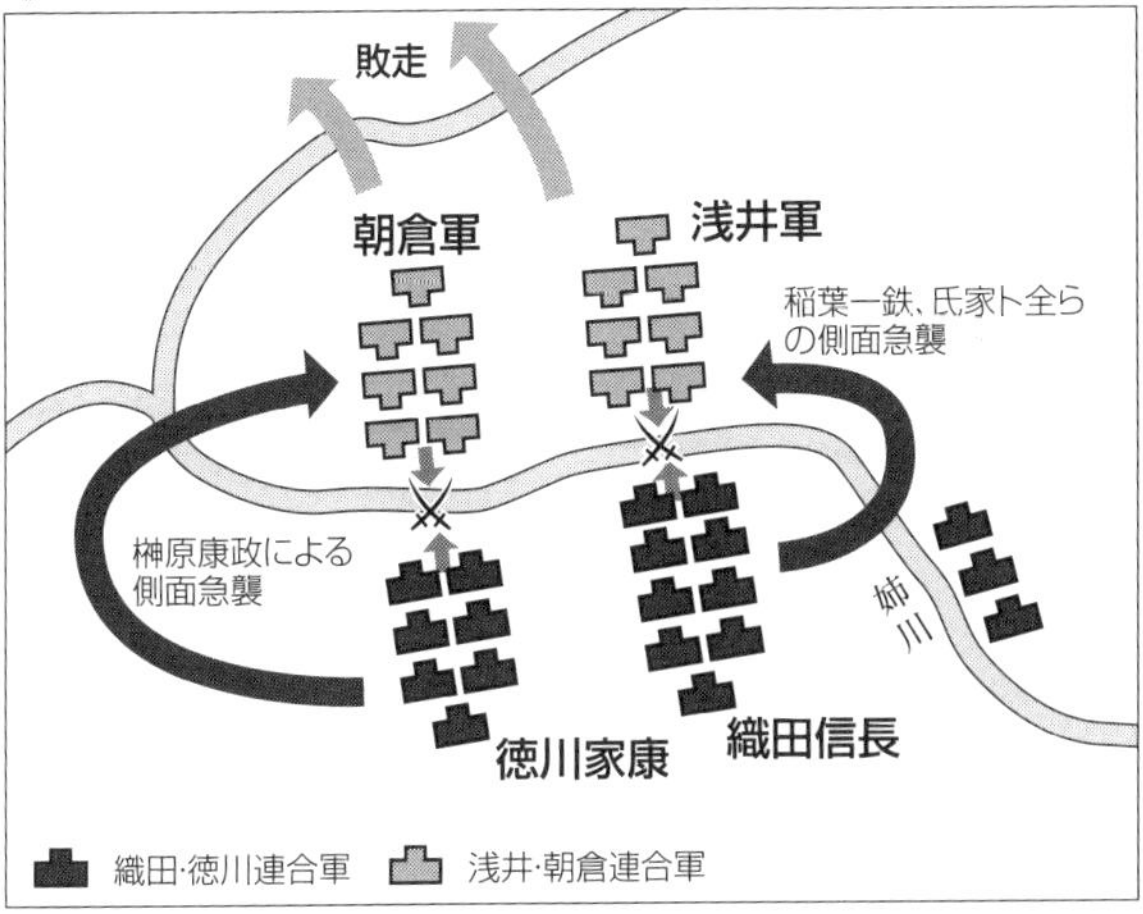

徳川と朝倉の戦いは最初、朝倉勢が優勢だった。一時は家康の旗本も崩れかかり、家康自身、槍を振るって必死に応戦している。しかし、そのうち野戦上手の家康は、股肱《ここう》の榊原康政《さかきばらやすまさ》に命じて敵の側面を突く作戦を敢行させる。康政は姉川の川下を迂回し朝倉勢の側面から襲いかかった。これが奏功し、朝倉勢は浮き足立ち、総崩れとなる。

一方の織田と浅井。浅井勢の先鋒磯野員昌《いそのかずまさ》の猛攻によって織田勢は苦戦を強いられていた。なんと十三段構えのうち十一段まで突き破られるという劣勢ぶりで、信長の身辺さえも危うくなった。しかし、徳川勢に援軍として赴いていた稲葉一鉄《いなばいってつ》や氏家卜全《うじいえぼくぜん》ら美濃衆が浅井軍の側面から攻撃を開始するや攻守が逆転、浅井軍はみるみる敗走する。

浅井・朝倉連合軍はもともと数で劣っていただけに、一度劣勢になると立て直すのは無理だった。生き残った浅井・朝倉の兵らは小谷城へと退却し、激闘九時間に及んだ姉川の戦いは織田・徳川連合軍の勝利で終わる。

激戦による死者は両軍で二千五百を数え、負傷者はその三倍に達した。信長は、「野も田畑も死骸ばかりに候。天下のため大慶これに過ぎず候」と将軍義昭に報告している。合戦場付近に今も残る「血原」や「血川」という地名は往時の激戦ぶりをうかがわせる。

姉川の戦いから三年後、信長は朝倉義景と浅井長政の二人を相次いで滅ぼした。この姉川の戦いが教訓となって、同じ野戦である長篠の戦い（一五七五年五月）では、信長は味方の被害を極力抑えた会心《かいしん》の戦《いくさ》をやってのけるのである。

石山合戦　一五七〇～一五八〇年（元亀元～天正八）

全国の一向宗徒の決起に、信長が選んだ方法とは

一五七〇年（元亀元）、信長はついに石山本願寺との全面戦争に踏み切る。十一年にわたる戦いの幕開けだ。全国の一向宗門徒の支援を受け激しい抵抗をみせる石山本願寺。一体、信長はなぜ一向宗徒と対立し、そしてどう戦ったのか。

◆妥協を許さない殺戮戦

戦国期、本願寺教団は隠然たる力を誇っていた。それを支えたのが北陸や三河、伊勢などに多くいた農民中心の一向宗徒（門徒《もんと》）で、彼らは団結することで完全支配をもくろむ武家に対抗した。

わけても、北陸地方は門徒の勢力が盛んだった。一四八八年（長享二）には総勢二十万の一揆勢が加賀の守護富樫政親《とがしまさちか》を攻め殺し、以来、織田信長《おだのぶなが》が登場するまで加賀は「百姓の持ちたる国」と言われるほど門徒が幅をきかせた。本願寺は、こう

した武家の権威に屈しない門徒の総元締であり、各地の大名にとってはまさに恐怖の対象だったのである。

本願寺の本山はもともと京都・山科《やましな》にあった。本願寺中興の祖と言われる八世蓮《れん》如《にょ》が一四七八年（文明十）に造営した。敷地四十三万坪という壮大な広さを誇ったが、一五三二年、戦乱の中で焼失したため、同じく蓮如によって創建された大坂の本願寺へと本拠を移す。以来、この寺は大坂の俗称石山を冠して石山本願寺と呼ばれる。

石山本願寺は、山科本願寺が焼き打ちされたという苦い経験から、自衛のために城郭《じょうかく》化した。もともとこの地は、北は淀川、東は大和川という両大河に囲まれた南北に長い台地で、西は大坂湾に面していた。のちに豊臣秀吉《とよとみひでよし》がここに大坂城を築いたことでもわかるように、城塞としては願ってもない天然の要害であった。

こうして本願寺は城構えを強化する一方、布教活動も精力的に行い、短期間のうちに朝廷も将軍・大名も手を出せないほどの巨大教団へと成長する。ところが、その成長に待ったをかける人物が現れる。織田信長である。信長にすれば、一向一揆を屈服させない限り、自らの天下統一は完成しないと考えたのだろう。

一五六八年（永禄十一）、信長は足利義昭《あしかがよしあき》を擁して上洛を果たすと、石山本願寺に対して矢銭（軍事費）五千貫文を課した。ときの本願寺十一世法主・顕如光佐《けんにょこうさ》はしぶしぶこれに応じたが、その二年後、今度は信長が本願寺に対し石山退去を命じたことから、ついに本願寺は信長打倒に立ち上がった。

一五七〇年八月、信長は三万の軍勢を率いて岐阜を発し、天王寺に着陣すると本願寺を包囲した。九月十二日夜半、寺内に早鐘が鳴り響くと同時に、信長方に向かって本願寺方が発砲、戦いの火蓋が切って落とされた。

本願寺方は紀州雑賀《さいか》衆を動員し、三千挺の鉄砲を用意。火器においては織田方のそれにひけをとるものではなかった。こうして、この石山合戦は日本戦史上、初の大規模な鉄砲戦となった。

以来、織田信長と石山本願寺との戦いは断続的に足掛け十一年も続いた。それも石山だけの局地戦にとどまらず、一揆の嵐は全国各地に飛び火し、むしろ、石山よりも伊勢長島や越前で織田軍と一揆勢の激しい戦闘が繰り広げられた。

まず、伊勢長島攻めだが、一五七一年五月に起きている。緒戦は一揆勢の鉄砲が威力を発揮し、織田方はさんざんに追い立てられる。柴田勝家《しばたかついえ》までが負傷する始末だった。信長が長島一揆を制圧できたのはその三年後で、このときは砦《とりで》に籠る男女二万人を焼き殺すという天魔の所業を平然と行っている。

伊勢長島を平定して息つく暇もなく、信長は今度は三万の兵を率い、越前の一向一揆征伐に向かった。一五七五年八月のことだ。越前に着くと、柴田勝家、羽柴秀吉《はしばひでよし》、明智光秀《あけちみつひで》らは競うように一揆勢を斬りまくった。この越前一揆の鎮圧では織田軍は三万とも四万とも言われる一揆勢を殺戮《さつりく》したという。

◆十一年に及ぶ合戦の終結

ここに至り、法主顕如は信長に和議を申し入れる。ところが、すぐにこれを撤回し、一五七六年（天正四）四月、足利義昭や毛利輝元《もうりてるもと》らと結び、再度信長に戦いを挑む。

しかし、抵抗空しく各地の一揆勢は石山本願寺に追い詰められ、籠城を余儀なくされる。そうなると、一揆勢にとって困るのが兵糧《ひょうろう》の確保だった。最初こそ毛利勢が自慢の水軍を使って大坂湾に兵糧を運び込んだが、九鬼嘉隆《くきよしたか》率いる織田水軍の迎撃に遭い、やがてそれも適わなくなる。

●主な一向一揆

③石山本願寺一揆（1570－1580）
石山本願寺の明け渡しを命じた信長と本願寺法主顕如との11年に及ぶ抗争。当時の本願寺は武士とはまた違う強大な支配力を有しており、ここで信長が本願寺を徹底的にたたいておかなければ、のちの武士による支配体制は様変わりしていただろうと言われる

①加賀の一向一揆（1488－1580）
一向宗徒20万人が守護富樫政親を自殺に追い込む。以来、1580年の石山本願寺一揆の終結までの約100年間、国人・僧侶・農民の寄合が自治支配。「百姓の持ちたる国」と言われ、戦国大名を悩ませた

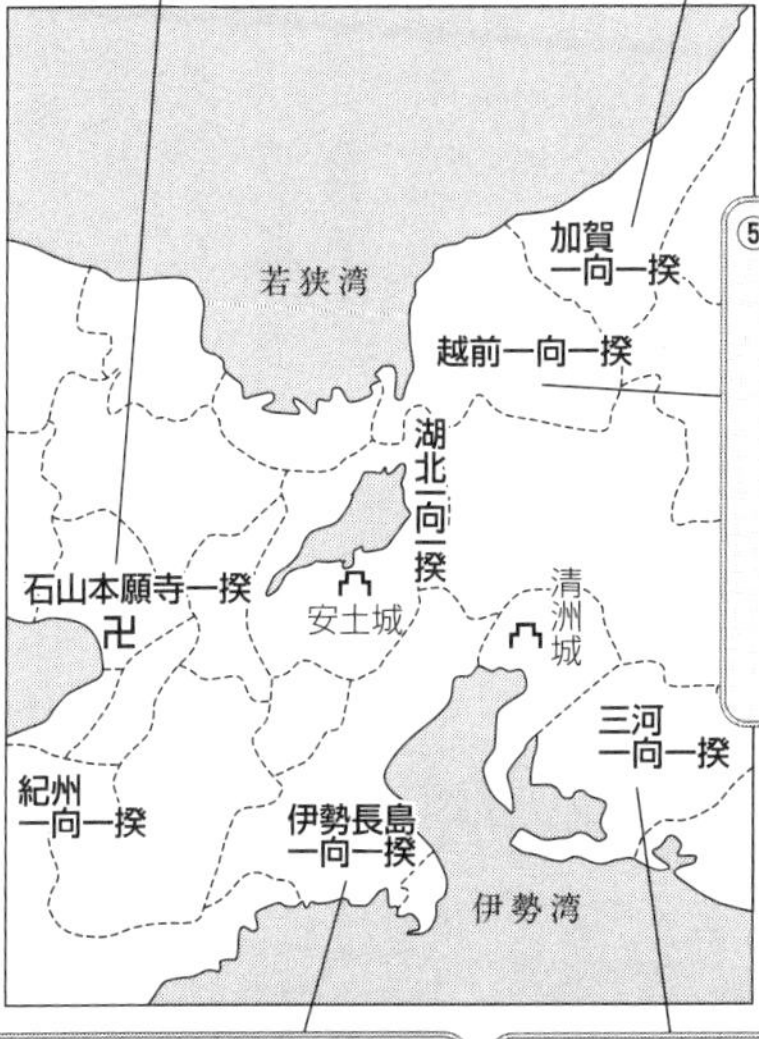

⑤越前の一向一揆（1574－1575）
朝倉氏滅亡後、越前の一向宗徒が加賀宗徒の支援を受け一時は越前を支配する。しかし、今度も信長に鎮圧され、3万～4万人が虐殺された。このため、石山本願寺は加賀との連携が分断されることとなる

④長島の一向一揆（1570－1574）
石山本願寺に呼応して起こった一揆。信長は弟信興の弔い合戦ということもあり、断固とした態度で鎮圧に当たった。大規模な攻撃は3度にわたって行われ、男女2万人が焼き殺された

②三河の一向一揆（1563－1564）
信長と同盟したばかりの家康に対し、国人を含む一向宗徒が反抗。農民ばかりでなく家康の譜代家臣など多くの武士が含まれていたのが特徴。家康は農民と武士・国人との立場の違いをつき、切り崩し工作に出て鎮圧に成功する

翌年二月、紀伊の畠山貞政《はたけやまさだまさ》が雑賀門徒らとはかり、信長に反乱の狼煙《のろし》を上げた。雑賀衆は本願寺にとって最後の望みの綱だった。かねてより雑賀衆の根絶やしを狙っていた信長はこれを好機ととらえ、十万の大軍を率いて自ら出陣。たちまち雑賀衆を降伏に追い込む。

伊勢長島、越前、紀州と攻め落とされ、孤立無援状態となった石山本願寺はついに信長に膝を屈することを決意。信長は降伏した顕如らを殺すようなことはせず、「惣赦免《そうしゃめん》」という形でこれを赦した。顕如は各地の一揆衆に停戦令を出し、一五八〇年四月、大坂から紀州へと移る。

しかし、息子教如《きょうにょ》はそれを潔しとせず、しばらく本願寺に留まった後、建物に火を放って退去した。そのため本願寺は三日三晩燃え続け、ことごとく灰燼《かいじん》に帰した。

それにしても、あれほど情無用の殲滅《せんめつ》作戦を実行した信長が最後にはなぜ顕如を助命したのであろうか。この点については、絶対的権力を持つ為政者《いせいしゃ》と言えども、宗教だけは意のままにならないということを身をもって知ったからだとみられている。信長の跡を継いだ秀吉も、その次の家康も同様の平和政策を踏襲《とうしゅう》したことがなによりも如実にそれを物語っている。

三方ヶ原の戦い　一五七二年（元亀三）

戦国最強の武田軍団に、若き家康はどう挑んだか

山が、動いた――。武田軍団が圧倒的な破壊力で諸城を蹴散らし、京へと進む。その前に立ちはだかったのが、徳川家康だった。まだ若く、戦力にも劣っていた家康は巨大な敵にどう挑んだのだろうか。

◆青年武将・家康VS甲斐の虎

一五七二年（元亀三）十月三日、信玄《しんげん》率いる武田軍団が甲府を発し、西上の途についた。先陣の将は小山田信茂《おやまだのぶしげ》と山県昌景《やまがたまさかげ》、次陣は武田勝頼《たけだかつより》と馬場信房《ばばのぶふさ》、三陣は総大将の武田信玄、しんがりは穴山信君《あなやまのぶただ》という、戦国最強軍団の名に恥じない堂々たる編成だった。

このたびの西上作戦は、徳川家康《とくがわいえやす》を倒して領国の遠江《とおとうみ》（静岡県西部）を手中にするため、あるいは京に上って天下に号令し同時に新興勢力の織田信長《おだのぶなが》を押さえ込む

ため、などの説があり、はっきりしたことは未だ不明だ。

このとき信玄五十二歳。百戦錬磨の甲斐の虎も、このところ体調がすぐれず、二日延期しての出陣だった。武田軍は高遠《たかとお》から飯田、さらに国境の青崩《あおくずれ》峠を越えて遠江に侵入してきた。途中、天方《あまかた》城や飯田城、各輪《かくわ》城などを落としていた。まさに「疾《はや》きこと風の如く、侵掠《しんりゃく》すること火の如し」である。

一方の家康は三十一歳。二年前にようやく浜松城を居城とした家康は、「信玄来《きた》る」の報に接し、すぐに籠城戦を決意する。同盟関係にある信長からの援軍を合わせても味方は一万一千、対する武田軍は無敵を誇る二万五千の大軍だ。家康が到底勝ち目は無いと判断したのも無理はなかった。

この時期、織田信長は最も苦しい立場にあった。石山本願寺や朝倉・浅井勢との対立が激化し、家康にそうそう援軍を回せなかった。結局、佐久間信盛《さくまのぶもり》や滝川一益《たきがわかずます》らが率いるわずか三千しか割《さ》けなかったのである。

武田と徳川の戦いは、徳川方の支城・只来《ただらい》城を武田軍が攻めたことから幕が上がった。十月十二日、武田軍はその只来城を陥落させると、続いて二俣《ふたまた》城攻略に乗り出した。城将中根正照《なかねまさてる》は必死に抵抗したが、十二月十九日、ついに降伏する。その後、武田軍は天竜川を渡ると、いったん浜松城に向かう気配を見せたが、途中で進路を変え、三方ヶ原方面に向かった。

浜松城を素通りしたことで家康は憤慨した。重臣たちはそのまま黙って通過させるべきだと家康をなだめるが、家康にすれば己のプライドを土足で踏みにじられたに等しい屈辱だった。

◈家康が嵌まった罠

家康といえば今日、「鳴くまで待とうホトトギス」の句が象徴するように辛抱強い人物の代表のように言われるが、このときまだ三十一歳、血気盛んな青年武将である。家康は必死に押し留める重臣たちを説き伏せると、全軍に出撃を命じた。こうして、それが信玄の策略とも知らず、徳川軍は城を出て武田軍を追撃した。

武田軍の通過を腕をこまねいて見過ごし、織田信長の領内にでも侵入されたら、あとで同盟者の信長に対し言い訳ができない。家康にすれば、信玄も恐ろしいが、信長はもっと恐ろしいというのが本音だったに違いない。

一方、信玄にとっても、自らの体調を考え、長引く籠城戦は避けたかった。そこで野戦にもちこもうとしたのだが、その作戦が見事に当たったわけである。また、信玄にはここでどうしても徳川を叩いておく必要がもうひとつあった。

浜松を素通りしてそのまま三河から美濃へ入ったとして、そこで織田の本隊と当たった場合、後方を徳川軍に襲われる心配があったからだ。前後から挟撃《きょうげき》されてはいかに無敵の武田軍団もたまったものではない。そのため、ここで徳川軍を壊滅に追い込み、後顧《こうこ》の憂《うれ》いを払った上で西上にとりかかろうとしたのである。

十二月二十二日、家康は一万余の兵を率い、三方ヶ原に出陣した。信玄は狙い通り徳川軍がおびき出されたことを知ると、行進中の自軍を反転させて水が流れるような見事さで魚鱗《ぎょりん》の陣をつくり、迎撃態勢をとった。そこへ徳川軍が到着。家康は全軍に鶴翼《かくよく》の陣を指図し、武田軍と対峙《たいじ》する。

夕方になって戦いは始まった。徳川軍は勇将本多忠勝などの奮戦もあり、一時は信玄の本陣に迫る勢いを見せる。しかし、武田勝頼が率いる騎馬軍団の勇猛さと兵力の差はいかんともしがたく、開始から二時間ほどで総崩れとなる。さすがの家康も自暴自棄となり、敵中に突入して斬り死にしようとしたが、これは近侍の者に止められている。

◆三河武士がしめした意地

家康は命からがら浜松城に逃げ戻ったが、気がつくと、恐怖のあまり馬上で脱糞していたという。家康は入城するや家来の者に命じて城門を開け放ち、門の内外に大篝《かがり》火《び》をたかせた。城門を閉じてしまえば敗走兵を収容できなくなるからだが、武田方では何か計略があるのではと深読みし城に攻め込むことはなかった。

●三方ヶ原の合戦図

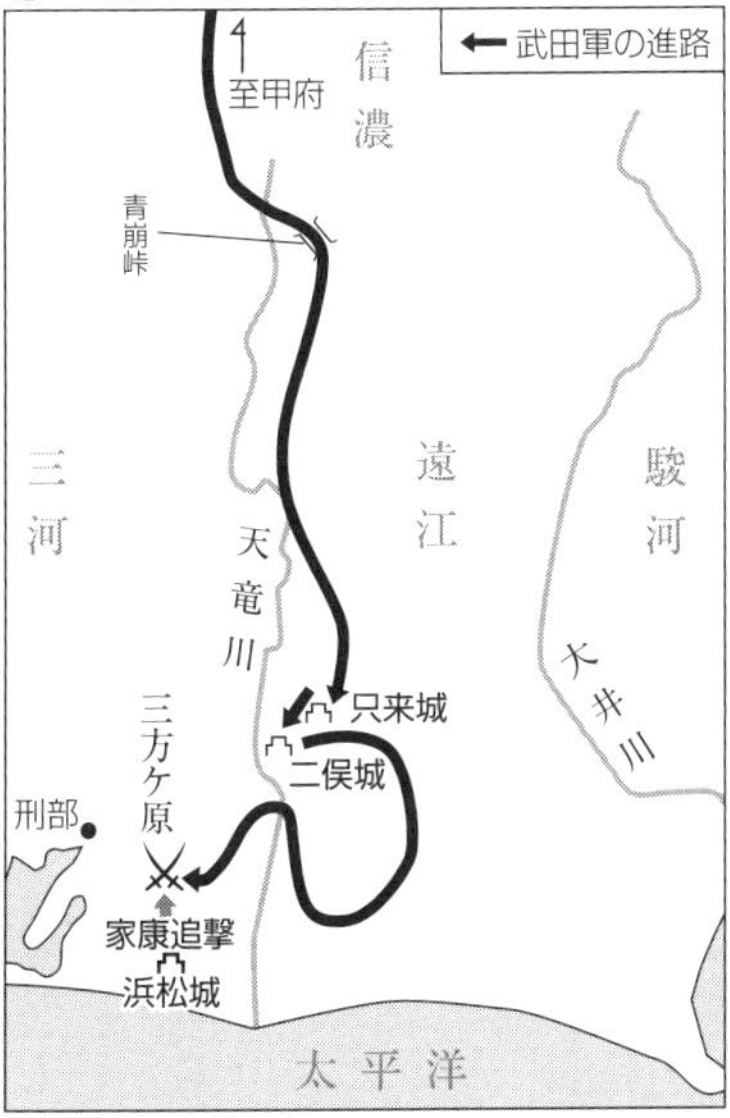

その夜、武田軍は犀《さい》ケ《が》崖《け》の北側に野営した。浜松城とは目と鼻の距離である。ここで徳川方の大久保忠世《ただよ》が足軽鉄砲隊を率いて夜襲をかけたという。この三河武士の不屈の闘争心にはさすがの信玄もあきれるばかりだったと伝えられる。

それはともかく、終わっ

てみればこの戦いで徳川方は一千余の戦死者を出した。激戦のほどがしのばれる。その後、武田軍は刑部《おさかべ》（浜松市北区）まで移動し、そこで越年した。

明けて一五七三年一月七日、信玄は西上の軍を進めて三河の野田城を落とす。このころから信玄の病が重くなり、やむなく甲府へ引き上げる途中、伊那《いな》の駒場《こまんば》というところで亡くなった。

◆「肖像画」に秘められた意味

家康はこの合戦で敗軍の将となった。しかし、あのまま信玄が通過するのを看過《かんか》していたら、のちの家康はなかった。しかも、三河武士は武田軍団に勝《まさ》るとも劣らない精強さを備えていると満天下に知らしめる絶好の機会となったのである。

この「三方ヶ原の戦い」の直後、家康は絵師狩野探幽《かのうたんゆう》に命じて自分の姿を描かせている。

こけた頬を左手で支え、落ち窪んだ両眼は異様に光り、今まさに苦虫を噛み潰している表情をとらえたものだ。それは晩年の福々しい相とはかけ離れた肖像画である。後年、家康はことあるごとにこの絵を眺めては、己の戒《いまし》めとしたという。

長篠の戦い　一五七五年（天正三）

新兵器「鉄砲」が持っていた本当の意味

武田軍団が信長・家康連合軍と戦った「長篠の戦い」。この戦いで信長は最新兵器である鉄砲を駆使し、武田軍を壊滅状態に追い込む。信長にとって武田は最大の強敵だっただけに、これによって天下統一の道が大きく開けた。

◆騎馬隊封じの「馬防柵」

一五七三年（天正元）四月、甲斐《かい》の虎・武田信玄《たけだしんげん》死す。武田家は信玄の第四子・勝頼《かつより》が継いだ。勝頼という人物はけっして凡将ではなかったが、比べられる父親が偉大すぎた。

勝頼はそうした周囲の不安の目を払拭しようと翌年五月、行動に出る。それが遠江《とおとうみ》（静岡県）の小笠原長忠《おがさわらながただ》と戦った高天神城《たかてんじんじょう》合戦である。この戦いで勝頼は父信玄さえも手を焼いた高天神城を落とすことに成功する。

自信を深めた勝頼が次に挑んだのが、長篠城《ながしのじょう》攻略だった。長篠城は三河《みかわ》（愛知県東部）の山岳地帯にあり、もともと徳川の勢力下にあったが、一五七一年に武田方が奪い、その後信玄の急死に乗じて徳川家康が奪還。それをもう一度奪い返そうと勝頼が乗り出したのである。

一五七五年四月二十一日、武田軍は奥平信昌《おくだいらのぶまさ》が守る長篠城を包囲する。信昌は武田軍の猛攻によく耐え、救援をひたすら待った。五月十八日になって、信長と家康の連合軍がようやく到着。城の西方三キロメートル余りの設楽ケ原《したらがはら》に布陣する。

信長・家康との直接対決を望んでいた勝頼は城の押さえを残してほぼ全軍を移動、連吾川《れんごがわ》を挟んで信長・家康連合軍と対峙《たいじ》した。一方の信長・家康連合軍はその日の夜から川に沿って長い柵を作り始める。これこそ武田軍団自慢の騎馬隊の突入を防ぐための「馬防柵《ばぼうさく》」であった。この馬防柵は長さ約五キロにわたって二重三重に設けられたという。

設楽ケ原は北は丘陵に、南は連吾川が合流する豊川によって画されていた。したがって、東岸に布陣した武田軍には地形上、南北から迂回して敵陣をつく攻撃が行えず、ただ正面突撃あるのみだった。むろん、それでも勝頼は充分勝算はあると踏んでいた。

決戦が始まったのは五月二十一日早朝のこと。その直前、徳川四天王の一人、酒《さか》井《い》忠次《ただつぐ》が約四千の兵を率いて長篠城近くにある武田方の鳶《とび》ノ《の》巣《す》山砦《やまとりで》を急襲。後方をかく乱されたことで、武田軍の突撃が早まったという。

◆「三千挺・三段撃ち」ははたして真実か

両軍の戦力を比べると、武田軍一万五千対信長・家康連合軍三万八千。しかしこれは誇張で、実際には武田軍六千に対し連合軍一万八千ほど――という説が有力だ。いずれにしろ数の上では信長・家康連合軍は圧倒的に有利だった。しかし、この当時、武田軍団は戦国最強をうたわれ、すでに伝説化されるほどの存在。連合軍の兵らは実際のところ恐怖心を必死に押さえ込みながら敵と対峙していたのである。

勝頼は敵を一気に踏み潰そうと自信満々で騎馬隊の出撃を命じた。信長・家康連合軍に向かい、怒濤《どとう》となって突撃を敢行する武田騎馬隊。馬防柵の目前まで迫り、柵を乗り越えようとしたまさにその時だった。連合軍の最前線にいた鉄砲隊が一斉に引き金を引いたのである。

しかも三千挺の火縄銃を千挺ずつ三段にして撃つという革新的な戦法であった。この戦法によって間断することがなくなり、武田騎馬隊はバタバタと地面に倒れていった。これを見てとった信長は全軍に総攻撃を命じた。

こうして戦国最強の武田軍団はあえなく壊滅。戦闘が終息したのは正午ごろとも午後二時ごろとも言われ、勝頼はわずか主従六騎で信濃へ落ちていったという。

この合戦で武田方は、馬場《ばば》信春《のぶはる》、山県《やまがた》昌景《まさかげ》、内藤《ないとう》昌豊《まさとよ》、真田《さなだ》信綱《のぶつな》、土屋《つちや》昌次《まさつぐ》、原《はら》昌胤《まさたね》、甘利《あまり》信康《のぶやす》ら他国にも聞こえた猛将・智将をはじめ数千の将兵が戦死した。戦場往来の名だたる武将が名もない足軽の鉄砲に撃たれて次々に死んでいったのである。この「長篠の戦い」を境に日本の合戦が変わったと言われる所以《ゆえん》はここにある。

なお、近年、信長がとった「三千挺・三段撃ち」は地形からみて無理と言われている。実際、公式記録とされる『信長公記《しんちょうこうき》』にもこのことは触れられていない。小瀬《おぜ》甫庵《ほあん》の軍記物語『信長記』の中で初めて「三千挺・三段撃ち」が登場する。つまり創り話として書かれたことが後世、真実として伝わった典型である。

しかし、この合戦の二十年も前だが、信長は今川勢が立てこもる村木砦を攻めた際、自身これに似た連続射撃を実践している。伝承にあるような「三千挺・三段撃

●長篠の合戦図

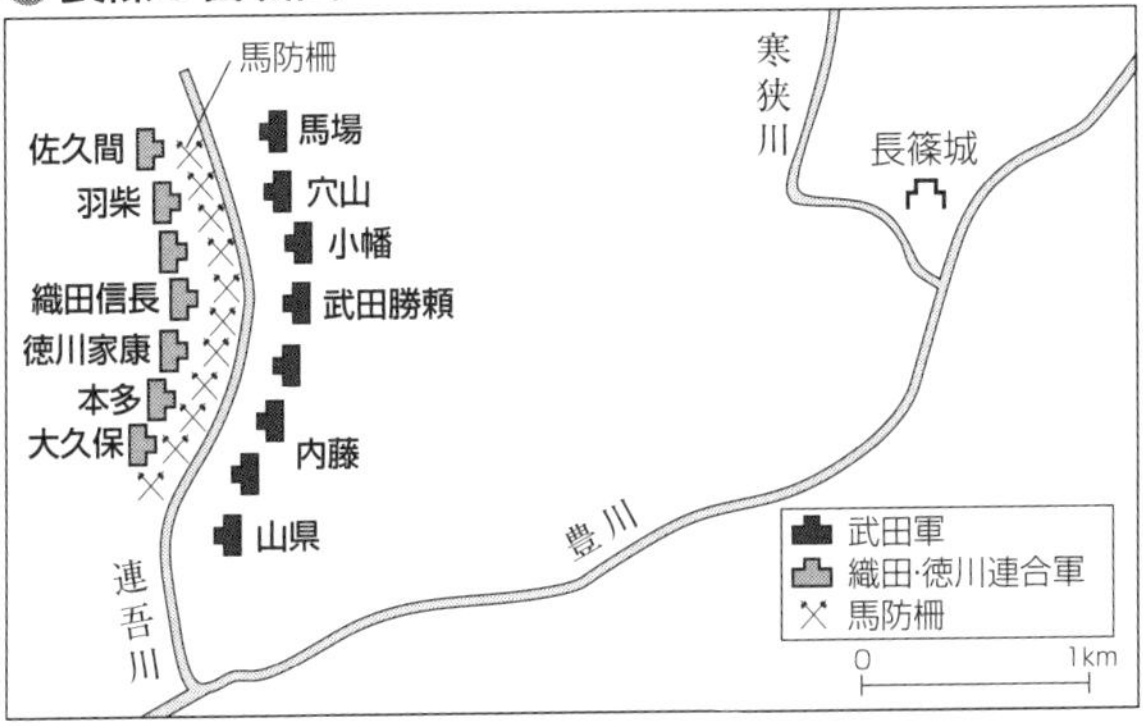

ち」ほど大規模ではなかったかもしれないが、この「長篠の戦い」で連続射撃が実行されたことは間違いないだろう。それでなければ、あれほど勇猛果敢な武田騎馬隊が短時間で壊滅するわけがない。

なお、その後の武田氏の運命だが、一般的には合戦のあとすぐに滅びたような印象だが、実際は七年間もちこたえた。徳川家康らと合戦を繰り広げ、一時は長篠の戦い以前よりも版図《はんと》を広げるほどだった。このことは、勝頼が凡将でなかった何よりの証明である。

しかし、織田信長という巨大な敵の前には如何《いかん》ともしがたく、一五八二年三月、勝頼は織田軍に攻められ、甲斐・天目山《てんもくざん》において自害した。

耳川の戦い　一五七八年（天正六）

九州最大勢力の大友はなぜ島津に大敗したか

九州の覇権を懸け、薩摩の島津義久と、キリシタン大名である豊後の大友宗麟との間で繰り広げられた戦い。大友軍は兵力では圧倒的に有利だったにもかかわらず、大敗を喫してしまう。それは意外な敗因だった。

◆九州の覇権をかけた戦い

戦国期、九州で繰り広げられた合戦で最大のものが、この「耳川《みみかわ》の戦い」である。

戦国末期の一五七八年（天正六）十一月に起こった合戦で、覇《は》を競ったのは九州の北と南を代表する大名同士だった。一方は当時九州における最大勢力を誇っていた豊後《ぶんご》（大分県）の大友宗麟《おおともそうりん》（義鎮《よししげ》）、相手は薩摩《さつま》・大隅《おおすみ》（いずれも鹿児島県）両国の守護職を務める島津義久《しまづよしひさ》である。

両者ともこの戦いのために大軍を動員しており、戦力的にはそれほど差はなかったが、結果はあっけないものだった。大友軍は多大な犠牲者を出し、島津軍に大敗してしまったのだ。この敗戦で大友氏の衰退が始まり、かわって島津氏が九州の覇王へと上りつめていくのである。

「九州の関ヶ原」とも称されるこの合戦の勝敗を分けたものとは一体何だったのか。そのあたりをみていこう。

きっかけは、日向《ひゅうが》（宮崎県）飫肥《おび》城を拠点とし、大友氏とは同盟関係にあった伊《い》東義祐《とうよしすけ》が、島津軍の侵攻に抗しきれず、大友宗麟を頼って亡命してきたことに始まる。島津氏の勢力が隣国まで及んできたことに脅威を感じた宗麟は、ただちに行動に移った。一五七八年四月、宗麟は家督を譲ったばかりの嫡子義統《よしむね》を総大将とする三万の軍勢を日向に向かわせた。

大友軍は最初に、今回の伊東氏の敗北で島津方に寝返った北日向松尾城の土持親《つちもちちか》成《なり》を攻めた。このとき島津方からの援軍はなく、親成は一族滅亡の道を選ぶ。勢いに乗った大友軍は耳川以北の北日向をわずか一カ月ほどで平定すると、いったん豊後に引き上げてしまう。

同年八月十五日、今度は宗麟自ら北日向に出陣し、延岡《のべおか》の北方にある無鹿《むしか》に本陣を置いた。出陣に当たり、周辺の国侍《くにざむらい》（地方の侍、田舎侍）を動員したことで、総勢四万五千もの大軍となった。

このとき宗麟の胸の内には、日向に一大キリスト教王国を建設する狙いがあったという。宗麟はこのたびの出陣の直前にイエズス会宣教師からキリシタンの洗礼（洗礼名はドン・フランシスコ）を受けていた。戦国期、キリスト教に帰依《きえ》した大名、いわゆるキリシタン大名も少なからずいたが、その大半は自らの南蛮《なんばん》趣味を満たすためであったり貿易振興のためであったりした。しかし宗麟の場合、それらとは一線を画し、心底キリスト教に帰依していたようである。

今回の出陣に際し宗麟は、臼杵《うすき》から船団を組んで海路日向に上陸したのだが、ルイス・フロイスら宣教師を同伴し、すべての船には十字架をデザインしたきらびやかな旗がひるがえっていた。それはあたかも十字軍の遠征を思わせる光景だった。

宗麟は無鹿に入ると、自らの居館を建築させる一方、家来に命じて周辺の神社・仏閣を悉《ことごと》く破壊させた。在来の神道や仏教は、キリスト教の布教のためには邪魔なだけだった。このことからも、宗麟にとって今回の日向再遠征はキリスト教王国を築くための「宗教戦争」の側面があったことがわかる。

大友軍がまず標的としたのが、島津方にとって日向攻略の前線基地であった高城《たかじょう》（宮崎県児湯郡木城町《こゆきじょう》）である。この城は、宮崎県の中央部を流れる小丸川《おまるがわ》（高城川とも）とその支流である切原川に挟まれた台地上に築かれ、九州でも屈指の堅城として知られていた。

当時は山田有信《やまだありのぶ》がわずか五百の兵で守っていたが、将兵の戦意は旺盛だった。大友軍はおよそ一カ月にわたって猛攻を仕掛けたが、一向に落ちなかった。このときの戦いで、宗麟がポルトガルから購入した大砲「国崩《くにくずし》」が使われたという。

そうこうするうち、薩摩から島津義久自らが二万五千の兵を率いて、高城の救援に駆け付けた。高城の南方の砂土原に陣を構えたのが、十月二十二日のことだった。

こうして、小丸川を挟む形で、大友と島津の両軍が睨《にら》み合うこととなった。

◆島津の得意戦法「釣り野伏せ」

十一月十二日早朝、宗麟から大友軍の総大将を任せられていた田原親賢《たわらちかかた》（紹忍《じょうにん》）は、島津軍を望観し、相手は兵数で劣ることをみてとると、即座に全軍に対し渡河《とか》を命じた。嵩《かさ》にかかった大友軍はがむしゃらに川を渡りきると、南岸に待ち構える島津軍に襲いかかった。

すると、大友軍の勢いに恐れをなしたか、島津の先鋒隊が一斉に退却を始めたではないか。しかし、これは囮《おとり》部隊で罠《わな》だった。深入りしすぎたと、ハッとわれに返ったときはすでに遅かった。大友軍は南西の正面から島津義久の本隊、東南の側面から島津義弘《よしひろ》（義久の弟）の部隊、さらに北西方向の高城から籠城兵と島津家久《いえひさ》（同）の部隊が逆襲に転じるという三面攻撃を受け、総崩れとなる。この囮作戦こそ、島津軍が誇る戦法「釣り野伏《つりのぶ》せ」である。

大友軍は豊後を目指して北へ敗走、美々津《みみつ》のあたりまで逃げてきたところで、追撃してきた島津軍によってさらなる甚大な被害を蒙《こうむ》ってしまう。なぜなら、大友軍の行く手を耳川（美々津川とも）の急流が阻《はば》んだからだ。折あしく、川は数日来の大雨で増水しており、流れにとられて溺死する兵が続出した。ここから「耳川の戦い」と通称されるようになった。

この合戦による大友方の戦死者は三千余と言われているが、それよりはるかに多い一万だった、いや二万だったという説もあってはっきりしない。しかし、大友方が大敗したことだけは疑いのない事実である。

無鹿の陣地にいた宗麟は、味方の敗北を知ると、島津軍の襲撃を恐れ、即座に無鹿を退去した。よほど慌《あわ》てていたのか食べ物さえ持たずに出発したため、豊後までの数日間、飢えと寒さに苦しめられる始末だったという。

大友方の敗因はいくつか挙げられるが、なんといっても、大友軍は数だけの寄り合い所帯で、戦闘意欲に乏しかった。さらに、宗麟から指揮を任された田原親賢は将器に乏しく、部下から見下され命令無視が相次いだこともあげられる。

しかしそんなことよりも、肝心の宗麟に将兵らの人望がまったく無かったことが最大の問題だった。総大将を人任せにし、自分は戦いの最前線に出ることもなく無鹿の陣地で貴族趣味と南蛮趣味に明け暮れる毎日。これでは将兵の心が宗麟から離れてしまうのも無理はなかった。

しかも、日向に出陣してからというもの、神社・仏閣を破壊しつくしたことで、神仏を信仰する将兵の多くは、キリスト教に凝《こ》り固まった宗麟をあきれはてた目で見ていたのだった。その意味では、大友軍の敗北は宗麟自身が招いたものだったと言えるだろう。

天目山の戦い　一五八二年（天正十）

武田勝頼が無念の自害を遂げるまで

信玄の後継者として奮起する武田勝頼。一時は信玄時代より版図を広げるも、「長篠の戦い」を境に滅亡への道をひた走ることに。落ちる先も決まらない放浪の末に奥秩父の天目山において最期をむかえる。

◆武田氏滅亡までの道のり

甲斐《かい》（山梨県）の虎・武田信玄《たけだしんげん》の後継者で、結果的に源義光《みなもとのよしみつ》（新羅《しんら》三郎義光）以来五百年続いた甲斐武田氏を滅ぼすことになった武田勝頼《かつより》もまた〝二代目社長〟の悲哀をとことん味わった一人だった。

織田・徳川の連合軍と戦って敗れた「長篠《ながしの》の戦い」（一五七五）から七年、勝頼は奥秩父の天目山《てんもくざん》において、最後まで付き従ってくれたわずかな家族・家来とともに自刃《じじん》して果てた。父信玄の時代には天下さえもうかがい、最盛期には百二十万石の石高を誇った甲斐武田氏の棟梁《とうりょう》にしてはあまりに憐れな末路だった。長篠の戦い後、天目山に至るまでの勝頼がたどった破滅の道のりを以下で追ってみよう。

一五七三年（元亀三）、信玄の病死により、勝頼は二十八歳で第二十代武田家当主となり、甲斐国の守護職を継承した。これより三十七歳で亡くなるまでの足掛け十年というもの、勝頼は父信玄が築いた遺領を必死に守り抜いた。

甲斐国は、北に上杉、南に徳川、東に北条、西に織田という有力大名と四方を接しており、勝頼は一瞬たりとも気が抜けなかった。一時は信玄も攻略できなかった徳川配下の高天神城《たかてんじんじょう》（静岡県掛川市）を落とすなど、支配圏をむしろ信玄時代より広げるほどだった。

しかし、勝頼三十歳のときの長篠の戦いで、武田軍が手痛い打撃を受けると、勝頼の運命は暗転していく。決定的だったのは一五八一年（天正九）三月、高天神城が徳川家康《とくがわいえやす》によって奪還されたことだ。この合戦で勝頼は、あろうことか籠城する味方の将兵千人余を見殺しにしてしまう。当時、武田は東西に敵を抱えており、援軍を派遣できる状況ではなかったからだが、この一事をもって武田家の威信は地に墜《お》ちた。

悪いことはさらに続いた。信玄の娘を妻とし、武田一族としての扱いを受けていた信濃（長野県）の木曽義昌《きそよしまさ》が、織田方へ寝返ったのだ。翌年二月二日、勝頼は義昌を討つため上諏訪《かみすわ》に出陣する。これを、武田を滅ぼす好機到来と考えた織田信長は長男信忠《のぶただ》を総大将とする一万余の軍勢を信濃に派遣した。

さらに信長は、家来の金森長近《かなもりながちか》には飛騨《ひだ》（岐阜県）から、同盟者の徳川家康には駿河《するが》（静岡県）から、小田原の北条氏政《うじまさ》には関東からと、信忠軍と合わせ四方面から甲斐へ進攻させた。まさにこの一戦で武田氏の存在をこの地上から根こそぎ消し去ってしまおうという信長の強い意志の表れだった。

二月二十九日になり、武田姓を免許された御一門衆に属する穴山信君《あなやまのぶただ》（梅雪《ばいせつ》）が家康に降《くだ》る。三月二日には高遠城が落ち、勝頼の異母弟に当たる仁科盛信《にしなもりのぶ》が玉砕する。また、武田一族の重鎮で、勝頼の叔父の武田信廉《のぶかど》（逍遙軒《しょうようけん》）などは押し寄せる織田の大軍に恐れをなし大した抵抗も見せることなく、居城（大島城）を捨て甲斐へと退却してしまう。

頼みとする重臣らが次々と裏切ったり戦死したりしたことで、勝頼は急きょ、本拠として建造途中だった新府城《しんぷじょう》（山梨県韮崎市）に引き返すと、三月三日早朝、同城を焼き払い、岩殿山城《いわどのやまじょう》（同県大月市）へと向かう。岩殿山城は東国屈指の堅城として知られており、ここに籠《こも》れば織田の大軍も防ぎきれると判断したのだった。

◆逃避行の中で相次ぐ離脱者

ところが、岩殿山城へ向かう途中で、重臣小山田信茂《おやまだのぶしげ》の裏切りに遭い、その進路を邪魔されてしまう。新府城に戻ることもならず、困り果てた勝頼主従は、天目山棲雲寺《せいうんじ》（山梨県甲州市）へと向かうことにする。棲雲寺は、甲斐武田家十三代当主信満《のぶみつ》が、一四一七年（応永二十四）の「上杉禅秀《ぜんしゅう》の乱」において籠った場所だ。勝頼はここでしばらく様子を見て、上州（群馬県）へ逃れる腹積もりだった。

岩殿山城に向かって出発したころは五百人ほどいた勝頼の家来たちだったが、逃避行を続ける中で離脱者が相次ぎ、棲雲寺の近くまで来たときは百人足らずにまで減っていた。このうち半数近くが勝頼の正室（北条夫人）に従う侍女であった。一行の中には嫡男信勝《のぶかつ》をはじめ、長坂光堅《ながさかみつかた》（釣閑斎《ちょうかんさい》）、土屋昌次《つちやまさつぐ》・昌恒《まさつね》兄弟らがいた。

このように勝頼が急激に求心力を失ったのは、譜代の家臣らが織田信長の威勢を恐れたからだが、もともと勝頼に人望が無かった点も無視できないという。

勝頼は、信玄の四男にして庶子《しょし》（妾腹《しょうふく》の子）、母は武田氏の宿敵諏訪《すわ》氏の出であった。七人いるとされる信玄の息子の中で、武田家の通字「信」を戴かぬ唯一の男子でもある。一門の中で勝頼がいかに期待されずに生まれたかがわかろうというものだ。通常なら家督相続の目は無かったが、信玄の嫡男義信《よしのぶ》が謀反《むほん》の疑いで廃嫡《はいちゃく》されたことなどもあり、偶然、武田家の家督が転がり込んできた。

そのため譜代の家臣の多くは、勝頼のことを「しょせん側室諏訪氏の子」と、よそ者扱いしていた。そこで勝頼は、家臣らに自分が父信玄の後継者であることを認めさせるため、遮二無二《しゃにむに》隣国に合戦を仕掛け、自らの力を誇示しようとした。

こうした積極的な対外侵攻がアダとなって跳ね返ってきたのが、長篠の戦いである。このときの敗戦で、勝頼と家臣らの間の溝は決定的なものとなり、以来、いつ主従の関係が破綻《はたん》しても不思議はない状況が続いていたのである。

さて、小山田信茂の裏切りで天目山棲雲寺を目指すことになった勝頼一行だったが、寺がある木賊《とくさ》（甲州市大和町）の集落に近付いてみると、すでにそこは織田の軍勢がひしめいていた。そこで仕方なく、棲雲寺から二キロメートルほど手前の田野というところまで引き返したが、ここで織田方に気付かれ、襲撃を受けることになった。三月十一日のことである。

「もはやこれまで」と観念した勝頼主従は水盃《みずさかずき》を交わすと、まず家臣らが付き従っていた女子供を殺害し、そののち織田勢に向かって一斉に打って出た。二十〜三十人の兵でどうにもなるものではなかったが、主君勝頼のために自刃する時間を少しでも稼ごうとしたのである。

こうして家臣らの奮戦で虎口《ここう》を脱した勝頼・信勝父子《おやこ》とわずかな供回りは山中へ逃げ込むことに成功する。その場で勝頼は十六歳になる息子信勝の元服の儀式を慌《あわ》ただしくすませると、主従そろって自決した。これにより甲斐源氏の嫡流は途絶えたのである。

はたして、武田勝頼は後世言われるように凡将だったのだろうか。残された史料から見えてくる勝頼の人間像はいたって性格円満で家族思いでもあった。戦もけっして下手ではない。ただ、勝頼も譜代の家臣たちも偉大な故信玄の幻影を追いかけすぎた。信玄自身も与《あずか》り知らない〝負の遺産〟によって勝頼は、甲斐武田氏は滅んだのである。

本能寺の変　一五八二年（天正十）

信長の野望を打ち砕いた明智光秀、謀叛の真相

「敵は本能寺にあり！」。一万三千の兵に向かってこう叫んだ瞬間、明智光秀は日本史上最大の謀叛人となった。後世に汚名を蒙ることを充分知りながら、あえて信長の野望を打ち砕いた光秀の真意とは？

◆丹波亀山から閲兵式に呼ばれて京都へ

ルビコン川――。古代ローマ時代、軍隊を連れて渡ってはならないとされていたガリア（フランス）との国境に流れる川の名前だ。任地からの帰途にあったジュリアス・シーザーはこの場所で対立する元老院との決戦を覚悟し、「賽《さい》は投げられた！」と叫んで渡河《とか》するや、ローマの市街に進撃したのだった。

以来、「ルビコン川を渡る」という表現は、あと戻りができない乾坤一擲《けんこんいってき》の大勝負を決断する時に使われるようになった。主君信長を倒した明智光秀《あけちみつひで》にもこのシー

ザーと同様の決断の瞬間があった。

『川角太閤記《かわすみたいこうき》』によると、一五八二年（天正十）六月一日夕刻、丹波亀山城にいた光秀のもとに信長からの使者があり、「陣立《じんだて》を見たいゆえ、ただちに召し連れて入洛せよ」との通達がもたらされた。このとき、光秀は信長から命じられ、中国攻めで備中《びっちゅう》（岡山県西部）高松城にいる羽柴秀吉《はしばひでよし》の援軍に向かう直前だった。

午後十時ごろ、光秀は一万三千の軍勢を引き連れ、亀山城を進発する。翌二日の午前二時ごろ、老《おい》ノ坂の手前で宿老を集め、初めて謀叛《むほん》の意思を打ち明けたという。

光秀が信長を討とうと決意した背景には、朝令暮改の信長についていけなくなったから、徳川家康《とくがわいえやす》の饗応《きょうおう》役を罷免《ひめん》させられ面目を失ったから、旧主でもある将軍足利義昭《あしかがよしあき》にそそのかされたから、など諸説あるが確かなことはわかっていない。

このとき宿老たちは驚きを隠さなかったが、光秀の決断に迷いが無いことを知ると、光秀に従うことを誓った。

行軍は続行され、やがて桂川《かつらがわ》畔に到着。そこで、兵らは鉄砲の火縄に火をつけること、新しい草鞋《ぞうり》と履《は》き替えることなどが命ぜられた。夜中でもあり、閲兵式に向かうのにこの準備は何だろうと不思議がる者も多かったという。

川は前日の雨で増水していたが、一万三千の軍勢は整然と渡り始めた。それは光秀にとってのルビコン川だった。渡り切ってしまえば目指す本能寺は目前だ。渡河を終えたところで光秀は全軍に向かい、冒頭にあるあの有名な一言を発したのである。こうして光秀の軍勢が本能寺を取り囲んだのは午前六時ごろだった。

信長が本能寺に入ったのは五月二十九日。供は百人ほどだったという。このたびの上洛は中国にいる秀吉のところへ応援に向かうためだったと言われている。本能寺は、信長にとって上洛した際の「定宿」であった。六月一日にはここで近衛前久《このえさきひさ》ら公家や僧侶、町人たちも招いて茶会を催している。安土城から運ばせた名物茶器を招待客に披露し、信長はいつになくご満悦の様子だったという。

◆二度と望めない好機を生かした光秀

それはそうであろう、天下取りを目指す信長にとって最大の障壁であった武田信玄《たけだしんげん》、上杉謙信《うえすぎけんしん》の両巨頭はすでになく、浅井・朝倉勢をはじめ戦国最強軍団の武田軍を滅ぼし、足かけ十一年に及んだ一向一揆の制圧にも成功していた。今や信長に対しあからさまに敵対行動をとるのは西国の毛利氏くらいだった。有頂天になるなと言うほうが無理というものだ。むろん、この時点では自分に危機が迫っているとは夢にも思っていない信長だった。

寺の周囲の騒がしさに信長が目を覚ますと、ちょうど小姓の森蘭丸《もりらんまる》が飛び込んで来た。蘭丸が「明智日向守《ひゅうがのかみ》殿、御謀叛！」と叫ぶと、信長は愕然《がくぜん》とした表情になり、「なぜだ……」と一言つぶやいたという。

このとき、「是非《ぜひ》に及ばず」と言ったとする記録もあるが、これは疑わしい。信長ほどの男が、明智勢の姿も見ないうちに「もう仕方がない」などと弱音を吐くとは到底思えない。それに、このあと自身、弓や槍を手にして明智勢と戦っていることを考えると、信長はきっと最後の最後まで諦めずに生き延びようとしたに違いない。

しかし、そんな信長も、明智勢が蟻《あり》の

明智光秀の進軍路

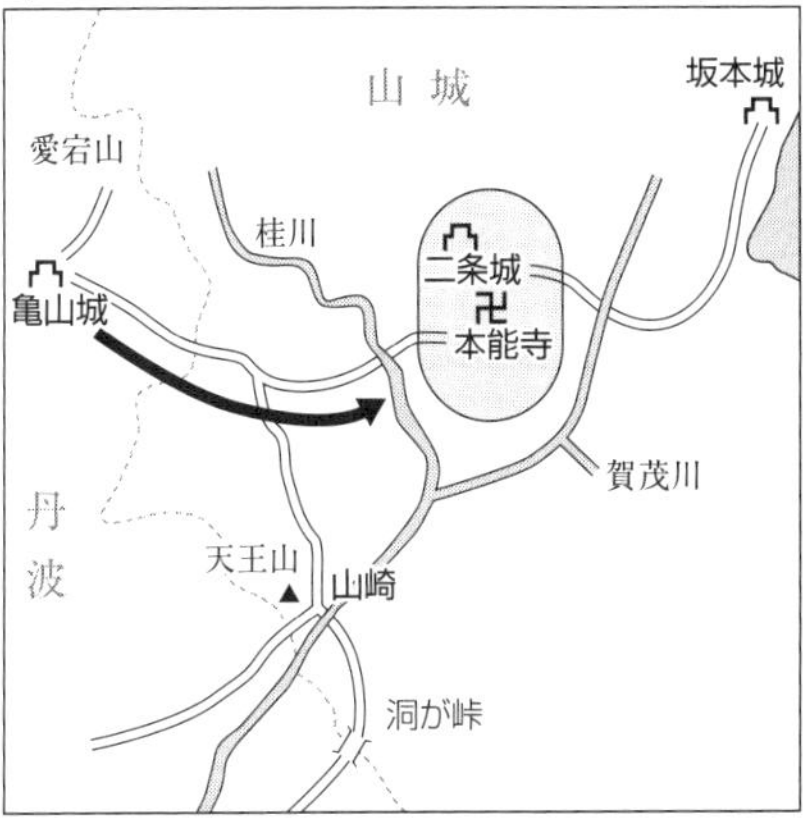

這《は》い出る隙もないくらい本能寺を取り囲んでいることを知るや、覚悟を決めた。侍女たちを逃がすよう指示を与えると、燃え盛る火焔を避けるように奥にこもり、自決して果てたという。その後、光秀は二条御所にいた信長の嫡子信忠《のぶただ》にも軍勢を向け、自害させた。信忠は二十六歳の若さだった。このとき、前田玄以《げんい》が信忠の嫡男三法師（のちの織田秀信《ひでのぶ》）を抱えて脱出に成功している。

こうして、信長・信忠親子を滅ぼしたことで光秀の謀叛は一応成就した。光秀に謀叛の成功をもたらした要因は、何と言ってもそのタイミングの良さにあった。明智勢を除けば織田家の有力武将は京都周辺にだれ一人いなかったのである。

先述したように、羽柴秀吉は中国攻めの最中だったし、柴田勝家《しばたかついえ》は上杉景勝《かげかつ》方の越中（富山県）魚津《うおづ》城を攻略中、滝川一益《たきがわかずます》は上野《こうずけ》の厩橋《うまやばし》城（群馬県前橋市）で北条氏と対決していた。さらに、織田と同盟関係にある徳川家康はわずかな供を連れ、堺見物を楽しんでいた。この機会を逃してはもう二度と好機はめぐってこないと光秀は自らに言い聞かせたに違いない。

こうして信長に替わって天下人への階段を上り始めた光秀。しかし、その足元には不吉な影がひたひたと迫っていた。

高松城攻防戦　一五八二年（天正十）

鬼謀神のごとし……秀吉が選んだ次の「一手」

本能寺の変が起こったとき、羽柴秀吉は備中高松城を攻囲中だった。城を守るのは勇将として聞こえた清水宗治。攻めるに困難なこの城を落とすため秀吉は「水攻め」という奇抜な作戦に打って出る。

◆大堤防で川の水をせき止める

織田信長《おだのぶなが》から毛利《もうり》攻めを命じられた羽柴秀吉《はしばひでよし》は、一五八〇年（天正八）に播磨国《はりまのくに》三木城（兵庫県三木市）の別所長治《べっしょながはる》を、翌年には鳥取城の吉川経家《きっかわつねいえ》を滅ぼした。

一五八二年三月、甲斐の武田氏が滅亡する。東国に当面の敵がいなくなったことで、信長は毛利攻撃に集中できるようになった。

三月十九日、姫路を出陣した秀吉は信長の期待を背に、三万の大軍で備中《びっちゅう》（岡山県西部）高松城に向かった。

高松城主・清水宗治《しみずむねはる》は毛利方の小早川隆景《こばやかわたかかげ》に属しており、このとき四十六歳。宗治が守る高松城は毛利、織田の両方にとって重要な戦略的拠点であり、秀吉が首尾よくこれを奪うことになれば、毛利の命運は半ば尽きたも同然だった。

秀吉は最初、お得意の調略によって城を奪おうとした。宗治に対し、こちらに味方すれば備中と備後《びんご》（広島県東部）の二国を与えようともちかけたのである。しかし、宗治が寝返ることはなかった。秀吉はやむなく城攻めを決意する。

高松城は水田の中にある平城だ。東北に山々が連なり、西南には足守川《あしもり》が流れていた。秀吉は周囲をつぶさに検分した結果、一見すると落としやすいが、三方が深い沼や水田になっており、実際は一方向からしか攻められないことに気付いた。

力攻めをしても落とすのにどれだけ時間がかかるか知れたものではなかった。そこで秀吉は戦史にも稀な「水攻め」という戦術を思いつく。城を水浸しにすることで籠城兵の戦意を喪失させ、同時に飢餓《きが》地獄に陥《おとしい》れる作戦だ。

こうして五月八日、昼夜を問わない突貫工事が始まった。何をする気かと興味半分、不安半分で見守る城の毛利勢。

やがて、城を囲むようにして周囲二十六町とも三十町（約三・三キロメートル）

ともいわれる大堤防が完成する。土塁の高さは六～七メートルもあったという。工事が始まって十九日目のことだった。

秀吉はこの大工事のために土地の農民を人夫として徴発し、土俵一俵につき銭百文と米一升という高額の報酬を与えた。工事全体では銭六十三万五千貫文、米六万三千五百石を費やしたと『武《ぶ》将《しょう》感《かん》状《じょう》記《き》』に記録されている。作戦遂行のためには出費を惜しまない秀吉らしいやり方である。

●高松城の水攻め図

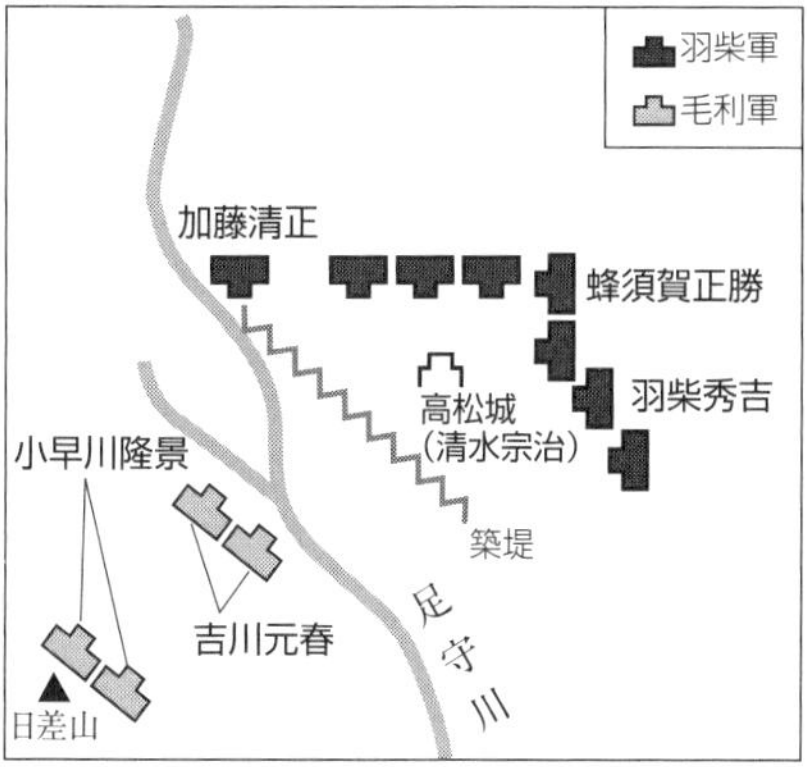

さて、工事が完了したところで秀吉は、堰《せ》き止めていた足守川の水を一気に流し入れた。折しも梅雨の時期で水かさが増しており、たちまち高松城は浮き島となった。

高松城の危機を聞き付け、毛利方の吉川《きっかわ》元春《もとはる》と小早川隆景が救援に駆け付けたが、水浸しになった城を遠くから見守るばかりで、どうすることもできなかった。

◆幸運だった秀吉

秀吉にすれば自分の狙い通りにことが運んでさぞや愉快だったに違いない。あとは信長の来援を待つだけだった。秀吉は自分の軍隊だけで高松城を落とす自信があったにもかかわらず、事前に信長に援軍を頼んでいた。最終的な采配を信長に任せるつもりだったのである。ご機嫌取りが上手な秀吉ならではの処世術であった。

ところが、秀吉のもとにやって来たのは味方の援軍ではなく、主君信長の横死を知らせる使者だった。

それも、もともと明智光秀《あけちみつひで》が毛利方に共闘態勢を呼びかけるために放った使者で、夜間で目が利かなくなり秀吉の陣を毛利の陣と間違えて入ってきたというから、しまらない。信長の死の翌日、六月三日夜半のことだった。

主君の死を知り、愕然《がくぜん》と肩を落とす秀吉。名もなき草莽《そうもう》の民《たみ》からここまで自分を引き立ててくれた大恩人が亡くなったのだ。生前の信長との思い出が秀吉の頭の中を走馬灯のように駆け巡ったに違いない。

そのとき、傍らにいた軍師の黒田官兵衛《くろだかんべえ》が、感傷にふける秀吉の耳元で運命の言葉を囁《ささや》いた。

「おめでとうござる。これで御運が開けましょう」

秀吉は一刻も早く畿内に立ち返ることにしたが、そのためには毛利方に主君信長の死を悟られずに和議を結ぶ必要があった。そこで、毛利方の外交僧安国寺恵瓊《えけい》を動かし、その仲介をさせた。和議の条件とは、城兵を助命するかわりに城主清水宗治は切腹、さらに備中、美作《みまさか》（岡山県北部）、伯耆《ほうき》（鳥取県西部）の三カ国を織田方に割譲するというものだった。

翌六月四日、講和条件にしたがい、清水宗治が小舟に乗って秀吉の陣所近くまで漕ぎ出した。宗治は秀吉方から贈られた酒肴《しゅこう》で最後の酒盃を傾け、ひと差し舞い謡《うた》ったのち、切腹して果てた。

もしも、信長の死を知らせる使者が秀吉方に迷い込まず、毛利方に到着していたとしたら、戦局はどう変化していたかわからない。少なくともこう早く毛利方が和議に応じることはなかったろう。そうなると、秀吉はここ備中で釘付けとなり、主君の仇討ちもおぼつかなくなる。秀吉が、比類なき強運の星の下に生まれた男だと言われる所以《ゆえん》がここにも見てとれる。

山崎の戦い　一五八二年（天正十）

「中国大返し」の裏側と天王山の決戦

天王山の戦い——現在でも碁や将棋などの大勝負でよく使われるが、その語源は羽柴秀吉が明智光秀と戦った場所の名前だ。両者はこの標高二百七十メートルほどの小山をめぐって一体どんな戦いを展開したのだろうか。

◆陣中に届いた「本能寺」の一報

備中《びっちゅう》（岡山県西部）高松城を水攻めの最中だった羽柴秀吉《はしばひでよし》の陣中に、主君織田《おだ》信長《のぶなが》が京都・本能寺において明智光秀《あけちみつひで》に討たれたという第一報がもたらされたのは信長が亡くなった翌日、一五八二年（天正十）六月三日の夜半であった。

一時は動転した秀吉だったが、すぐにその使者を殺して口を塞ぐと翌四日には何食わぬ顔をして毛利方と和議を結び、城主清水宗治《しみずむねはる》を切腹させた。

そして、毛利方の追撃がないことを確認した上で六日午後、秀吉は全軍に帰還命令を発した。その日の夜は沼城《ぬま》で一泊し、翌朝から秀吉は一万数千の兵を率い、京を目指して山陽道を駆けに駆けた。これが、秀吉が後年側近の者たちに何度も得意気に語って聞かせた「中国大返し」の始まりである。

姫路に着いたのが、八日未明。前日はあいにくの暴風雨だったが、沼から姫路までの約五十五キロの道程を一昼夜で駆け抜けた。文字通り、強行軍である。増水した河川では付近の農民を雇って人間の鎖《くさり》を作り、その肩につかまりながら渡河したという。

姫路ではまる一日休息し、城内にあった銭を残らず将兵に分け与えた。そして、九日早朝、再び出発した。このとき、祈祷《きとう》僧が現れ、秀吉に対し「本日は出でて二度と帰らぬ凶日。出陣はお控えなさるがよい」と忠告したが、秀吉は「もとより二度とここへは帰らぬつもりだ。これほどの大吉日があろうか」と笑い飛ばしたという。

十日、兵庫。十一日、尼崎。ここで秀吉は備中高松城攻め以来続けていた精進料理をやめ、鳥や魚を口にした。天下分け目の大勝負を前に体力をつけておこうと考えたのである。そして、十二日夜には摂津《せっつ》の富田《とんだ》（大阪府高槻市）というところに陣を構えた。

高松城から富田までの総距離はざっと百七十五キロメートル。これを六日間で移動したわけだ。道路や河川の橋も充分に整備されていない当時、しかも重装備でこのスピードは驚異的だ。

光秀もこの秀吉軍の常識はずれの進軍に瞠目《どうもく》した。光秀が本能寺を襲撃した際、織田方の主だった武将は遠方に派遣されていた。柴田勝家《しばたかついえ》は北陸、滝川一益《たきがわかずます》は関東、秀吉は備中、そして徳川家康《とくがわいえやす》はわずかな供を連れ堺見物の最中だった。つまり、信長を討つには千載一遇の好機だったのである。

光秀は本能寺襲撃後、近江に進撃して四日には秀吉の長浜城や丹羽長秀《にわながひで》の佐和山城を落とし、翌五日には安土城に入って近江平定を完了した。そして、九日には京都に戻り、御所に参内《さんだい》して銀五百枚を献上する。南禅寺《なんぜんじ》や相国寺《しょうこくじ》など京都五山の寺々にも銀百枚ずつばらまき、京都の住民には地租《ちそ》を免除するというこれ以上ない大盤振る舞いをみせる。

それもこれも、自らの行為を正当化し、人心を収攬《しゅうらん》する狙いだった。その一方で光秀は、筒井順慶《つついじゅんけい》など味方になる武将の抱き込み工作にも積極的に動いた。と

羽柴秀吉中国大返し行程図

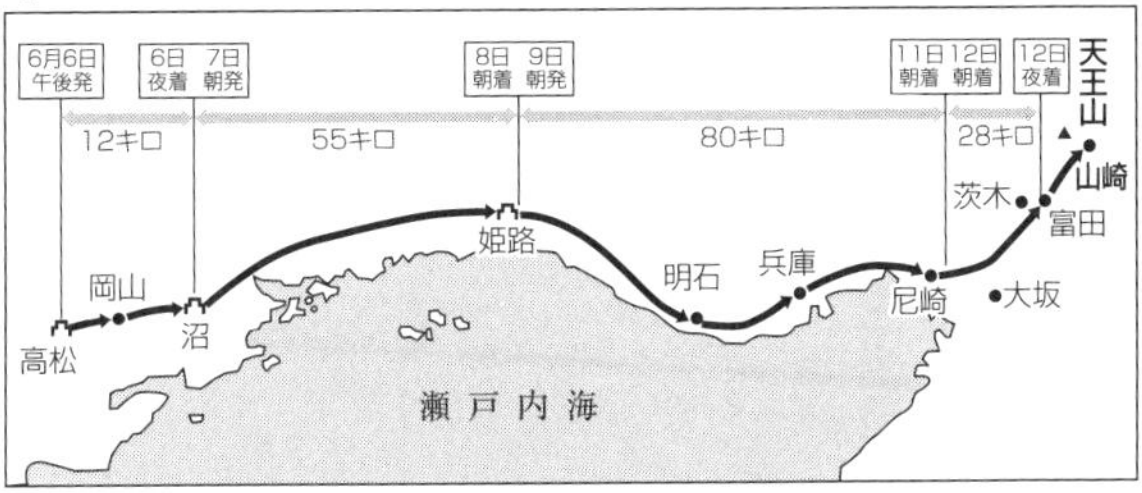

山崎の合戦図

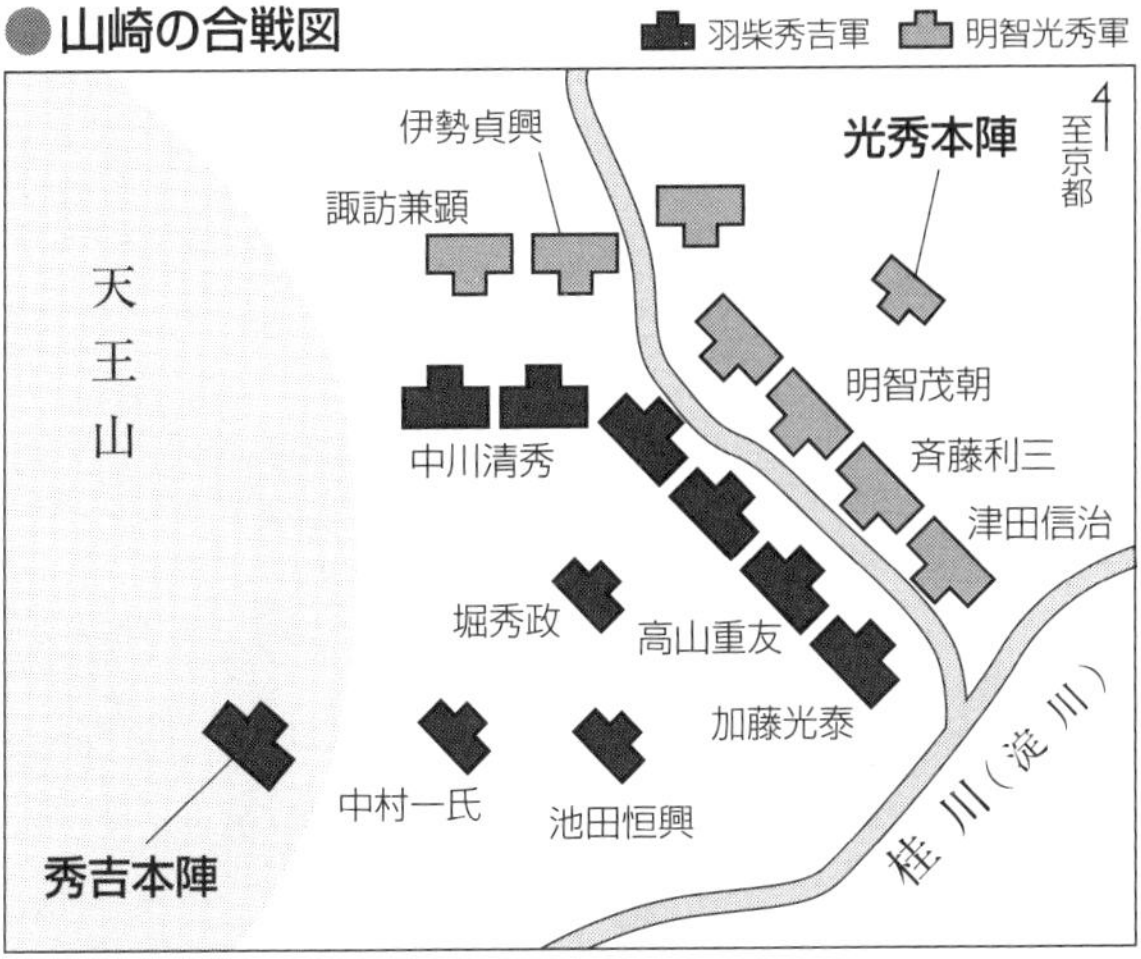

ころが、あまりにも早く秀吉が戻ってきたため、すべてが中途半端で終わってしまった。最終的に光秀に加勢を申し出たのはわずかに近江、丹波などの土豪だけであった。

一方、羽柴軍は今や四万の大軍に膨らんでいた。対する光秀軍は一万五千。これでは到底勝ち目はない。そこで光秀はこの兵力で大軍を迎撃するには京都南方の山崎しかないと決断した。そこは天王山と淀川に挟まれた隘路《あいろ》で、ここなら敵は大軍の利を充分に生かせないとにらんだのである。

しかし、光秀にとって不幸だったのは秀吉もまた光秀同様、山崎が決戦の場になると考えていたことだ。秀吉軍の中川清秀《なかがわきよひで》は光秀軍が到着する前に天王山を占拠し、高山重友《たかやましげとも》も山崎の町を押さえてしまった。このため光秀軍はますます不利となった。

◆光秀が負けた本当の理由

決戦は十三日午後四時ごろから始まった。光秀は拠点を置いていた山崎北方の勝竜寺《しょうりゅうじ》城から兵を進め、天王山を奪取して一気に形勢を逆転しようとした。しかし、衆寡《しゅうか》敵せず主力部隊の斉藤利三《さいとうとしみつ》が乱戦の中で討ち死にしたこともあって光秀軍は壊滅状態となる。

　二時間余に及ぶ激戦で秀吉軍、光秀軍ともに三千余の戦死者を出した。光秀軍は相手に互角の損害を与えたことになるが、もともとの兵力の差は如何《いかん》ともしがたかった。光秀は再起を期すために居城がある坂本（滋賀県大津市）に戻ろうとした。その途中、伏見の大亀谷《おおかめだに》から小栗栖《おぐるす》にさしかかったあたりで、農民の竹槍《たけやり》にかかって非業《ひごう》の最期を遂げてしまう。それは信長を討ってからわずか十一日目のことだった。

　十四日、秀吉は大津の三井寺に入って堀秀政《ほりひでまさ》に坂本城を攻めさせた。そこには光秀の女婿《むすめむこ》・明智秀満《あけちひでみつ》が守っていた。落城が迫ると秀満は光秀の妻子と自分の妻を刺殺し、そののち城に火を放って自刃した。翌十五日、秀吉は安土城に入ると、故君信長の弔《とむら》い合戦に勝利したことを高らかに宣言した。

　信長襲撃という大事件を電光の素早さで成功させた光秀ではあったが、突発的に行ったクーデターであっただけに根回しが充分でなく、周囲の理解や賛同を得ることはかなわなかった。のちの歴史家から、秀吉に天下を取らせるためにこの世に生まれてきた男、と言われるのも無理のないところだ。

賤ヶ岳の戦い　一五八三年（天正十一）

北国の雄・柴田勝家を破った豊臣秀吉の智謀とは

明智光秀を山崎の戦いで倒した羽柴秀吉にとって、最後の障害は柴田勝家の存在だった。織田家の重臣の中では筆頭の地位にあり、聞こえた武辺者でもあった勝家。勝敗を分けたのは秀吉の老獪な事前工作だった。

◆清州会議で何が話し合われたか

一五八二年（天正十）六月十三日、山崎の戦いにおいて明智光秀《あけちみつひで》を破った羽柴秀吉《はしばひでよし》。余勢をかって織田信長《おだのぶなが》の後継者を決める清洲《きよす》会議に出席する。

席上、秀吉は信長と共に自刃した嫡男信忠《のぶただ》の子・三法師（のちの秀信《ひでのぶ》）を後継者として推《お》そうとする。これに真っ向から異を唱えたのが、宿老筆頭の柴田勝家《しばたかついえ》である。

勝家は信長の三男信孝《のぶたか》こそ跡目にふさわしいと譲らなかった。勝家は普段から信孝と仲がよく、そんな信孝を主君に戴くことで新しい織田家での自分の地位を磐石なものにしようと考えたのである。

しかし、何と言っても故君《こくん》の仇《あだ》を報じた秀吉の発言力には抗しきれず、後継者は秀吉が推す三法師で決まってしまう。憤懣《ふんまん》やるかたない勝家。

さらに、十月には秀吉は京都・大徳寺において大がかりな信長の葬儀を執り行った。勝家と信孝はこの葬儀に出席していない。喪主は信長の四男で秀吉の養子秀勝だが、だれの目にも秀吉が主催者であることは一目瞭然だった。「天下統一事業の後継者は自分である」と秀吉は満天下に宣言したようなものだった。

勝家は屈辱感で胸が張り裂けそうになるのを必死に我慢しながら自領の越前（福井県）北ノ庄城に戻ったが、すぐに秀吉との全面戦争を決意する。

しかし、最初に行動を起こしたのは秀吉だった。この年の暮れは雪が降るのが早く、積雪のために出陣できない勝家をあざ笑うかのように秀吉は、かつては自城で、今は勝家の養子勝豊《かつとよ》が守る長浜城を攻めた。そして、勝豊を降伏させて城を奪い、勝家軍の前線となる北近江を制圧したのだった。さらにその後、岐阜城の織田信孝を降伏させることにも成功する。

◈無視された撤収命令

翌年三月はじめ、勝家は雪解けを待って出陣する。越中富山の佐々成政《さっさなりまさ》を背後の備えとし、佐久間盛政《さくまもりまさ》らを先鋒として北ノ庄城を出発させ、九日には勝家自身も琵琶湖北端の柳ケ瀬（滋賀県余呉町）に着陣した。

一方の秀吉も弟の羽柴秀長《ひでなが》をはじめ丹羽長秀《にわながひで》、池田恒興《いけだつねおき》、堀秀政《ほりひでまさ》らの大軍を引き連れ近江に入り、長浜を経て十七日には柳ケ瀬にほど近い木之本に着陣する。

山岳戦を得意とする勝家は急峻な山岳地帯に陣を張り、平地戦を得手《えて》とする秀吉は平野部に本陣を置いた。そのまま双方はにらみあいの膠着《こうちゃく》状態が続く。兵力は勝家軍二万に対し秀吉軍は五万ほどとみられている。

四月半ばになって、秀吉が動いた。岐阜にいる信孝が再び挙兵したことから、その攻略に向かったのである。このときの留守をつく形で勝家軍の佐久間盛政が、大岩山の砦に布陣する中川清秀《きよひで》に奇襲をかけた。激戦四時間の末、火攻めが奏効し、大岩山砦は佐久間勢に占拠される。

事前の作戦では佐久間勢はここでいったん撤収するはずだった。ところが、勝利

●賤ヶ岳の戦いの勢力図

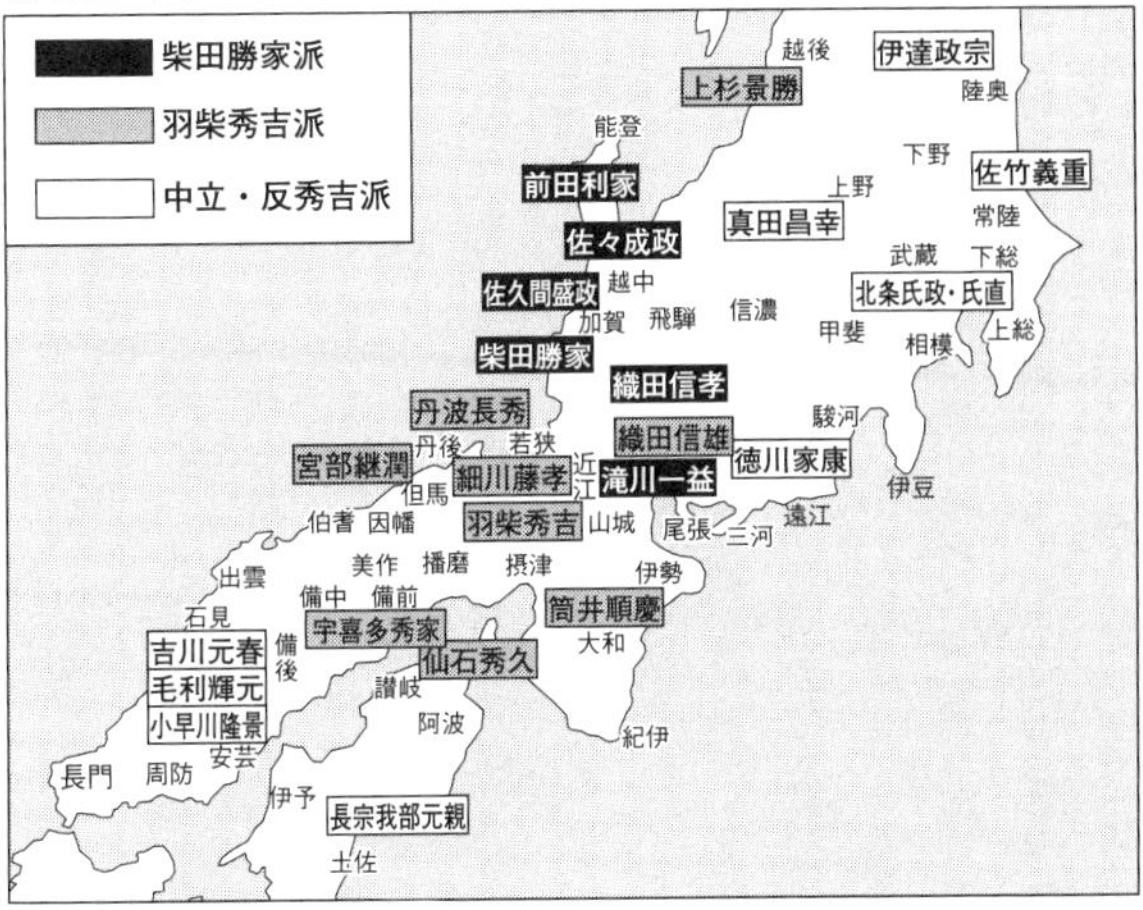

に酔った盛政は中川勢を深追いして賤《しず》ヶ岳《がたけ》まで攻め込もうとした。これに驚いた勝家は秀吉が岐阜から戻ってくるのを恐れ、盛政に使者を送って撤収を命じた。しかし、盛政はその命令を無視。この盛政の独断が勝敗の分かれ目となった。

◆「われ、勝てり！」

四月二十日の正午ごろ、美濃《みの》（岐阜県）大垣城にいた秀吉は佐久間勢によって大岩山砦が落とされたという報告に接する。その時、ちょうど食事中だった秀吉は思わず箸を取り落とし、

「われ、勝てり!」

と叫んだと諸書は伝えている。

即座に木之本へ急行する秀吉軍。大垣から木之本までは五十キロメートル強の道程だが、これを秀吉軍は五時間で走破した。

秀吉は明智光秀を討った時の「中国大返し」に次ぐ、人生二度目の大返しをここで行ったのである。

この強行軍を成功に導いた立役者こそ、秀吉が片腕とも頼む石田三成《いしだみつなり》である。三成は事前にこうなることを予測し、街道沿いの村々に命じて松明《たいまつ》と握り飯を用意させていたのだった。

さらにまた、敵の勢力を分散させたのも三成の手柄だ。合戦の前に三成は越後(新潟県)の上杉景勝《うえすぎかげかつ》と密約し、勝家軍が越前から出陣した際はその背後を襲ってくれるよう依頼していた。しかも、そのことをあえて勝家の耳に入るよう仕向けたため、勝家はかなりの兵力を上杉軍の牽制《けんせい》のために割《さ》かねばならなかったのである。

秀吉軍が戻るのは早くても二十一日の夕刻であると判断していた佐久間勢は、眼前に奔流《ほんりゅう》のごとく押し寄せてくる秀吉軍を見て、仰天した。秀吉軍の勢いに押され、あわてて撤退する佐久間勢。それと見て、勝家軍の要《かなめ》であった前田利家《まえだとしいえ》隊が戦線を離脱する。

これは秀吉があらかじめ手を回して前田利家を味方につけていたからである。利家は勝家の与力という立場だったが、秀吉とは若い頃からの親友同士で、律儀者の利家には親友を裏切ることはどうしてもできなかったのだ。前田隊の離脱を知り、ほかにも寝返る者が続出。これにより、戦いは秀吉軍の圧勝に終わった。

勝家は北ノ庄城に落ちるものの、秀吉軍はこれを追撃。二十四日には北ノ庄城に猛攻をかけ、城を陥落させた。勝家は燃え盛る炎の中で夫人お市《いち》の方《かた》とともに生涯を閉じたのである。

●賤ケ岳の合戦図

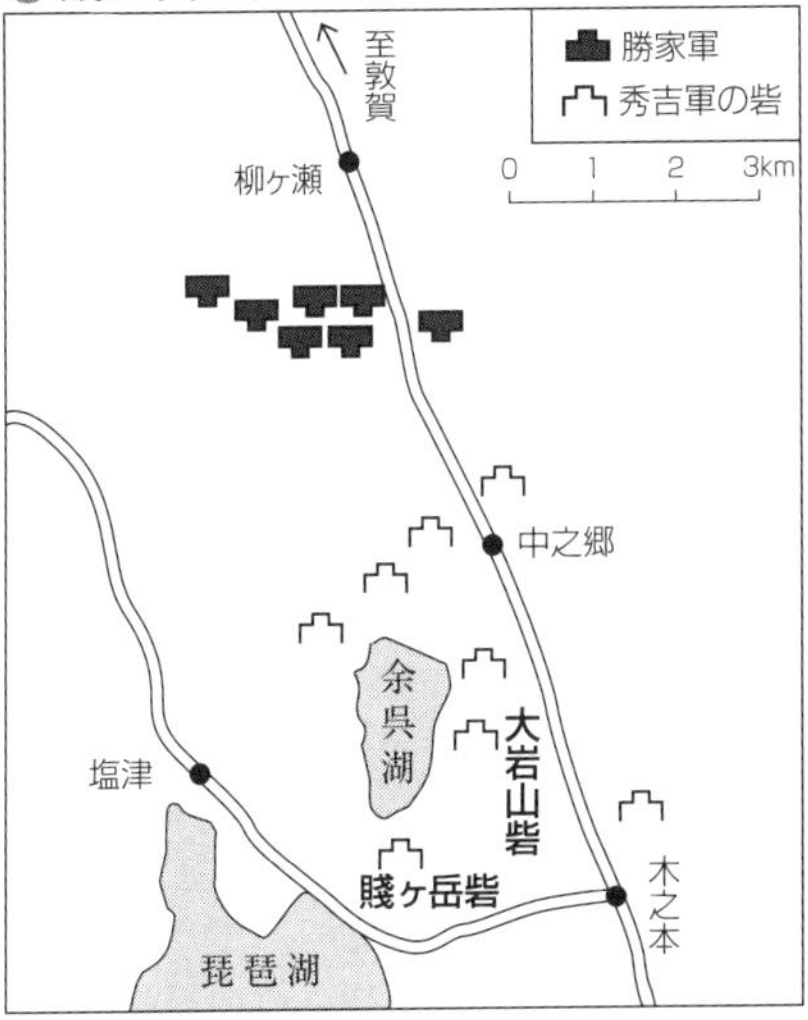

秀吉と家康が激突した最初で最後の合戦 一五八四年（天正十二）

天下の覇権を懸け、秀吉と家康が争った最初で最後の戦い。この戦いに勝利したのは家康だった。しかし、戦った二年八カ月の間に秀吉が失ったものは何一つなかった。終わってみれば秀吉の一人勝ちだった。

◆秀吉との一戦を決意した家康

一五八三年（天正十一）の賤ケ岳《しずがたけ》の戦いで柴田勝家《しばたかついえ》を破った羽柴秀吉《はしばひでよし》はその後、着々と天下人としての足場を固めていった。こうした秀吉の台頭にあからさまに反発の態度を示したのが、信長の次男北畠《きたばたけ》（織田）信雄《のぶかつ》と徳川家康《とくがわいえやす》だった。

信雄は賤ケ岳後、伊賀《いが》・伊勢《いせ》・尾張《おわり》の三国を領し、長島城（三重県長島町）を居城としていた。一方、家康は今や三河《みかわ》・遠江《とおとうみ》・駿河《するが》・甲斐《かい》・信濃《しなの》の五カ国を領する大勢力となっていた。

領土を接する両者は急速に接近、互いに天下をうかがう素振りを隠し、一致協力して秀吉の勢いに歯止めをかけようとしたのである。

翌年三月六日、信雄が三人の家老を斬り殺すという事件を起こす。三家老が秀吉によって懐柔されかかったことが原因だった。信雄討伐《とうばつ》の大義名分を得た秀吉は即座に兵を伊勢に送った。あわてた信雄は家康に救援を求めた。家康はその要請にこたえ、秀吉との一戦を決断する。

十三日、家康は清洲城で信雄軍と合流し、軍議を練った。家康・信雄連合軍にとって誤算だったのは、もともと信雄方に与《くみ》していた美濃《みの》大垣城の池田恒興《いけだつねおき》が秀吉方についたことだ。しかも、恒興は秀吉に帰属する手土産として信雄の支配下にある犬山城を奪取したのである。

今後、犬山城を拠点として秀吉軍が攻め込んでくることは明白だった。そこで家康は秀吉軍を食い止めるため小牧《こまき》山に本陣を定めた。小牧山は尾張平野を一望できる標高八十六メートルの小丘陵である。

この時、秀吉軍十万に対し、家康・信雄連合軍三万と伝えられる。家康は甲斐・信濃・駿河・遠江にも備えとして兵を割いており、充分な兵力を率いてこれなかったのである。

十七日になって、秀吉方の美濃兼山《かねやま》城主・森長可《もりながよし》が功を焦って家康方の酒井忠次《さかいただつぐ》に戦を挑み、敗北する。これが「小牧《こまき》・長久手《ながくて》の戦い（羽黒の陣）」だ。秀吉は長可の敗報に接すると、二十一日、自ら大坂城を出発し、犬山城と小牧山城のほぼ中間にあたる楽田《がくでん》に本陣を定めた。小牧山とは約五キロメートルの距離である。

その後、こう着状態が続くが、四月に入って、池田恒興が羽黒の陣で敗れた女婿《むすめむこ》の長可の恥辱をそそぐため、秀吉にある作戦を進言した。家康が小牧山に釘付けになっている間に、本拠地の三河を攻めたらどうかという提案だった。恒興としては自分が秀吉の子飼いでないだけに、一つでも多く手柄を立てておきたいと考えたのだろう。

◆秀吉の別働隊の動きを察知した家康

秀吉は最初、無謀な計画だとしてそれを許さなかったが、甥《おい》の秀次《ひでつぐ》までが「自分がその総大将になりたい」と申し出たため渋々許可する。こうして秀次、池田恒興、森長可らが指揮する一万六千の特別攻撃隊が編成され、四月六日深夜、ひそかに三河へ急行した。

ところが、家康は歴戦のつわもの、この別働隊の動きを察知する。そもそも一万六千もの大軍を編成したことが失敗だった。これで目立つなというほうが無理な注文だ。一説に、故織田《おだ》信長《のぶなが》の遺徳を慕う農民が、信雄に勝たせたいがために注進に及んだという。

●小牧・長久手の合戦図

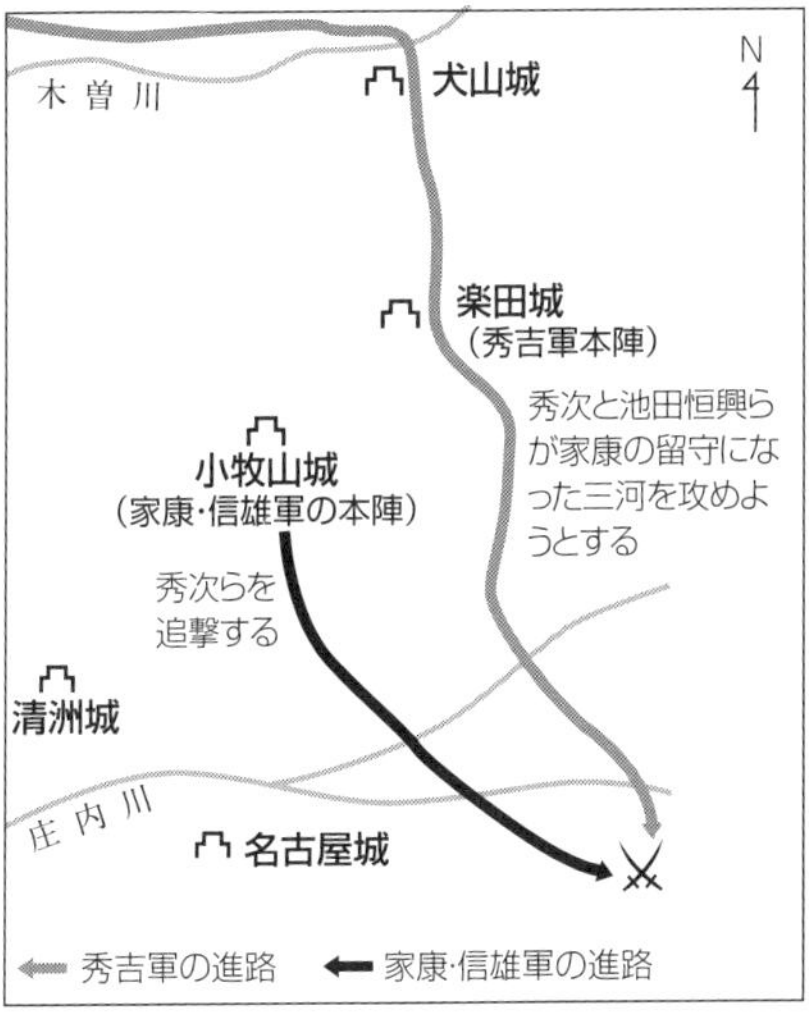

家康はただちに榊原《さかきばら》康政《やすまさ》や大須賀《おおすが》康高《やすたか》らに四千五百の兵をつけて先発させ、自身も九千の兵を率い、秀次軍を追撃した。そして九日未明、長久手のあたりで南北に長く伸びきっていた秀次軍を左右から挟み撃ちにする。この不意打ちが見事に当たり、秀次軍は混乱の極に達する。

大将の秀次はからくも逃げ帰ることができたが、乱戦の中で池田恒興と森長可は戦死してしまう。この戦いで、秀次軍は二千五百余、家康軍は五百余の戦死者を数えたという。

◆戦いに敗れた秀吉が最後に笑う

その日の昼前には楽田にいる秀吉のもとに秀次軍の大敗が知らされた。秀吉はすぐに大軍を率い、長久手方面をめざすが、家康が小牧山に引き返しつつあることを知ると、途中で楽田に戻ってしまった。

その後、小競り合いはあったものの、決定的な戦闘が行われないまま夏から秋を迎えた。ここで一計を案じた秀吉が、北畠信雄を懐柔する作戦に乗り出す。

長引く戦に飽きていた信雄は迷うことなくこれに飛びついた。いかにも苦労知らずで育った御曹子《おんぞうし》らしい淡泊な身の処し方であった。十一月に入って、信雄は家康に無断で秀吉との間で講和を結んだ。

これを聞いて、もちろん家康は怒ったが、あとの祭だ。家康の立場としては信雄に頼まれてこの一戦に参加しただけに、その信雄が舞台を下りてしまってはもう戦を続ける大義名分が無くなってしまった。

そこで、家康はやむなく次男於義丸《おぎまる》（のちの結城秀康《ゆうきひでやす》）を養子に差し出して秀吉と和睦する。

しかし、家康は上洛して秀吉に臣下の礼をとることだけは頑強に拒んだ。すると秀吉は妹の旭姫《あさひひめ》を家康の妻という形で人質に送り、続いて母親までも送り込んだ。これにはさすがの家康も折れた。

一五八六年十月、家康はついに上洛し、秀吉に臣従を誓うのだった。

この小牧・長久手合戦では、秀吉は表面的には家康に敗れたものの、結果的には織田家の力を削ぎ、家康を臣従させることにも成功した。戦術で負け、戦略で勝ったと言われる所以《ゆえん》である。

九州征伐　一五八七年（天正十五）

秀吉の九州平定を決定づけた高城の戦い

豊臣秀吉が九州一円を平定するため、その最大の抵抗勢力であった薩摩島津氏の攻略に乗り出した戦い。かつての「耳川の戦い」の再現を狙った島津義久だったが、相手（豊臣軍）は一枚も二枚も上手だった。

◆三十万の大軍が島津を襲う

徳川家康《とくがわいえやす》と争った「小牧《こまき》・長久手《ながくて》の戦い」から二年後、すなわち一五八六年（天正十四）九月、その前年に従一位関白に任官していた羽柴秀吉《はしばひでよし》は朝廷から「豊臣《とよとみ》」の姓を賜《たまわ》り、以来、豊臣秀吉を名乗る。この時点で、秀吉に抵抗する勢力は日本国内で、奥州《おうしゅう》の伊達《だて》氏、小田原の北条《ほうじょう》氏、薩摩《さつま》の島津《しまづ》氏くらいであった。

このうち、秀吉がもっとも制圧に手を焼いたのが、島津氏だった。こちらは源《みなもとのよりとも》頼朝以来の名家であって、成り上がりの秀吉如きに膝を屈してなるものか、と薩摩隼人《はやと》らしい意固地さで秀吉の軍門に降《くだ》ることを拒んだのである。

島津氏を制圧しないことには九州一円の平定は望めないと判断した秀吉は、同年十二月、九州征伐（島津征伐）の軍令を発した。こうして秀吉自ら三十万近い大軍を率いて、九州に出陣する。

この九州征伐のハイライトとも言うべき戦いが、日向《ひゅうが》（宮崎県）高城《たかじょう》をめぐる攻防戦だ。島津方にとっては、かつて九州の覇権《はけん》を懸《か》け、豊後《ぶんご》（大分県）の大友宗麟《おおともそうりん》の軍と戦った、いわゆる「耳川《みみかわ》の戦い」においてその猛攻を寡勢《かぜい》で防ぎ切った縁起の良い城だ。そんな九州を代表する堅城、高城を豊臣軍は一体、どうやって落とすことができたのだろうか。

◆かつて大友軍を破った高城を防衛拠点に

耳川の戦いから八年後の同年、大友宗麟は日々強まる薩摩方の脅威に抗しきれなくなり、大坂城に出向いて豊臣の傘下に入ることを条件に秀吉に応援要請を行った。

そこで秀吉は島津義久《よしひさ》に対し、停戦命令を出したが、義久はそれを無視し、かえって豊後への攻撃を激化させる始末だった。これに怒った秀吉が、このたびの「九州征伐」を決断したのだった。

一五八七年の春三月一日、豊臣秀吉は九州を目指して大坂城を出発した。総勢約十二万。このときの秀吉のいでたちは、緋縅《ひおどし》の鎧《よろい》に鍬形《くわがた》の兜《かぶと》、赤地に錦の直垂《ひたたれ》を着た、なんとも華やかなものだった。この軍に従ったのは前田利長《まえだとしなが》（利家《としいえ》の嫡男）、蒲生氏郷《がもううじさと》、堀秀政《ほりひでまさ》、佐々成政《さっさなりまさ》、浅野長政《あさのながまさ》らで、軍需品調達などを行う兵站《へいたん》は石田三《いしだみつ》成《なり》、大谷吉継《おおたによしつぐ》、長束正家《なつかまさいえ》らが担当した。留守は養子の秀次《ひでつぐ》と盟友・前田利家に託しており、後顧の憂いはなかった。

これに先立つ一カ月前の二月十日、秀吉の異母弟・豊臣秀長《ひでなが》が、領国の大和《やまと》（奈良県）郡山《こおりやま》を先発していた。秀長軍は三月上旬に長門《ながと》（山口県西部）赤間《あかま》に至り、ここで秀吉軍と合流し、軍議を開いている。この軍議で、秀長軍は豊後・日向を経て薩摩に侵攻し、秀吉の本軍は西九州の筑前《ちくぜん》（福岡県北西部）・肥後《ひご》（熊本県）を経て薩摩に向かうことが再確認されたという。

秀長軍は豊前《ぶぜん》小倉を経て豊後に入ると、前年の暮れより滞陣していた毛利勢と合流する。こうして秀長軍は秀吉の本軍をしのぐ十五万を数える大軍に膨れ上がったのである。これは秀吉が、日向攻略こそがこのたびの九州征伐の成否を分けると考えていたからにほかならなかった。

さて、島津――。秀吉が三十万近い大軍を率いて九州に押し寄せてくるというので、その年の一月から着々と豊後からの撤退を始めていた。義久は、慣れない土地よりも地の利がある日向で戦うことを選び、かつて大友軍を打ち破った高城を防衛拠点と定めたのである。

日向路に入った秀長軍は、県《あがた》城（宮崎県延岡市）を経て、三月二十九日に松尾城（同所）を落とすと、そのままの勢いで耳川を渡り、四月六日には高城に達した。

秀長は、高城の備えを望観し、彼もまた百戦錬磨の将だけに一瞬でそれが堅城であることを悟った。ここは力攻めよりも、じっくり時間をかけて兵糧《ひょうろう》攻めをとったほうが上策と判断した秀長は、高城の南側に位置する根白坂《ねじろざか》を前線基地に定め、秀吉の信任厚い宮部継潤《みやべけいじゅん》に城砦《じょうさい》造りを命じた。

根白坂は、島津軍が高城の救援に駆けつけるときに必ず通る場所で、まずここに攻め込むはずと秀長はにらんだのである。さらに秀長は、高城の周りに五十一もの砦《とりで》を築かせ、自身の兵に毛利輝元《もうりてるもと》、小早川隆景《こばやかわたかかげ》、宇喜多秀家《うきたひでいえ》らの兵を加えた総勢八万で十重二十重《とえはたえ》に城を包囲させたのである。

島津義久はこの時、高城の南西十五キロメートルほどの距離にある都於郡城《とのこおり》（宮崎県西都市）にいたが、高城が孤立したとの一報を受け、弟二人（義弘《よしひろ》と家久《いえひさ》）を引き連れ、二万の軍勢で救援に向かった。四月十七日夜のことである。義久にすれば、ここまではかつての耳川の戦いと展開が似ていたため、十分に勝算はあると踏んだうえでの出撃だった。

◆「秀吉軍強し」の噂が九州をかけめぐる

島津軍は夜道を駆けて高城に迫ると、秀長が読んだ通り、根白坂の城砦に奇襲攻撃を仕掛けた。島津兵は夜陰に乗じてわれ先に砦の塀を乗り越えようとしたが、宮部方の備えは万全だった。塀の上から槍《やり》や薙刀《なぎなた》、鉄砲、弓矢で応戦し、下の空堀に島津兵をどんどん突き落としていった。

ころあいを見て、宮部継潤が号令をかけると、塀がどっとばかりに崩れ落ちたではないか。あらかじめ継潤は、塀に一瞬で倒れるような細工を施していたのである。このときの攻防戦で、島津兵八百余が押し潰されて犠牲になったという。

それでも勇猛果敢な島津勢は十八日未明には塀を突破し、継潤の陣中深く突入した。しかし、これは秀長方の罠《わな》だった。このときを待っていた秀長、藤堂高虎《とうどうたかとら》、黒田孝高《くろだよしたか》、小早川隆景らの兵が島津軍の後方をぐるりと取り囲み、鉄砲による一斉射撃を開始したのである。

これにはさすがの島津勢もたまらず、総崩れとなった。義久と義弘は都於郡城へ、家久も砂土原城（宮崎市砂土原町）へ退《しりぞ》いた。こうして島津軍の一か八かの奇襲は大失敗に終わったのである。

秀長は、義久が都於郡城に戻ったことを知ると、さっそく降伏を勧告する使者を出した。この勧告に対し、義弘などはあくまで徹底抗戦を主張したが、義久は島津家の未来を思い、義弘ら急先鋒の意見を押さえ込んだ。

四月二十一日、義久は自身の三女を秀長へ人質に差し出し、和を乞《こ》うと、二十九日には高城を明け渡した。さらに、五月一日には都於郡城の陣を解き、兵を薩摩へ引き揚げさせた。こうして豊臣秀長による日向攻略は完結したのである。

さて、秀吉の動向だが、長門赤間で弟秀長と別れた後、そこから船で関門海峡を渡って筑前に入った。そして手始めに島津方の秋月種実《たねざね》が守る豊前岩石城《がんじゃく》（福岡県田川郡）と筑前古処山城《こしょさん》（同・朝倉市）をあっさり攻略する。この古処山城攻めにおいて秀吉は、お得意の一夜城まで造り、敵の戦意を削《そ》ぐことに成功している。

秀吉軍は四月十日に筑後高良山《ちくごこうらさん》（同・久留米市）を抜け、十六日には肥後隈本《ひごくまもと》（熊本県）に入ると、ここで進路を陸海二手に分け、秀吉自身は船で薩摩に上陸した。岩石城をわずか一日、古処山城を三日で落としたことで、「秀吉軍強し」の噂はすでに九州全域を駆けめぐっており、行く先々でそれまで島津に味方していた各地の勢力は芒《すすき》の穂が風に靡《なび》くが如く次々と恭順の意を表明したという。

五月八日になり、川内《せんだい》（鹿児島県北西部）の真言宗泰平寺《たいへいじ》に本陣を置いていた秀吉のもとに、頭を丸めて僧衣を身にまとった薩摩の総大将島津義久が訪ね、降伏を申し出た。秀吉はそんな義久を赦《ゆる》し、薩摩の支配を従来通り認めた。このときの秀吉は秘蔵する天下の名刀三条宗近《さんじょうむねちか》を義久に引き出物として与えるほどの寛大さだったという。

こうして豊臣秀吉による九州平定はなった。帰路についた秀吉の頭の中は、残る抵抗勢力である小田原の北条氏と奥州の伊達氏の攻略に向けてめまぐるしく回転していたのだった。

小田原城攻防戦　一五九〇年（天正十八）

秀吉が満天下に見せつけた、空前絶後の攻城戦

豊臣秀吉の天下統一を決定付けた戦い――それが小田原合戦だ。西国を平定した秀吉の目は次に関東と奥州という東国に向けられた。小田原の北条氏を落とせば東国全体がなびくと考えた秀吉は、ある奇抜な作戦を敢行する。

◆関東の覇者・北条の気概

本能寺の変から四年後の一五八六年（天正十四）、羽柴秀吉《はしばひでよし》は太政《だじょう》大臣となり「豊臣《とよとみ》」の姓を朝廷より賜る。

このとき五十歳。天下統一をもくろむ秀吉はこのころ近畿、北陸、中国、四国を平定、翌年には薩摩（鹿児島県）の島津義久《しまづよしひさ》が降伏したことで、西国をすべて掌握。残るは関東から東だけとなった。

そこで秀吉は小田原の北条氏政《ほうじょううじまさ》・氏直《うじなお》父子《おやこ》に使者を送り、上洛して自分に臣従

の礼をとるよう促した。しかし、北条父子はこれを無視したばかりか、秀吉が調停した真田昌幸《さなだまさゆき》の上州名胡桃城《なぐるみ》（群馬県みなかみ町）を奪ったのである。

始祖・北条早雲《そううん》以来、氏綱《うじつな》、氏康《うじやす》、氏政《うじまさ》、そして当代氏直まで五代続いているわが北条家は関東の覇者であり、ぽっと出の秀吉ごときに膝を屈してなるものかという強い自尊心が秀吉への臣従を拒んだのである。

これにより小田原攻略の大義名分を得た秀吉は、総勢二十二万の大軍を率いて京都を進発した。一五九〇年三月一日のことだ。内訳は、先鋒となる徳川軍三万、北陸から関東に進攻する前田・上杉軍三万五千、瀬戸内や紀伊・伊勢の水軍一万余、毛利軍一万余、そして秀吉本隊として十四万という、日本戦史上、未曾有《みぞう》の大軍団だ。一方の北条だが、農民まで徴発したものの、五～六万がやっとであった。

「秀吉来たる」の報に北条方は連日軍議を開き、対抗策を練った。しかし、城に籠って戦うべきか、それとも打って出て箱根山で迎撃するかで意見が二分し、結論はなかなか出なかった。結果的に籠城することに決まったが、ここから後世、長引くだけで意見がまとまらない会議を「小田原評定《ひょうじょう》」と言うようになった。

小田原城は平安末期、土肥実平《どいさねひら》の子、小早川遠平《こばやかわとおひら》が築城したのが起源とされる。

南北朝時代まで小早川、土肥氏の居城であったが、一四一六年（応永二十三）の「上杉禅秀《ぜんしゅう》の乱」で扇谷《おうぎがやつ》上杉氏の重臣であった大森頼明《よりあき》に属し、大森氏五代八十年の居城となる。

一四九五年（明応四）、戦国時代の幕開けを告げた男・北条早雲が城を奪い、以来、北条氏の居城となった。早雲に始まるこの北条氏を「後北条《ごほうじょう》」というが、これは鎌倉時代、執権の座にあった北条氏と区別するためだ。

早雲以来、城は拡張と整備が続けられ、天下一の堅城となった。一五六一年（永禄四）には長尾景虎《ながおかげとら》（上杉謙信《けんしん》）が、一五六九年には武田信玄《たけだしんげん》がそれぞれ大軍で包囲したが落とせず、すごすごと引き揚げている。そうした背景があっただけに北条方は今回の秀吉軍の場合も補給が切れて途中であきらめて引き下がるだろうと楽観視していた。

しかし、豊臣秀吉の権力や軍事力は上杉や武田と比べようもないほど巨大だった。そこに気付かなかったことが北条方の敗因となった。

秀吉軍は箱根山を越え、四月二日には小田原城の包囲を始めた。当時の小田原城は土塁と堀によって囲われた一つの大きな町であり、外郭の周囲は約十キロメートルもあったと言われている。

秀吉軍に囲まれていても神社の門前には毎日市が立つほどで、城内にはおよそ悲愴感はなかった。そこで秀吉は城内の兵たちの戦意が鈍るのを気長に待つことにした。その一方で、小田原城の西方三キロメートルの石垣山に城郭を築き始める。すなわちこれが「太閤《たいこう》一夜城」である。

長期戦を覚悟した秀吉は愛妾淀殿《よどどの》を陣中に呼び、諸大名にも妻女を呼び寄せることを勧めた。そして、千利休《せんのりきゅう》と茶の湯三昧《ざんまい》の日々を過ごす。ここが陣中とはとても思えない秀吉の余裕ぶりだった。

しかし、抜け目がない秀吉はその間にもちゃんとやることはやっていた。諸大名に命じて周辺に散らばる北条方の支城の攻略に乗り出したのだ。

◆天下統一をなし遂げた秀吉

いずれも城主や城兵の多くは小田原本城に籠城していたため、激戦を展開した松井田城（群馬県松井田町）と八王子城（東京都八王子市）以外はあっさり陥落した。

こうして、残るは小田原城と武蔵忍城《おしじょう》（埼玉県行田市）のみとなった。

小田原城に籠もる北条方はその間、指をくわえて何もやっていなかったわけではない。最も力を入れたのが、情報操作だ。つまり、秀吉軍内部に間者（スパイ）を放ち、「家康《いえやす》と織田信雄《おだのぶかつ》が北条方に内通している」という噂を立てさせたのである。たしかに家康と織田信雄は六年前に小牧《こまき》・長久手《ながくて》において秀吉と戦っており、そうした噂が出たとしても不思議はなかった。この噂を耳にした秀吉はただちに行動に移る。二人の陣中を訪ねて茶会を催すことで、その風評が根も葉もないことを証明してみせたのである。まことに秀吉ならではの見事なパフォーマンスだった。

●小田原の合戦図

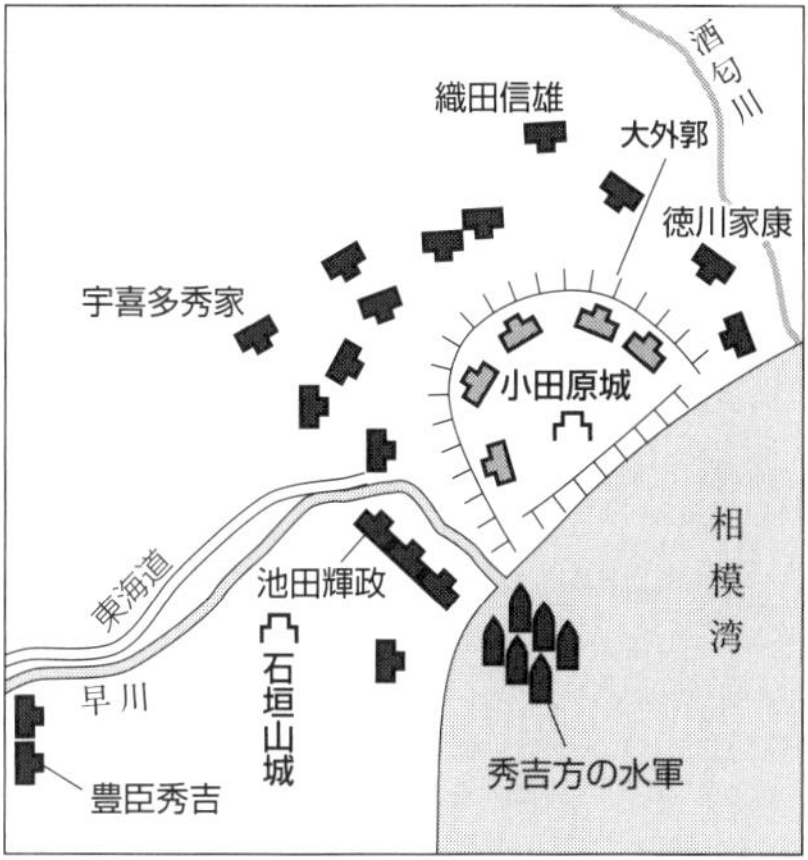

　頼みとする支城が次々に落とされ、秀吉軍内部への反間策も失敗し、小田原城内の士気はいよいよ低下した。重臣の中から内通者が出るまでになる。

そして、北条方の戦意を決定的に喪失させたのが、石垣山城の完成だった。城は六月二十六日に完成し、その日の夜のうちに小田原城からの視線を遮っていた前方の樹木が切り倒された。

北条方は突然出現した大城郭を眼前にして、蜃気楼《しんきろう》を見るような錯覚にとらわれたに違いない。秀吉という男が持つ途方も無い力を思い知らされ、北条方はとうとう降伏を決意する。

七月五日、氏直は家康の陣所を訪ね、自分が切腹するかわりに城に立て籠る兵たちの助命を願い出た。家康にとって氏直は女婿《むすめむこ》にあたる。家康との関係悪化を懸念した秀吉は氏直を許し、高野山へ追放した。

しかし、父の氏政や重臣数人には切腹を命じ、五代百年に及んだ後北条氏はついに滅ぶ。

北条氏と並び、東国の大立者《おおだてもの》であった伊達政宗《だてまさむね》だが、この小田原合戦のさなか、秀吉のもとに頭を下げに来ており、所領を安堵《あんど》されている。関東と東北の仕置きが成ったことで、ここに秀吉の天下統一は完成をみたのである。

文禄の役　一五九二年（文禄元）／慶長の役　一五九七年（慶長二）

秀吉が朝鮮半島に攻め込んだ本当の理由

低い身分から天下人にかけ上がった豊臣秀吉の人気は今なお高い。しかし、それは天下人になるまでの秀吉で、権力を握ってからの秀吉はむしろ不人気だ。特に晩年の朝鮮出兵こそは愚行以外のなにものでもなかった。

◆秀吉が「唐入り」を決断した理由

一五九二年（文禄元）正月、豊臣秀吉《とよとみひでよし》は全国の諸大名に向け、朝鮮侵略の動員令を発した。兵は九軍に編成され、合計約十四万人を数えた。

このほか、渡海はしないものの朝鮮侵略の拠点として築いた肥前名護屋城《ひぜんなごや》（佐賀県唐津市）にはほぼ同数の兵が駐屯《ちゅうとん》していた。まさに、国を挙げての大戦であった。

日本軍はその年の四月から次々に朝鮮へ渡っていった。秀吉はこうした「唐入り《からい》」を二度にわたって行っており、このときが第一次進攻、すなわち「文禄の役《ぶんろくのえき》」である。

一体、秀吉はなぜこんな馬鹿げたことを思い付いたのか、それは今日まで大きな謎だ。秀吉が唐入りを周囲の者に言い出したのは、関白に就任した年（一五八五年）のことだった。

一般に、秀吉一流の誇大妄想癖が高じたものと言われているが、共通の敵を作ることで国内統一を図る狙いもあったようだ。

いずれにしろ、こうして唐入りは断行された。四月十二日、小西行長《こにしゆきなが》や宗義智《そうよしとし》ら第一軍一万八千七百が兵船七百余艘で対馬《つしま》大浦を発し、朝鮮の釜山《プサン》浦に入った。日本軍はすぐに釜山城を包囲すると、その日のうちに陥落させた。

その後、続々と上陸した日本軍は三つの道に分かれ国都漢城（ソウル市）めざして進攻する。途中、忠州というところで朝鮮軍八千に迎撃されたが、日本軍はこれを全滅させた。そして、五月二日には第一軍と加藤清正《かとうきよまさ》、鍋島直茂《なべしまなおしげ》らが率いる第二軍が漢城を占領する。

しかし、そんな日本軍も朝鮮民衆が蜂起《ほうき》してゲリラ戦を展開するや次第に追い詰められていく。しかも、七月九日には日本水軍一万七千が朝鮮の名将・李舜臣《りしゅんしん》率いる水軍によって壊滅させられてしまう。これがため制海権を奪われ、食料補給はままならなくなる。

九月には明《みん》（中国）の軍が朝鮮軍の加勢に駆けつけ、戦いはますます泥沼化していった。翌年正月七日、明の李如松《りじょしょう》を総司令官とする大軍が、小西行長《こにしゆきなが》が占拠する平壌《ピョンヤン》を攻め、小西隊を駆逐する。

同月二十六日、今度は小早川隆景《こばやかわたかかげ》の軍が明軍を破った。ここに至り、和議の動きが出始め、やがて自然休戦となる。

こうして日本と朝鮮との間で講和交渉が始まるわけだが、秀吉の出した条件は「朝鮮の皇子《おうじ》および大臣を人質にする」など、何とも手前勝手なものだった。

一五九六年（慶長元）九月、秀吉は大坂城において明の使節を引見する。秀吉は明皇帝から贈られた王冠をつけ、赤装束を着て上機嫌だった。ところが、歓迎の宴会が終わって明皇帝からの勅書《ちょくしょ》を読ませたところ、表情が一変した。勅書には、

「特に爾《なんじ》を封じて日本国王と為《な》す」

とあるだけで、秀吉が先に要求した講和条件については一切触れられていなかったからだ。それまでの上機嫌はどこへやら、激怒した秀吉は再び「唐入り」を諸将

に発令する。これが「慶長《けいちょう》の役《えき》」で、翌年七月から進攻が始まった。

◆「実」のなかった出兵

日本軍約十四万は朝鮮半島に上陸すると、兵士・市民を問わず手当たり次第に殺《さつ》戮《りく》しながら北進した。討ち取られた朝鮮人兵士や市民は首のかわりに耳・鼻を削《そ》がれ、塩漬けにされて日本へ送られた。

また、この朝鮮の役では諸大名は朝鮮人の捕虜のうちからかなりの人数の陶工を日本に連れ帰っている。現在の萩焼《はぎやき》（山口県）や上野焼《あがのやき》（福岡県）の基盤は実はそうした彼らが築いたものなのだ。

次第に、日本軍の食料補給はまたも滞るようになり、戦いは一進一退となる。厳寒期、明の大軍によって蔚山《うるさん》城に閉じ込められた加藤清正《かとうきよまさ》隊などは城の壁土や軍馬まで食べ、飢えをしのいだという。

翌年八月十八日、秀吉が伏見城で死去する。留守を預かる徳川家康《とくがわいえやす》ら五大老はただちに朝鮮にいる日本軍に撤退命令を出し、ここに七年間に及ぶ愚かしくも無益な戦いは終結する。

慶長の役

隊　長	兵　数
第1軍　小西行長隊ら	1万4700
第2軍　加藤清正隊ら	1万0800
第3軍　黒田長政隊ら	1万0800
第4軍　鍋島直茂隊ら	1万2000
第5軍　島津義弘隊ら	1万0800
第6軍　長宗我部元親隊ら	1万3200
第7軍　蜂須賀家政隊ら	1万1100
第8軍　宇喜多秀家隊ら	4万0800
第9軍　小早川秀秋隊ら	2万0800

総兵数…約14万人

文禄の役

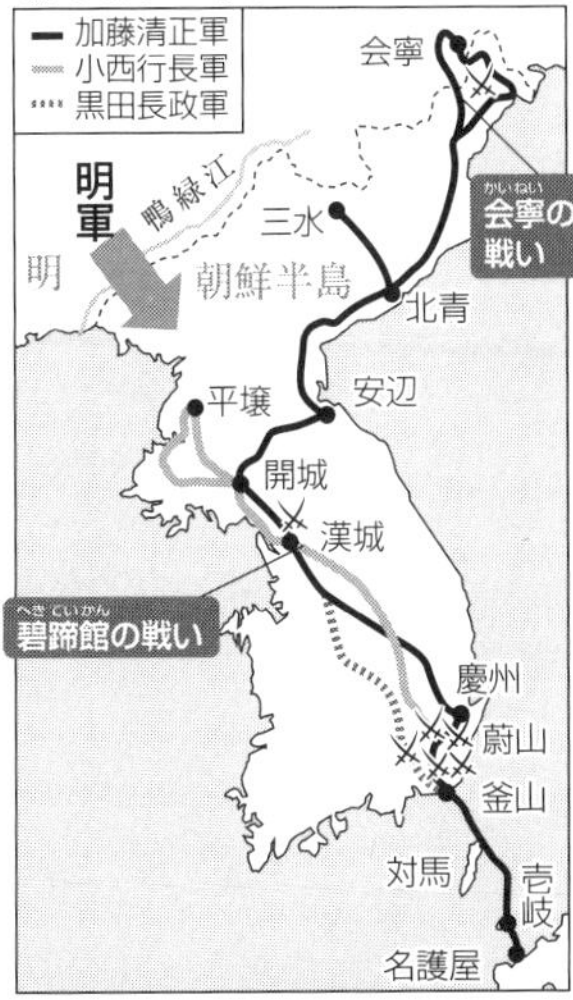

隊　長	兵　数
第1軍　小西行長隊ら	1万8700
第2軍　加藤清正隊ら	2万2800
第3軍　黒田長政隊ら	1万1000
第4軍　島津義弘隊ら	1万4000
第5軍　福島正則隊ら	2万5000
第6軍　小早川隆景隊ら	1万5700
第7軍　毛利輝元隊ら	3万0800
第8軍　宇喜多秀家隊ら	1万0800
第9軍　羽柴秀勝隊ら	1万5000

総兵数…約16万人

岐阜城の戦い　一六〇〇年（慶長五）

関ヶ原の前哨戦の知られざる顚末

関ヶ原合戦の前哨戦。戦国屈指の堅城に対しがむしゃらに攻めかかる福島正則、池田輝政ら東軍勢。城に籠るのは織田信長の嫡孫・織田秀信。福島正則らには一刻も早く城を落とさなければならない理由があった――。

◆美濃の要に位置した岐阜城

美濃《みの》岐阜城は、標高三百二十九メートルの金華山《きんかざん》上に築かれた山城だ。美濃は古来、京と関東を結ぶ重要な交通路として栄えた地理的・政治的に重要な地域であり、その美濃の要《かなめ》が岐阜城であった。鎌倉時代に西国勢力をおさえるため、ときの幕府が築城し、室町時代になって美濃国守護代斎藤利永《としなが》が修復、当時、金華山は稲葉山と呼ばれていたことから、稲葉山城と称した。

戦国時代に入り、この稲葉山城（当時は井ノ口城と称す）を居城としたのが、美濃の蝮《まむし》こと斎藤道三《どうさん》である。一五五四年（天文二十三）、道三は家督を嫡子《ちゃくし》義龍《よしたつ》に譲り、自らは隠居する。ところが、心穏やかな隠居生活は長くは続かなかった。やがて義龍と対立を深め、「長良川の戦い」（一五五六年）において義龍軍と戦い、道三は討ち死にしてしまう。

その五年後、義龍が三十五歳の若さで病没すると、家督は子の龍興《たつおき》が継ぎ、稲葉山城の新しい主となった。この龍興は父義龍や祖父道三に似ない凡庸《ぼんよう》な殿さまで、そこにつけ込んだのが、隣国尾張《おわり》（愛知県）の織田信長《おだのぶなが》である。

一五六七年（永禄十）、織田軍に攻められた稲葉山城は、斎藤家の重臣の裏切りもあって、わずか半月ほどで落城し、龍興は命からがら他国へ亡命する。その後、尾張と美濃の二カ国を手に入れた信長は稲葉山城を居城とし、名も岐阜城と改めた。信長はこのころから「天下布武《ふぶ》」の朱印を使うようになったという。

信長は一五七六年（天正四）、岐阜城を嫡男信忠《のぶただ》に与えると、自らは琵琶湖東岸に新築した安土《あづち》城へと移る。結局信長はこの岐阜城に足掛け十年いたことになる。

本能寺の変（一五八二年六月）で信長・信忠父子《おやこ》が亡くなると、信長の三男信孝《のぶたか》が城主となる。しかし、自分の後ろ盾となっていた柴田勝家《しばたかついえ》が羽柴《はしば》（豊臣）秀吉《ひでよし》との戦いで敗れると、信孝は城を開城して自害する。

その後、岐阜城は秀吉の家臣の池田元助《もとすけ》、元助の弟池田輝政《てるまさ》、秀吉の甥《おい》の豊臣秀《ひで》勝《かつ》と、足掛け十年ほどで主をくるくると替えた。

◆東西決戦の重要拠点に

朝鮮出兵で客死《かくし》した豊臣秀勝に替わって岐阜城主の座についたのが、織田信忠の嫡男秀信《ひでのぶ》（幼名三法師）である。結果的に秀信は岐阜城最後の城主となった。

この秀信が、岐阜城主となったのは一五九二年、秀信十三歳のときである。本当なら秀信は、秀吉からみれば主筋に当たるのだが、幼いころから秀吉に懐柔されて育ってきた秀信は、秀吉の家来も同然だった。のちの文禄の役においても秀吉の命令に唯々諾々《いいだくだく》として従い、朝鮮に渡っている。

秀信二十一歳のとき、関ヶ原の戦いが起こる。このとき関ケ原の前哨戦となったのが、今回の「岐阜城の戦い」である。かつて稲葉山城と呼ばれていた時代から岐阜城は、ときの権力者たちの間で幾度となく攻防が繰り広げられてきたが、この秀信時代の合戦こそがその最後の戦いだった。

一体、岐阜城の戦いはなぜ起こったのだろうか。そして、天下の堅城をうたわれながら、なぜわずか一日で落城してしまったのだろうか、そのあたりをみていくことにしよう。

秀吉が亡くなって二年、徳川家康《とくがわいえやす》も石田三成《いしだみつなり》も、いざ東西決戦となれば、岐阜城が戦略上の重要拠点になると読んでいた。そこで両者はそれぞれ織田秀信の囲い込みを画策する。家康か三成か――。迷った末に秀信は三成を選ぶ。秀信の運命が決まった瞬間だった。

一六〇〇年（慶長五）七月十八日、いよいよ石田三成が挙兵し、宇喜多秀家《うきたひでいえ》や小早川秀秋《こばやかわひであき》、小西行長《こにしゆきなが》ら四万余の西軍が、京都伏見城を取り囲んだ。城を守るのは家康の寵臣鳥居元忠《ちょうしんとりいもとただ》を総大将とする千八百余りだったが、思わぬ抵抗を見せる。結局、八月一日に城は落ちるのだが、十日以上もかかってしまい、これが三成の最初の誤算となった。伏見城が陥落した時点で家康は会津遠征を中断し、下野《しもつけ》（栃木県）小山《おやま》から急きょ反転して江戸に向かって行軍中だった。家康が江戸についたのは城陥落から四日後の八月五日のことである。家康自身はそのまま江戸にとどまると、先遣隊《せんけんたい》として福島正則《ふくしままさのり》や池田輝政らを上方《かみがた》へ急行させた。

こうして先遣隊は八月十四日には福島正則の居城、尾張清洲城に到着する。ここで家康を待つことにしたのだが、なぜか家康は江戸から動く気配を一向に見せなかった。これは、小山で開いた軍議で、付き従っていた諸将が一斉に自分への忠誠を誓ったとはいえ、それが信用できず、しばらくは諸将の動向を探ろうとしたからだった。このあたり、石橋を叩いて渡ると言われた家康らしい慎重さと言えよう。

◆城の構造を熟知していた池田輝政

福島正則や池田輝政らが、じりじりとした気持ちで家康の出陣を待っていると、江戸から家康の使者がやって来た。使者は福島正則らに向かって、

「家康様が動かないのは、あなた方が未だに戦わないからだ。あなた方が三成と戦い、家康様の味方であることを明らかにすれば、出陣なさるでしょう」

と述べた。これに対し、福島正則は「もっともである」と納得すると、池田輝政らと相談し、三万五千の軍勢でただちに美濃岐阜城への進撃を開始した。

一方、この時点で石田三成は岐阜城の西方約十二キロメートルほど離れた大垣城にいたが、敵を岐阜城に引き付けておく狙いから、援軍を岐阜城に出した。といっ

ても、その援軍を合わせても岐阜城の兵力は六千五百ほどにすぎなかった。三成は、岐阜城が屈指の堅城だけに、簡単に落ちることはないと過信していたのである。

こうした東軍の進撃に対し岐阜城方では城を打って出るか籠城するかで迷うが、結果的に秀信は自ら城外に出て迎撃する作戦を選ぶ。ところが、八月二十二日朝、城の南方の米野村という所で池田輝政が率いる東軍と交戦するも、衆寡《しゅうか》敵せず敗れ、秀信は城内へと退却、籠城の構えをとった。

翌二十三日早朝、福島隊と池田隊は岐阜城を取り囲んだ。城の大手門の先鋒は福島正則が、裏門の先鋒は池田輝政が受け持った。こうして両隊は城の前後から激しく攻め立てたが、名にし負う堅城だけに、びくともしなかった。ところが、勇将として聞こえた木造長政《こづくりながまさ》が東軍方の鉄砲に撃たれて倒れると、途端に城方の士気は下がってしまう。

これを好機到来と見た東軍方は、なお一層がむしゃらに攻め立て、二の丸を破ると、とうとう本丸に突入する。裏門から攻撃した池田輝政はかつてこの岐阜城の主でもあり、城の構造を熟知していたことが東軍方にとって幸いした。

池田輝政の兵が「一番乗り！」と叫んで本丸に突入したときは、本丸には城主織田秀信以下三十数人しか残っていなかったという。こうして堅城を誇った岐阜城はわずか一日で落城したのである。江戸にいた家康がようやく重い腰を上げたのはそれから八日後の九月一日のことで、岐阜到着は十三日であった。

落城の際、秀信は自刃をこころみるが、すんでのところで家臣に止められている。その後、秀信は福島正則の預かりとなり、家康によって助命され、高野山に送られた。その五年後、病で亡くなった。二十六の若さだった。

ところで、なぜこうもあっさり岐阜城が攻略されたかという点だが、前述したように寄せ手の大将格の池田輝政が城の構造を熟知していたことが要因の一つとしてあげられる。そしてもうひとつ、東軍方に「何が何でも城を落としてやる」という強い意志があったことも見逃せない。

今回の岐阜城攻略では、かつて豊臣秀吉と結びつきが強かった大名、いわゆる豊臣恩顧の大名が多くいた。そのため彼らは江戸に届くほどの華々しい戦果をあげ、自分たちの活躍ぶりを家康にアピールしようと考えたのだ。だからこそ、作戦も何もない強引な力攻めに出たのだった。福島正則や池田輝政らは自らの保身を懸《か》け、本当は江戸にいる家康と戦っていたのである。

上田合戦　一次　一五八五年（天正十三）
二次　一六〇〇年（慶長五）

籠城戦で見せた真田昌幸・信繁父子の真骨頂

戦国期を代表する智将・真田昌幸が二度にわたって徳川の大軍を撃退した戦い。領民を巻き込んでの地の利を生かした昌幸の戦いぶりはまさに神出鬼没で、特に一次合戦では火攻めあり水攻めありと真田軍の圧勝だった。

◆徳川を退けた真田の籠城戦

信濃《しなの》上田城は、関ヶ原後の大坂の陣で徳川家康《とくがわいえやす》を追い詰めた真田信繁《さなだのぶしげ》（幸村《ゆきむら》）の父真田昌幸《まさゆき》が築いた城だ。この上田城を舞台に、昌幸は家康の軍勢と二度も籠城《ろうじょう》戦を繰り広げている。しかも、その二度とも籠城した真田方が城を打って出て寄せ手の徳川方を退却に追い込むという、稀有《けう》な合戦となった。以下ではそんな戦国期を代表する智将真田昌幸の戦巧者《いくさ》ぶりをみていくことにしよう。

一五八五年（天正《てんしょう》十三）八月末、徳川家康は配下の鳥居元忠《とりいもとただ》と平岩親吉《ひらいわちかよし》を主力とした約八千の軍勢を上田城攻略に派遣した。上田城をめぐっての真田と徳川による第一次攻防戦の幕開けである。

本能寺の変後、真田昌幸は一時徳川家康に臣従《しんじゅう》していたが、徳川と北条が同盟したのを契機として家康を見限り、越後（新潟県）の上杉景勝《うえすぎかげかつ》（謙信《けんしん》の後継者）についた。家康が、北条との同盟の際、その条件として北条側から、真田の領地である上州（群馬県）沼田の割譲を要求されたため、家康は昌幸に沼田を手放すよう命じた。これに怒った昌幸は、家康を見限り、上杉を頼ったのである。

今や「海道一の弓取り」となった家康に、信濃の一小領主が反旗を翻《ひるがえ》したのだ。家康は到底看過《かんか》することができず、このたびの信濃遠征軍の派遣となった。

この時点で上田城はまだ築造途中にあり、その未完成の城に真田兵約二千が立て籠もった。閏《うるう》八月二日、徳川軍は数を頼みに三方から城下に侵入すると、大手門もやすやすと突破し、二の丸門まで攻め込んだ。このままあっさり本丸に突入されるのかと思われた矢先、突然、真田軍の反撃が始まった。

城壁にとりついた徳川軍の先鋒に対し、鉄砲、弓矢、大石が降りかかった。あわてて城外に撤退する徳川勢。そこへ各所から真田の伏勢が襲いかかり、同時に町に火を放って地の利のない徳川勢を混乱させた。

このとき昌幸は、城下二里四方の領民三千人を総動員し、周辺の山々に潜《ひそ》ませていた。彼らは、いざとなったら旗指物《はたさしもの》を振りながら、鬨《とき》の声をあげるよう命じられていた。これが奏功し、徳川勢は上杉の援軍に包囲されたとパニックを起こし、いよいよ混乱の度を深めたという。

ようやくその場から逃れた者も、北方の戸石《といし》城から出撃してきた真田信幸《のぶゆき》（昌幸の長男、のち信之）の軍勢や上田城から追ってきた真田勢によって、どんどん東方へ追いやられた。そして、千曲《ちくま》川《がわ》支流の神川《かんがわ》まで追いつめられると、そこで川にはまって溺死《できし》する兵が相次いだ。

この第一次攻防戦は、徳川方の戦死者が千三百人余、それに対し真田方はわずか四十人余りと真田の圧勝だった。この一戦で、信濃の一小領主にすぎなかった真田昌幸の名声は一気に天下にとどろくこととなった。

この合戦から十五年後の一六〇〇年（慶長《けいちょう》五）九月初旬、徳川の大軍が再び上田城を襲った。これに先立つ三カ月前、徳川家康は会津（福島県）に移封されたばかりの上杉景勝を討つため、伏見城を出発した。景勝が石田《いしだ》三成《みつなり》の西軍に加担する動きをみせたことから、家康は「豊臣秀頼《とよとみひでより》に対する謀叛《むほん》」であると断じ、上杉追討《ついとう》の兵をあげたのだった。

しかしこれは、自分が畿内《きない》を留守にすることで、三成の挙兵を促す目論見《もくろみ》だった。狙い通り、家康の率いる遠征軍が下野《しもつけ》（栃木県）まで進んだところで、三成挙兵の一報が届けられた。

家康はただちに小山《おやま》で諸将を集め、善後策を練った。その結果、軍勢を二手に分け、家康自身は東海道、嫡男秀忠《ひでただ》は中山道を進み、両軍は美濃《みの》（岐阜県）で合流することに決まった。家康はこの機会に、信濃方面の平定、すなわち真田攻略を秀忠に命じたのである。

◆五十四歳の古狸VS二十二歳の青年武将

八月二十四日、徳川秀忠は宇都宮を出発し、中山道経由で西上の途についた。東海道を西進する家康軍は旗本と与力大名の混成軍だったが、秀忠軍は譜代大名を中心とした、まさに徳川軍本隊と言ってよい構成だった。家康の親心であったのだろう。その数、ざっと三万八千という大軍だった。

九月二日、秀忠軍は小諸《こもろ》に到着した。すでに真田昌幸の長男信幸は東軍に味方することを表明していたが、肝心の昌幸とその次男信繁は上田城に籠ってしまった。雲霞《うんか》の如く押し寄せる徳川の大軍をみて、戦意を喪失し降伏してくるに違いないと秀忠は読んでいただけに、この真田父子《おやこ》の行動は意外だった。

そこで秀忠は、上田城の真田父子に降伏を促す使者を出した。それに対し昌幸は、いったんは殊勝《しゅしょう》らしく降伏開城の態度を見せたものの、後日、あらためて正式に秀忠に返答してきた。その返答とは次のようなものだった。

「われらは太閤《たいこう》さま（豊臣秀吉《とよとみひでよし》のこと）の恩義に報いんがためにこの城に立て籠っている。城を枕に討ち死にする覚悟なので、存分に攻めてきてくだされ」

この昌幸の挑発に、秀忠はまんまと乗ってしまった。城にこもるのは五十四歳で百戦練磨の古狸《ふるだぬき》、対する秀忠は二十二歳の青年武将。家康の後継を任ずる秀忠だけに、一度は攻略に失敗した上田城を自分の手で落としてくれようと若い血が騒いだのである。また、このとき従軍した徳川家臣団の中には、十五年前の上田城攻略を経験し、這這《ほうほう》の体《てい》で逃げ惑《まど》った者が少なからずいた。そうした家臣らが「あの日の屈辱を晴らすのは、まさにこのとき」と秀忠を焚《た》き付けたとも言われている。

いずれにしろ、こうして秀忠軍は九月五日から上田城を包囲した。籠城軍はどう多く見積もっても五千ほどなのに対し、味方は前回と比べものにならない大軍だ。秀忠はよもや負けることはないと楽観視していた。

ところが、真田勢は城の構造を巧みに利用しながら、押しては引く、引いては押すという緩急自在の戦いを繰り広げ、着実に秀忠軍にダメージを与えていった。

八日になり、家康から急ぎ上洛するよう秀忠の陣に命令が届く。これにより、秀忠は渋々陣を引くこととし、森忠政《もりただまさ》や仙石秀久《せんごくひでひさ》らを上田城の押さえに残して西進を再開させたのである。こうして秀忠軍が、美濃との国境の妻籠宿《つまごじゅく》（長野県木曽郡）に到着したのは、九月十七日のことだった。ここで秀忠は十五日の関ヶ原合戦の勝報《しょうほう》に接している。徳川の本隊を引き連れながら、肝心の合戦に間に合わなかったことで、秀忠はきっと無念の臍《ほぞ》をかんだに違いない。

後世、この一事をもって秀忠は親に似ない愚将のレッテルを貼られたが、これはいかにもかわいそうだ。なぜなら、家康の読みでは西軍との本格的なぶつかり合いはもっと先になるはずだったのだ。

ところが、十五日早朝、東軍の井伊《いい》隊が西軍の宇喜多《うきた》隊に向けて発砲したことから、功にあせる福島正則《ふくしままさのり》がこの井伊隊の抜け駆けに怒り、宇喜多隊に対し総攻撃を命じた。これにより、両軍入り乱れての大乱戦に発展してしまったのである。

もっとも、最近の研究では、最初の井伊隊の発砲は功名《こうみょう》欲しさの抜け駆けなどではなくて、相手もわからぬ濃霧の中で偶発的に起こったものだとする説が有力だ。

いずれにしろ、家康にすればじっくり腰を据えて敵と対峙《たいじ》し、アテにしていた秀忠軍が到着したところで、一気に敵を叩く作戦だったのである。

したがって、「十五日の関ヶ原合戦に間に合わなかった」ではなくて、「関ヶ原合戦が予定より早まり、しかも一日で決着してしまった」という視点でみれば、秀忠に対する評価は変わってくるに違いない。

いずれにしろ、秀忠軍の西上を数日間にわたって阻《はば》んだことで、真田昌幸・信繁父子の世間の評価はいやが上にも高まった。こうして真田のために二度も煮え湯を飲まされた徳川家康。この上田城をめぐる第二次攻防戦から十数年後、今度は父昌幸の衣鉢《いはつ》を継いだ信繁が自分に向かって牙をむいてくるとは、このときの家康は夢想だにしていなかったはずだ。

関ヶ原の戦い　一六〇〇年（慶長五）

〝天下分け目の合戦〟の知られざる経緯

それは、わずか半日足らずの戦いだった。その半日足らずの戦いによって徳川氏は勝利を得、その後二百七十年間にわたって日本を支配することになる。天下分け目の戦いの勝敗を分けたものとは一体――。

◆西軍の挙兵を下野小山で知った家康

一五九八年（慶長三）八月、豊臣秀吉《とよとみひでよし》が逝去《せいきょ》する。以後、五大老（徳川家康《とくがわいえやす》、前田利家《まえだとしいえ》、毛利輝元《もうりてるもと》、宇喜多秀家《うきたひでいえ》、上杉景勝《うえすぎかげかつ》）と五奉行（前田玄以《まえだげんい》、浅野長政《あさのながまさ》、増田長盛《ましたながもり》、石田三成《いしだみつなり》、長束正家《なつかまさいえ》）が秀吉の遺児秀頼《ひでより》をもりたて、豊臣政権を維持していくこととなった。

ところが、翌年閏《うるう》三月、五大老の一人、前田利家が亡くなると、唯一警戒していた利家が消えたことで、家康は露骨に天下取りの動きを見せ始める。

同年六月二十二日、家康は大坂城で豊臣秀頼と対面し、秀頼の人間性を見極めると、次は会津の上杉景勝に対し挑発行動に出る。景勝がその挑発にうまうまと乗ったことで、一六〇〇年五月三日、家康は会津討伐を諸大名に号令する。

六月六日、家康は大坂城に諸大名を集めると会津攻めの部署を決め、十六日には出陣した。先鋒は福島正則《ふくしままさのり》、加藤嘉明《かとうよしあき》、細川忠興《ほそかわただおき》らであった。進軍はゆっくりしたもので、江戸には七月二日に到着している。

七月十七日、大坂城にいた石田三成ら五奉行は連署して家康を弾劾《だんがい》する「罪科十三カ条」を掲げ、各地の大名に家康討伐の檄文《げきぶん》を発した。三成らは宇喜多秀家と相談して毛利輝元を大坂城に招き入れると、秀頼の名代、すなわち西軍の総大将に据えた。

三成らの檄文に呼応して、小早川秀秋《こばやかわひであき》、島津義弘《しまづよしひろ》（惟新《いしん》）、小西行長《こにしゆきなが》、鍋島勝茂《なべしまかつしげ》ら九州の諸大名と、長宗我部盛親《ちょうそかべもりちか》、安国寺恵瓊《あんこくじえけい》ら四国の諸大名が大坂に続々と参集。毛利輝元と宇喜多秀家ら中国勢も合わせると八万四千の兵を数えた。

西軍の挙兵を、家康は江戸を出て会津に向かう途中の七月二十四日、下野《しもつけ》（栃木県）小山《おやま》で知った。このとき、家康は心中で快哉《かいさい》を叫んだはずだ。なぜなら、「自分が大坂を留守にすれば三成はきっと動く」という読みが見事に当たったからだ。

この小山の陣中で家康は諸将を集め軍評定《いくさひょうじょう》を開いた。諸将が自分につくか大坂方につくかを見極める狙いだった。

席上、福島正則が真っ先に立ち上がって、「三成こそは故太閤殿下の恩義を忘れた逆賊である」となじり、「家康殿とともに三成を討ちたい」と発言した。

◆策略で勝った家康

豊臣恩顧《おんこ》の大名の中でもいわゆる武断派と呼ばれる福島正則や加藤清正《きよまさ》らは、官僚派の中心である石田三成が大嫌いだった。

「武人としての戦功もないくせに、口先だけで成り上がり、太閤の威光を笠に大きな顔をしている」

というわけだ。彼ら武断派は彼らなりに、三成を排除することこそ豊臣家の将来のためになると考えたのだ。したがって、豊臣家を滅ぼそうなどとはこの時点で、露ほども思っていなかったのである。そうした豊臣家内部の武断派と官僚派の対立をうまく利用したのが家康だった。

●関ヶ原の合戦図

西軍

①島左近
②蒲生郷舎
③島津惟新
④島津豊久
⑤小西行長
⑥宇喜多秀家
⑦木下頼継
戸田重政
⑧大谷吉継
⑨平塚為広

叛応軍

⑩赤座直保
⑪小川祐忠
⑫朽木元綱
⑬脇坂安治
⑭小早川秀秋

東軍

❶古田重勝
❷織田有楽
❸金森長近
❹生駒一正
❺黒田長政
❺竹中重門
❻細川忠興
❼加藤嘉明
❽筒井定次
❾井伊直政
❿松平忠吉
⓫田中吉政
⓬本多忠勝
⓭寺沢広高
⓮藤堂高虎
⓯京極高知
⓰福島正則

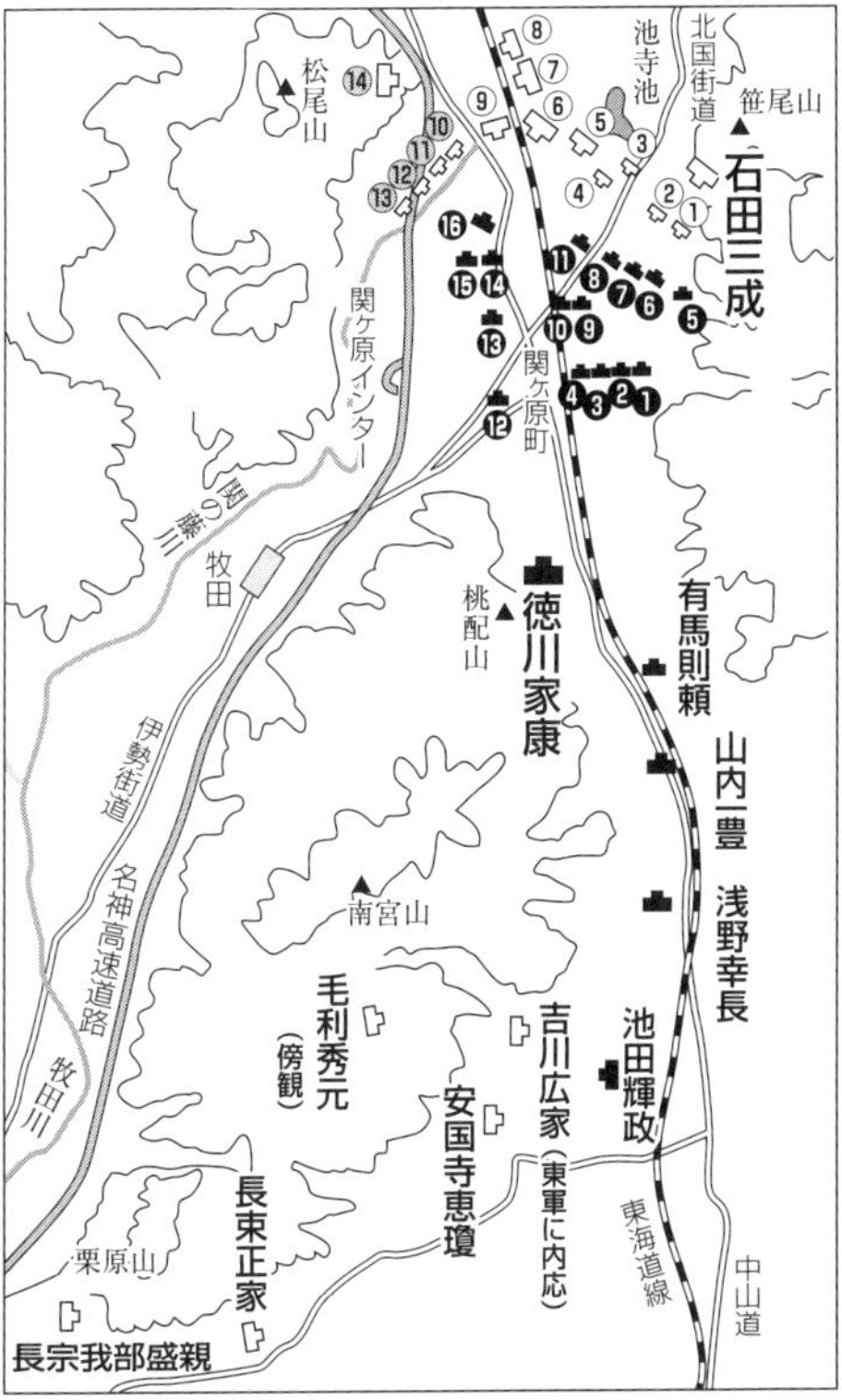

関ヶ原町ホームページ参照

東軍　西軍

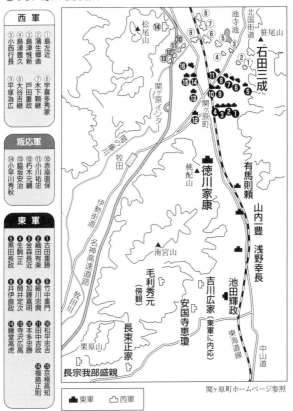

この福島正則の発言をきっかけに、池田輝政、黒田長政《くろだながまさ》、浅野幸長《あさのゆきなが》ら豊臣恩顧の諸大名が家康に忠誠を誓ったため、態度を決めかねていた他の大名たちもわれ先に同調した。

遠江《とおとうみ》（静岡県西部）掛川城の山内一豊《やまのうちかずとよ》などは、家康の進軍のために居城の提供を申し出るほどだった。すると、次々と同じ申し出があり、家康は労せずして清洲までの諸城を手中に収めることができた。

その後、家康率いる東軍は小山を出て、八月五日に江戸に入る。一方、三成ら西軍は七月十九日に伏見城への攻撃を開始し、八月一日に陥落させた。

東軍も負けてはならじと、先鋒を命じられた福島正則、池田輝政、黒田長政らは東海道を駆け下ると、八月十四日、正則の居城清洲城に入り、二十三日には岐阜城を攻め落とした。

家康は九月一日に江戸を発し、西上する。十三日、岐阜城に到着。翌十四日、城を出て正午ごろには関ヶ原の桃配《ももくばり》山に陣取る。ここは壬申《じんしん》の乱の際、大海人皇子《おおあまのおうじ》（天武天皇）の行宮《かりみや》が置かれた地で、大海人が兵士の労をねぎらって桃を配ったという伝承がある。

関ヶ原の名はもともとこの近くにあった不破関《ふわのせき》にちなむ。古代、不破関は軍事・交通の要衝《ようしょう》で、この関所より西がすなわち「関西」と呼ばれるようになったのである。

家康は関ヶ原盆地を一望できるこの桃配山で軍議を開くと、「佐和山城を落とし、そのまま一気に大坂城を攻める」という作戦を諸将に披露し、その情報を意図的に西軍へ流したのである。

家康には手間のかかる攻城戦を仕掛けるつもりはさらさらなかった。自分が得意とする野戦に持ち込み、速やかに決着をつける腹づもりだった。長引けば戦況がどう変わるか知れたものではなかったからだ。

◈合戦の勝敗を左右した小早川秀秋

この家康の策略に引っかかった三成は、東軍を食い止めるには関ヶ原で戦うしかないと判断、大軍を関ヶ原に移動させた。こうして両軍合わせて約十六万の兵が関ヶ原周辺に集結、決戦の合図を待つばかりとなった。

この戦いで、石田方を西軍、徳川方を東軍と称するのは、近畿以西に石田方に味方した大名が多く、中部・関東・東北には徳川方についた大名が多かったからである。

十五日、決戦の日の朝が明けた。その日は朝から曇天《どんてん》だった。火蓋が切られたのは午前八時ごろ。「赤備《あかぞなえ》」で勇名をはせる井伊直政《いいなおまさ》隊がまず抜け駆けした。これが合図となり、関ヶ原の全域で戦闘が始まった。

たちまち将兵の雄叫びや軍馬のいななき、銃声があちらこちらでこだました。宇喜多隊には福島隊が挑み、石田隊には黒田長政隊、細川忠興隊らが当たった。石田隊は先陣の島清興《しまきよおき》（左近）が必死に防戦したが、やがて負傷し、これがため石田隊の第一陣が崩れてしまう。

危機感を覚えた三成は午前十一時ごろになって、部下に狼煙《のろし》をあげさせた。狼煙を合図に松尾山に布陣する小早川秀秋隊一万五千が東軍の側背に攻め込む手はずになっていたのである。

ところが、小早川隊は動かなかった。実は秀秋は事前に家康からも誘われており、ここに至っても西軍につくか東軍につくかを決めかねていたのである。

家康は、この秀秋という、いかにも頼りなげな青年武将こそが、今回の合戦の勝敗の行方を握っていると戦前からにらんでいた。

●日本を二分した関ヶ原合戦時の主な大名勢力図

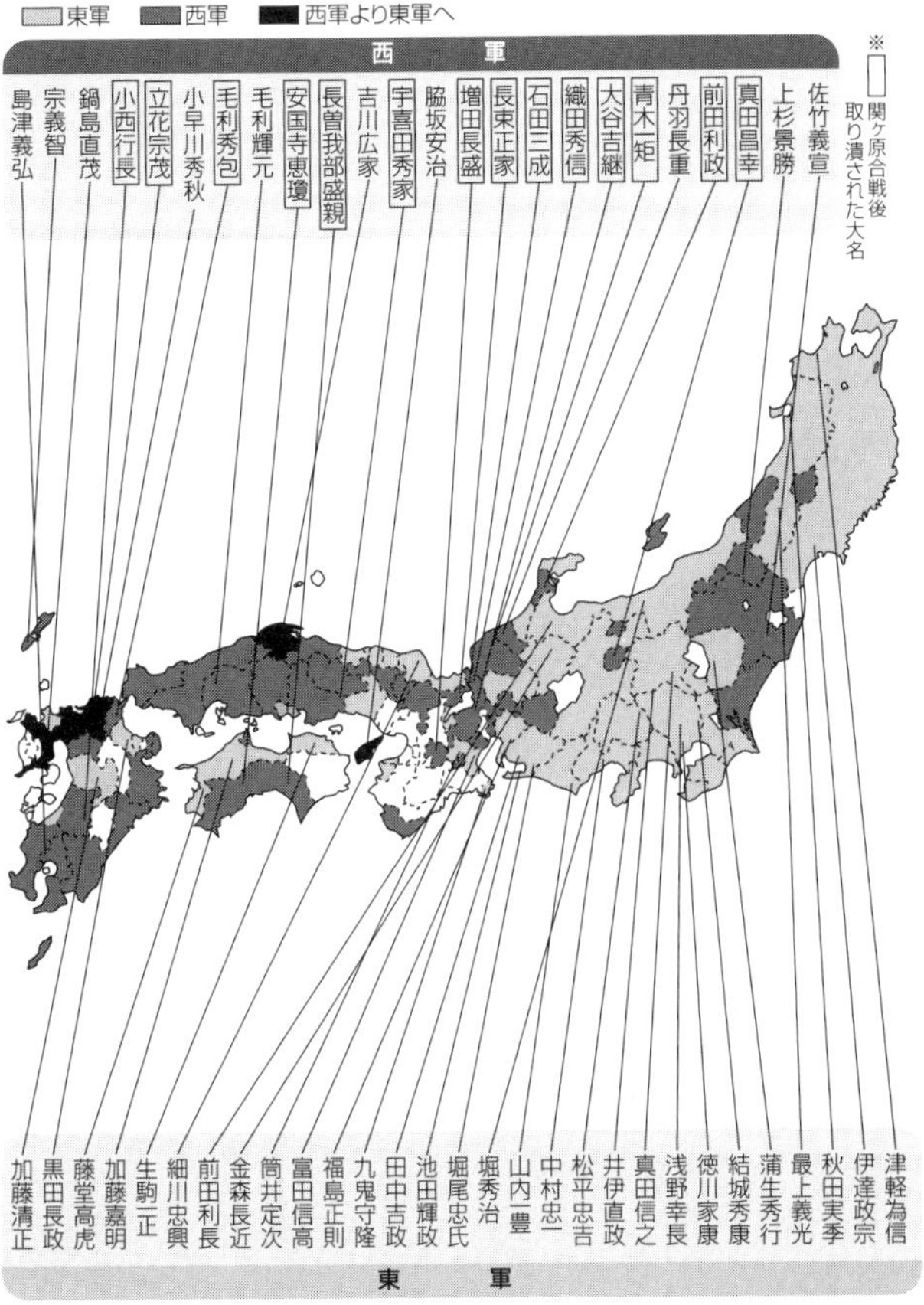

秀秋は豊臣家とは血縁関係にあるだけに普通なら迷うことなく西軍についたであろうが、この時点で彼は家康に対する感謝の気持ちと、その逆に三成に対しては拭いきれない憎しみの感情を抱いていた。

慶長の朝鮮役の際、日本軍の総大将として海を渡った秀秋は、自ら槍をふるって敵兵を追い回したことがある。これを伝え聞いた秀吉が「大将にあるまじき軽率な所業である」と激怒し、日本に召還《しょうかん》してしまった。

そして、日本に戻ってきた秀秋に、筑前その他の領地三十四万石を召し上げ、越前十五万石に減封するむねの過酷な処分を言い渡した。

ここで秀秋は前回の文禄の役で、加藤清正が同じように朝鮮から呼び戻され、謹慎を命じられたことを思い出す。

それを石田三成の讒言《ざんげん》（人を悪く言うこと）だと聞き及んでいた秀秋は、自分の場合も三成があることないことを讒言して陥《おとしい》れたのだと早合点し、三成に対し憎しみの青い炎を燃やすのだった。

そこに登場したのが家康だ。「秀秋どのはなかなか見所がある」などと見え透いたお世辞を言って秀吉の怒りを和らげたものだから、もとより秀吉にすればかわいい身内だけに、いつしか秀秋の処分はうやむやになってしまった。

秀秋にとっては家康にどれだけ感謝してもしきれない恩義をそこで受けたことになる。

こうした過去のいきさつがあっただけに、秀秋は東西どちらに味方するか、最後の最後まで悩んでいたのだ。

そんな秀秋の心理状態を看破していた家康は、非常手段に打って出る。正午を過ぎたころ、松尾山に向かって味方の鉄砲隊に一斉に発砲させたのである。

恫喝《どうかつ》半分、秀秋の決断をうながす狙いだった。案の定、小早川隊は一気に山を下ると、西軍の大谷吉継《おおたによしつぐ》隊を急襲した。東軍に寝返ったのである。これを見て、大谷隊に属していた脇坂《わきさか》、朽木《くつき》、赤座《あかざ》の各隊が大谷隊を側面から攻撃する。それがため大谷隊は崩れ、さらに小西隊が崩れ、午後一時ごろには西軍は総崩れの様相を見せ始める。

石田三成隊も追い詰められ、午後二時ごろには三成は北国街道沿いに落ちのびた。その後、島津義弘隊の敵中突破の逃避行などがあり、三時ごろには西軍の兵は関ヶ原から姿を消していた。

天下分け目の決戦も終わってみれば、東軍の完勝だった。西軍の将でどうにか国元に逃げ帰ることができたのは薩摩の島津義弘のみだった。

◈徳川幕藩体制のはじまり

西軍にとっては小早川秀秋の寝返りに加え、毛利軍が九月十三日から近江《おうみ》（滋賀県）の大津城攻めにかかっており、関ヶ原に参陣できなかったことが敗因となった。

敗走した武将のうち小西行長はキリシタンだったため自害せず、十九日になって自ら東軍に名乗って出た。安国寺恵瓊は京都まで逃げのびたが、追及は厳しくやがて捕らえられる。

そして三成だが、二十一日、近江の高時村の洞窟にひそんでいたところを発見され、捕まった。十月一日、三成、行長、恵瓊の三人は洛中を車に乗せられ引き回されたすえに、六条河原で首を切られ、その首は三条大橋にさらされた。

その後、家康は西軍にくみした大名八十七家の領地四百十五万石余を没収し、関ヶ原での働きに応じて大名の配置替えを断行。のちの徳川幕藩体制の基礎を築くのである。

第4章

江戸・明治時代

大坂冬の陣　一六一四年（慶長十九）／夏の陣　一六一五年（同二十）

難攻不落の大坂城攻略で、家康が仕掛けた謀略

関ヶ原合戦で勝利した徳川家康。しかし、大坂城には秀吉の遺児秀頼が健在だった。秀頼を滅ぼさない限り、本当の意味で徳川の天下はめぐってこないと考えた家康は秀頼に対し最後の決戦を挑むのだった。

◆家康が最後にやり遂げなければならなかったこと

一六〇三年（慶長三）二月、征夷大将軍《せいいたいしょうぐん》となり、名実ともに天下の支配者となった徳川家康《とくがわいえやす》。一方、大坂城にこもる故豊臣秀吉《とよとみひでよし》の遺児秀頼《ひでより》は関ヶ原の戦いに敗れたことで六十五万石の一地方大名に成り下がった。

その二年後、家康は三男秀忠《ひでただ》に将軍職を譲り、自らは隠居して大御所となった。これは、将軍職は徳川家に世襲されるものであり、今後、秀頼が成人しても豊臣に政権が移ることは絶対にないということを天下に知らしめる家康の狙いだった。

こうして着々と徳川政権の足場を固める家康。残る課題は秀頼をいつ滅ぼすかだった。この時点で家康は六十四歳。余命を考えると、一日も早く手を打つべきなのだが、秀頼を攻める名分がどうしてもみつからなかった。少なくとも二十年前まで徳川は豊臣の家臣だったのだ。かつての主家に弓を引くことは謀叛《むほん》に等しい行為だった。

いま大坂方と合戦すれば勝つことは明白なのだが、名分もなしに戦を仕掛けたとあっては世論が許さないだろう。隠忍自重《いんにんじちょう》の日々を過ごす家康だったが、あるとき、とうとう我慢がならず、自分のほうから行動を起こした。

一六一四年七月二十六日、豊臣家が亡き秀吉の遺徳をしのぶため京都・東山に造営した方広寺《ほうこうじ》大仏殿に関して、落慶供養《らっけいくよう》を数日後に控えたこの日、とつぜん家康が前代未聞のいいがかりをつける。

家康は、鐘《かね》に刻まれた「君臣豊楽国家安康」の文字が自分の名前を分断し、徳川を呪うものであると主張。大坂方の武将片桐且元《かたぎりかつもと》は必死に陳弁《ちんべん》につとめるが家康は許さず、ついに豊臣討伐の兵をあげる。

これに対し、大坂方の淀殿《よどどの》や大野治長《おおのはるなが》らはあくまで徳川に臣従することを拒み、徹底抗戦の構えに入った。秀頼の要請に応じて真田幸村《さなだゆきむら》、長宗我部盛親《ちょうそかべもりちか》、後藤基次《ごとうもとつぐ》（又兵衛）など徳川体制に不満を持つ浪人が続々と大坂城に集結する。しかし、その大半は混乱に乗じて一旗あげようとする烏合《うごう》の衆で、豊臣恩顧の大名がはせ参じることはついになかった。

◆翼をもがれた堅城

同年十一月中旬、東軍は二十万の兵で大坂城を包囲した。対する西軍の籠城兵は九万。この「冬の陣」では大した合戦が行われず、十一月二十六日に西軍の後藤基次と木村重成《きむらしげなり》が城を出て東軍の佐竹義宣《さたけよしのぶ》、上杉景勝《うえすぎかげかつ》と戦った「鴫野《しぎの》・今福《いまふく》の戦い」が最大の激戦となった。

その後、膠着《こうちゃく》状態に入ったが、やがて家康から豊臣方に対し和睦の働きかけがなされる。大坂城は天下の堅城だけに、力攻めでは陥落させるのに膨大な日数がかかると判断した家康は謀略戦に作戦方針を変更したのである。

ところが、豊臣方はこの和睦の申し出を拒絶する。「自分から戦を仕掛けておいてそれはないだろう」というのである。そして「敵（家康）は弱気になっている」

●大坂冬の陣（東軍　西軍）

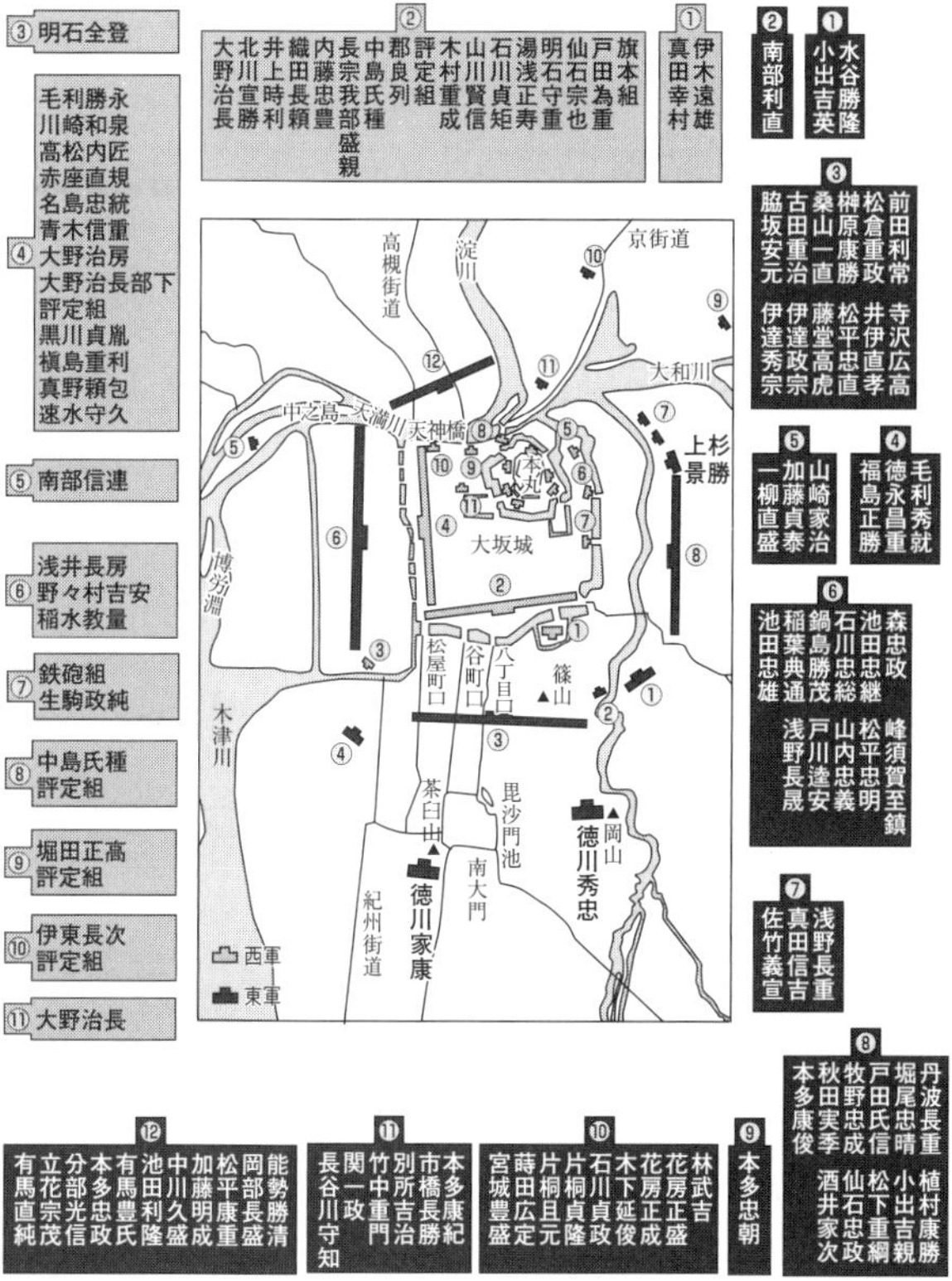
③ 明石全登
④ 毛利勝永 川崎和泉 高松内匠 赤座直規 名島忠統 青木信重 大野治房 大野治長部下 評定組 黒川貞胤 槇島重利 真野頼包 速水守久
⑤ 南部信連
⑥ 浅井長房 野々村吉安 稲水教量
⑦ 鉄砲組 生駒政純
⑧ 中島氏種 評定組
⑨ 堀田正高 評定組
⑩ 伊東長次 評定組
⑪ 大野治長
② 旗本組 戸田為重 仙石宗也 明石守重 湯浅正寿 石川貞矩 山川賢信 木村重成 評定組 郡良列 中島氏種 長宗我部盛親 内藤忠豊 織田長頼 井上時利 北川宣勝 大野治長
① 伊木遠雄 真田幸村
❶ 水谷勝隆 小出吉英
❷ 南部利直
❸ 前田利常 松倉重政 榊原康勝 桑山一直 古田重治 脇坂安元 寺沢広高 井伊直孝 松平忠直 藤堂高虎 伊達政宗 伊達秀宗
❹ 毛利秀就 徳永昌重 福島正勝
❺ 山崎家治 加藤貞泰 一柳直盛
❻ 森忠政 池田忠継 石川忠総 鍋島勝茂 稲葉典通 池田忠雄 峰須賀至鎮 松平忠明 山内忠義 戸川逵安 浅野長晟
❼ 浅野長重 真田信吉 佐竹義宣
❽ 丹波長重 堀尾忠晴 戸田氏信 牧野忠成 秋田実季 本多康俊 植村康勝 小出吉親 松下重綱 仙石忠政 酒井家次
❾ 本多忠朝
❿ 林武吉 花房正盛 花房正成 木下延俊 石川貞政 片桐貞隆 片桐且元 蒔田広定 宮城豊盛
⓫ 本多康紀 市橋長勝 別所吉治 竹中重門 関一政 長谷川守知
⓬ 能勢勝清 岡部長盛 松平康重 加藤明成 中川久盛 池田利隆 有馬豊氏 本多忠政 分部光信 立花宗茂 有馬直純
高槻街道
淀川
京街道
大和川
中之島
天満川
天神橋
本丸
大坂城
上杉景勝
博労淵
木津川
松屋町口
谷町口
八丁目口
篠山
茶臼山
毘沙門池
岡山
徳川秀忠
徳川家康
南大門
紀州街道
西軍
東軍

とみて、城方の戦意は一気に高揚した。そこで、どうしても和睦に持ち込みたい家康は「心理作戦」に打って出る。

昼といわず夜中といわず、味方の将兵に鯨波《げいは》の声を上げさせ、あるいは城内に大砲や鉄砲をどんどん撃ち込ませたのである。これにすっかり参ってしまったのが淀殿だ。なかでも、大砲の一発が淀殿のいた櫓《やぐら》に着弾し、側に仕える女房を圧死させたことから、それまでの強気はどこへやら、すぐに和睦に応じるよう大野治長に指示を出したという。

こうして十二月十九日、講和が成立し、冬の陣は終わる。このときの和睦条件に従い、大坂城は内堀を埋められ、いかに難攻不落を誇った堅城も翼をもがれてしまった。ハタから見れば、和睦とは言いながら、実質は家康に屈服したも同然だった。

翌年四月、家康が申し出た、秀頼の転封か、城内に抱えている浪人の放逐《ほうちく》かの二者択一を豊臣方が拒んだことから、家康は再戦を決意。全軍を大和ルートと河内ルートの二手に分け、進撃させた。

このときの東軍の兵数は十六万五千、守る豊臣方のざっと三倍であった。家康は出陣に先立ち、

大坂夏の陣（東軍　西軍）

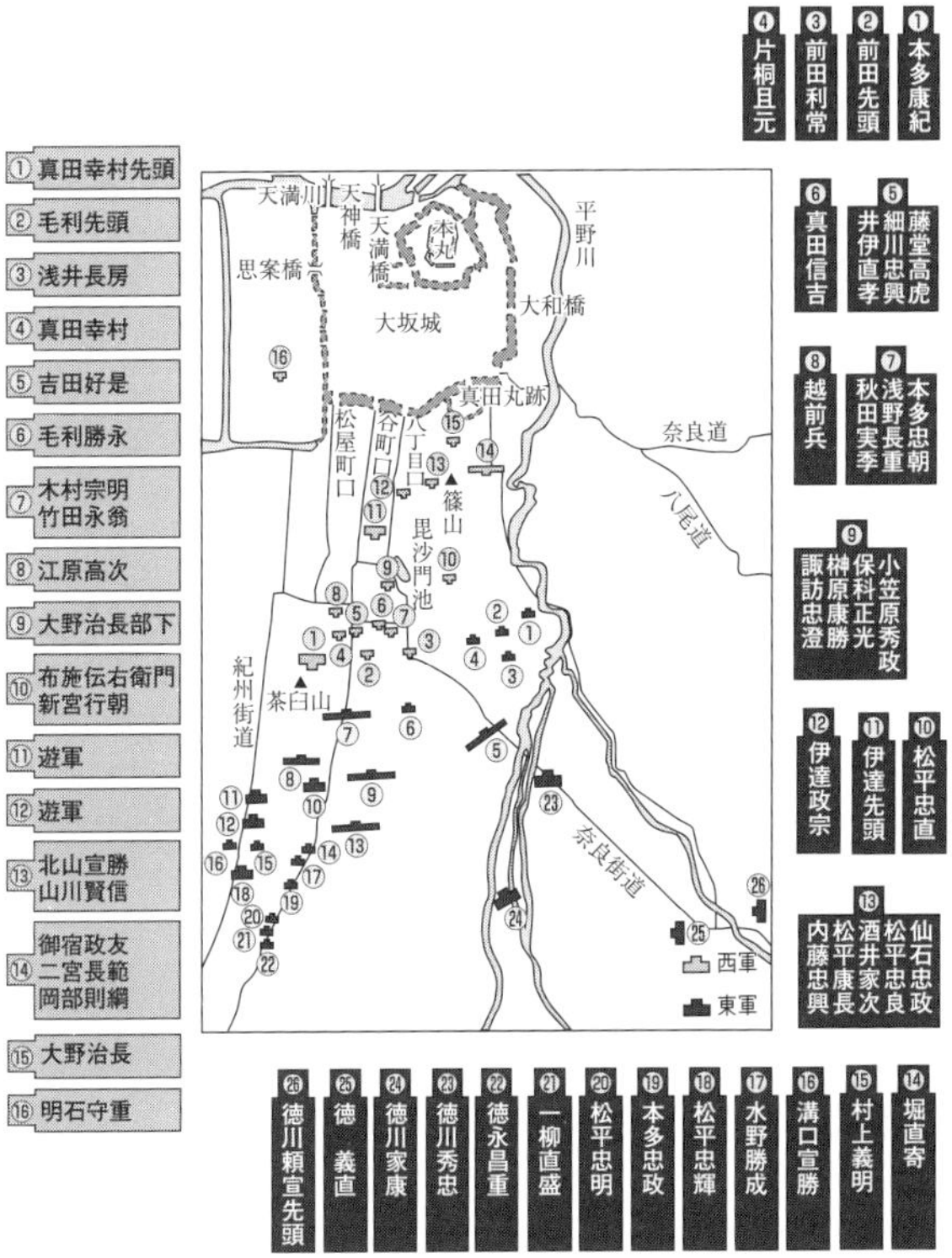
①真田幸村先頭
②毛利先頭
③浅井長房
④真田幸村
⑤吉田好是
⑥毛利勝永
⑦木村宗明 竹田永翁
⑧江原高次
⑨大野治長部下
⑩布施伝右衛門 新宮行朝
⑪遊軍
⑫遊軍
⑬北山宣勝 山川賢信
⑭御宿政友 二宮長範 岡部則綱
⑮大野治長
⑯明石守重
❶本多康紀
❷前田先頭
❸前田利常
❹片桐且元
❺藤堂高虎 細川忠興 井伊直孝
❻真田信吉
❼本多忠朝 浅野長重 秋田実季
❽越前兵
❾小笠原秀政 保科正光 榊原康勝 諏訪忠澄
❿松平忠直
⓫伊達先頭
⓬伊達政宗
⓭仙石忠政 松平忠良 酒井家次 松平康長 内藤忠興
⓮堀直寄
⓯村上義明
⓰溝口宣勝
⓱水野勝成
⓲松平忠輝
⓳本多忠政
⓴松平忠明
㉑一柳直盛
㉒徳永昌重
㉓徳川秀忠
㉔徳川家康
㉕徳　義直
㉖徳川頼宣先頭
天満川
天神橋
天満橋
本丸
平野川
思案橋
大和橋
大坂城
真田丸跡
奈良道
松屋町口
谷町口
八丁目口
篠山
八尾道
毘沙門池
紀州街道
茶臼山
奈良街道
西軍
東軍

「今度は大して手間もかかるまい。三日程度の腰兵糧《ひょうろう》を用意しておけば充分であろう」と自信満々で全軍に伝えたという。

◆獅子奮迅の働きを見せた真田幸村

五月六日、裸城同然では籠城戦もままならないため今度は城方が先制攻撃を仕掛けた。後藤基次、木村重成らは河内の道明寺付近まで押し出し、そこで東軍と激突。本格的な戦端が開かれた。この戦闘で後藤、木村の二人は討ち死にを遂げる。緒戦を制した家康はその勢いで翌七日正午ごろ、大坂城総攻撃を開始する。

戦いは天王寺口で始まった。この「夏の陣」では西軍の真田幸村隊の勇猛ぶりは後世に永く伝えられるべきものだった。

いくら進言しても総大将の秀頼が城を出て陣頭指揮をとらないことに業を煮やした幸村は、

「この様にすべて食い違っては作戦が行えない。もはやわが命が終わるときである」

と言い残し、三千五百の兵を率いて茶臼山《ちゃうす》から眼前の松平忠直《まつだいらただなお》隊一万五千に向かって突撃した。そして、忠直隊を蹴散らすと、幸村隊は一気に家康本陣を襲った。

家康本陣は混乱の極に達し、家康自身は命からがら逃走。それに従ったのは小栗《おぐり》正忠《まさただ》ただ一人だった。敗走のさなか、さすがの家康も観念し、「ここで腹を切る」と言い出すほどだったという。

ところが、衆寡《しゅうか》敵せず、あと一歩のところで長蛇《ちょうだ》を逸《いっ》した幸村隊はその後、勢いを盛り返した松平忠直隊に攻められ、玉砕する。

そして八日、大坂城に火の手があがった。台所頭をしていた男が寝返ったのである。猛火に包まれる城内。ここに至り、大野治長は最後の手段として将軍秀忠の娘で秀頼夫人の千姫《せんひめ》を家康のもとへ送り、淀殿・秀頼母子の助命を嘆願した。

しかし、家康は聞き入れなかったため、淀殿と秀頼は猛火の中で自害して果てる。さらに、戦後、秀頼の子国松はわずか八歳で斬首され、七歳の女児も鎌倉の東慶寺に入れられた。

こうして、秀吉以来の豊臣氏は滅亡した。この大坂の陣は家康にとって最後の戦いであったばかりでなく、大名同士が争う戦国期の終幕を告げる戦いでもあった。

翌年四月十七日、徳川家にとって後顧の憂いを取り除いたという満足感を胸に畳んで家康は七十五年の生涯を閉じる。

島原の乱　一六三七〜一六三八年（寛永十四〜同十五）

島原の一揆勢になされた非情の殲滅作戦

島原領内に端を発したキリシタン農民の一揆はたちまち天草にも広がった。農民たちは過酷な年貢取り立てと宗教弾圧に怒り、反乱の狼煙をあげたのである。この争乱に幕府は情無用の掃討作戦で立ち向かった。

◆乱の引き金

九州北西部の肥前《ひぜん》島原は有馬晴信《ありまはるのぶ》、天草《あまくさ》は小西行長《こにしゆきなが》というキリシタン大名の旧領であったため、領内にはキリシタンが多かった。しかし、徳川幕府になってキリスト教が禁止されると、徹底した弾圧を受けることになった。

この厳しい弾圧を命じた張本人こそ、一六一六年（元和二）に大和《やまと》五条から移封されてきた松倉重政《まつくらしげまさ》である。重政は島原城を築城するため領民に重税を課した。それは、よくぞここまで搾《しぼ》れるものだと感心するほど過酷なものだった。たとえば、新しく作った棚や窓、出産や遺体の埋葬にまで課税したのである。

　貢物や税金が納められないと、容赦のない罰が加えられた。水牢につないだり雲仙岳の噴火口に投げ込んだり、ときには蓑《みの》を着せて火をつける「蓑踊り」という残虐な拷問も行われた。

　こうなると領民の我慢も限界だった。度重なる凶作がそこへ追い打ちをかけた形となり、年貢を払えなくなった領民は一六三七年（寛永十四）十月下旬、一斉蜂起《ほうき》する。

　翌年一月一日、廃城であった原城に籠る一揆勢に対し、幕府軍の総大将板倉重昌《いたくらしげまさ》は総攻撃を命じた。一揆勢は三万七千を数えたが、うち一万四千ほどは女性、幼児、老人だった。一方、攻める幕府軍は一万六千の兵力だった。

　原城は三方を海に囲まれた断崖上にあり、攻めるに至難であった。はたして攻城軍は総大将の板倉以下、四千人もの死者を出して撤退する。片や一揆勢のそれは百人に満たなかったと伝えられる。

　一揆勢は総大将の天草（益田《ますだ》）四郎時貞《しろうときさだ》のもと、団結力は強固だった。さらに、旧有馬家・小西家の浪人たちが一揆勢に参加しており、その働きも大きかった。

二月二十八日、幕府軍は再び総攻撃を開始した。采配をふるうのは幕府の上使《じょうし》で、「知恵伊豆」の異名をとる松平信綱《まつだいらのぶつな》である。

信綱は「風が強く、火事に弱い」という海に面した城の欠点をついて火攻めを命じたところ、これが成功し、一揆軍は壊滅する。

●島原の乱進軍図

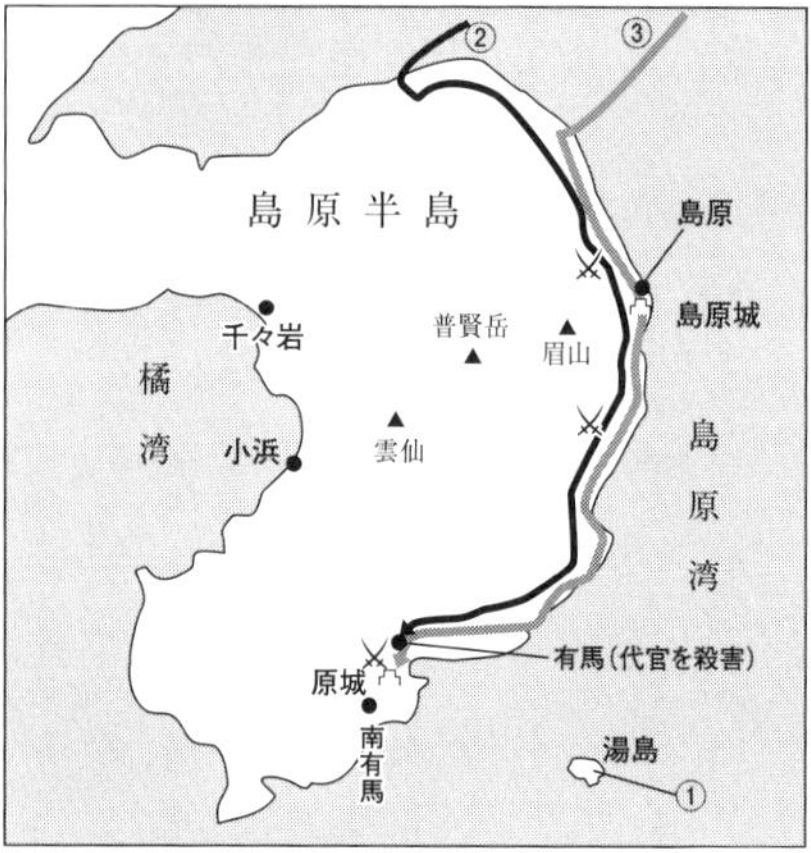

①天草四郎らが蜂起したとされる島
②板倉重昌の進路
③松平信綱の進路

この日の戦いで、総大将であった天草四郎は討たれ、一揆勢七千人が戦死した。捕虜となった人たちは、全員斬られた。

「島原の乱」によって幕府は鎖国令の徹底と、宗門改めなどキリシタンの取り締まり強化に乗り出す。

このときの「宗門改帳」作成によって住民は幕府に完全管理されることとなる。

シャクシャインの乱　一六六九年（寛文九）

アイヌの誇りをかけた決死の蜂起の真相

室町時代から江戸時代にかけて蝦夷アイヌが起こした大きな反乱は三度ある。なかでも一六六九年の「シャクシャインの乱」は最も大規模だった。なぜシャクシャインは命を賭してまで蜂起しなければならなかったのだろうか。

◆和人に収奪されるアイヌ

一六六九年（寛文九）六月、東蝦夷《ひがしえぞ》のアイヌを統率するシブチャリ（北海道静内《しずない》町）の首長シャクシャインは、松前藩に対する不満から和人襲撃の檄《げき》をとばし、これに呼応して東西蝦夷のアイヌが一斉蜂起した。

松前藩はこれまでアイヌ民族をいいように支配してきた。交易といいながら、実際は一方的な収奪《しゅうだつ》であった。さらに、松前藩が勝手に交易レートを決めるに及んで、アイヌの生活は一層厳しさを増した。

たとえば、かつて鮭《さけ》百本に対して二斗の米と交換していたものが、この「シャクシャインの乱」が起こるころには半分以下の米としか交換できなくなっていたのである。これに怒ったシャクシャインは民族の誇りをかけ、松前藩に対し反抗の狼煙《のろし》をあげたのだった。

そもそも和人によるアイヌ支配は十五世紀に入り、道南地方に和人が定着し始めたあたりから始まった。

最初の決定的な対立は一四五七年（長禄元）五月に起こった「コシャマインの乱」である。箱館（函館）で和人の刀工がアイヌ青年を刺し殺すという事件に端を発し、日ごろ不利な交易を強いられていたアイヌが決起した。

東部アイヌの首長コシャマインは大軍を引き連れ、和人の館を次々に襲撃。箱館から松前にかけての海岸線の至る所で戦いが繰り広げられた。アイヌ軍は終始優勢だったが、上《かみ》ノ国（檜山《ひやま》郡上ノ国町）の領主蠣崎季繁《かきざきすえしげ》の館に客将として滞在していた武田信広《たけだのぶひろ》によってコシャマインが討たれると、反乱軍は一気に勢いを失い、和人軍に鎮圧されてしまう。

武田信広は若狭国の守護大名・武田信賢《のぶかた》の子とされている。跡目相続のいざこざ

●コシャマインの蜂起と道南12館図

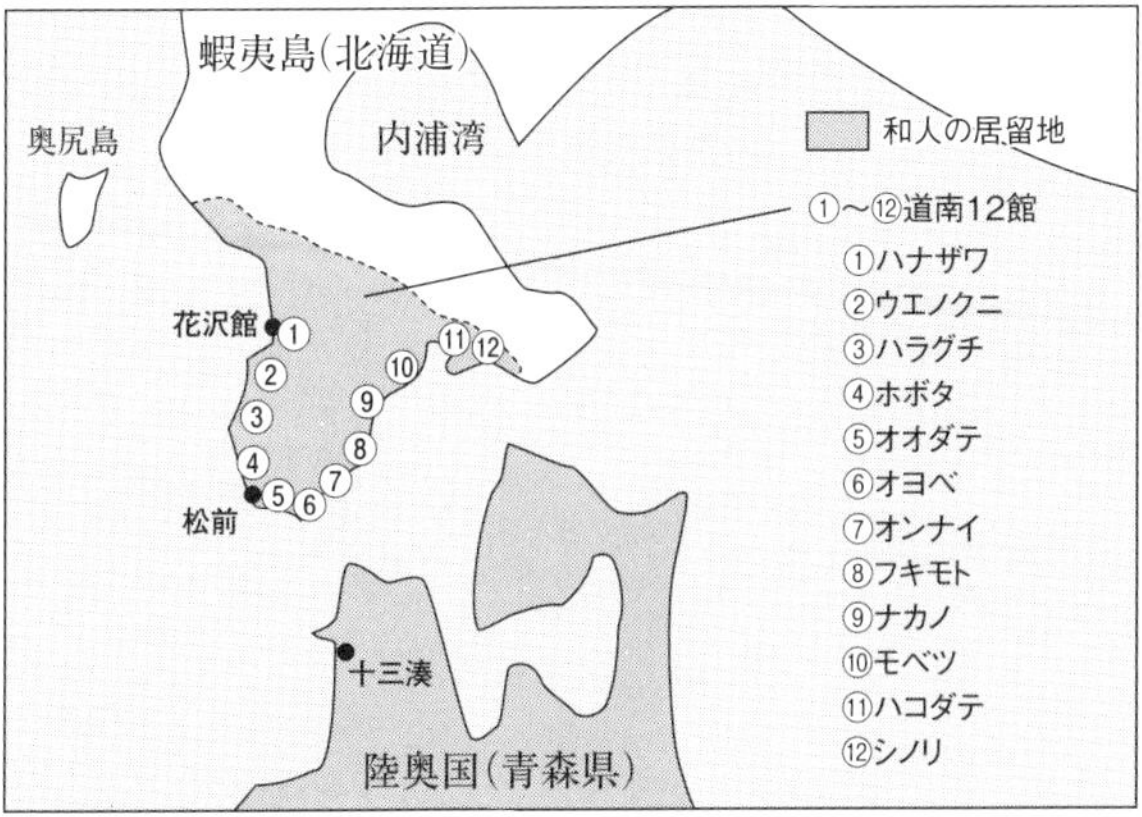

●和人の蝦夷進出

鎌倉時代、津軽十三湊を本拠とする安東(藤)氏は、アイヌと和人との交易などを統括する地位に就いており、東北北部から北海道南部にわたる地域を管理、蝦夷地と畿内を結ぶ中継港を維持していた。アイヌとの交易品は海獣の毛皮、海産物、蝦夷錦(中国産絹織物)など

⬇

永享年間(1429〜41年)新興勢力の南部氏に追われ蝦夷島(北海道)に渡った安東氏は、その後、出羽へ戻るが、一族はそのまま残り道南12館といわれる館を構えるようになった

⬇

1457年(長禄元年)シノリで和人がアイヌの青年を殺害したことによりコシャマインが蜂起。このとき松前町の花沢館館主蠣崎季繁のもとに寄寓していた武田信広が、総大将として出撃、コシャマイン父子を射殺し戦いを終結させた。やがて武田信広は蠣崎の養子となり、蠣崎氏の家督を継ぎ、江戸時代の大名・松前藩の礎を築いた

に嫌気がさして諸国を放浪、二十代半ばに蝦夷に渡ってきたという。やがて蠣崎季繁の養子となって家督を継ぎ、松前氏の始祖となる人物だ。

◈同胞の殺害で蜂起したシャクシャイン

このコシャマインの蜂起から約二百十年経って、シャクシャインの乱が起こった。当時、蝦夷地にはおよそ二万人のアイヌが暮らしていた。このころ、シャクシャインは六十歳代と思われる。

そもそも乱の発端は、アイヌ部落同士の確執にあった。一六四〇年代、日高地方を流れる静内川上流にオニビシという名の首長が治めるアイヌ部落があった。一方、川の下流にもう一つの部落があり、そこはシャクシャインという名の男が副首長をつとめていた。

両部落は日ごろから漁（猟）をめぐって仲が悪かった。一六四八年にはシャクシャインがオニビシの部下を殺すという事件が起こる。このときは松前藩が調停に入ってどうにか収まったが、五年後、今度はオニビシの手の者がシャクシャイン方の首長を殺害した。

蝦夷の反乱

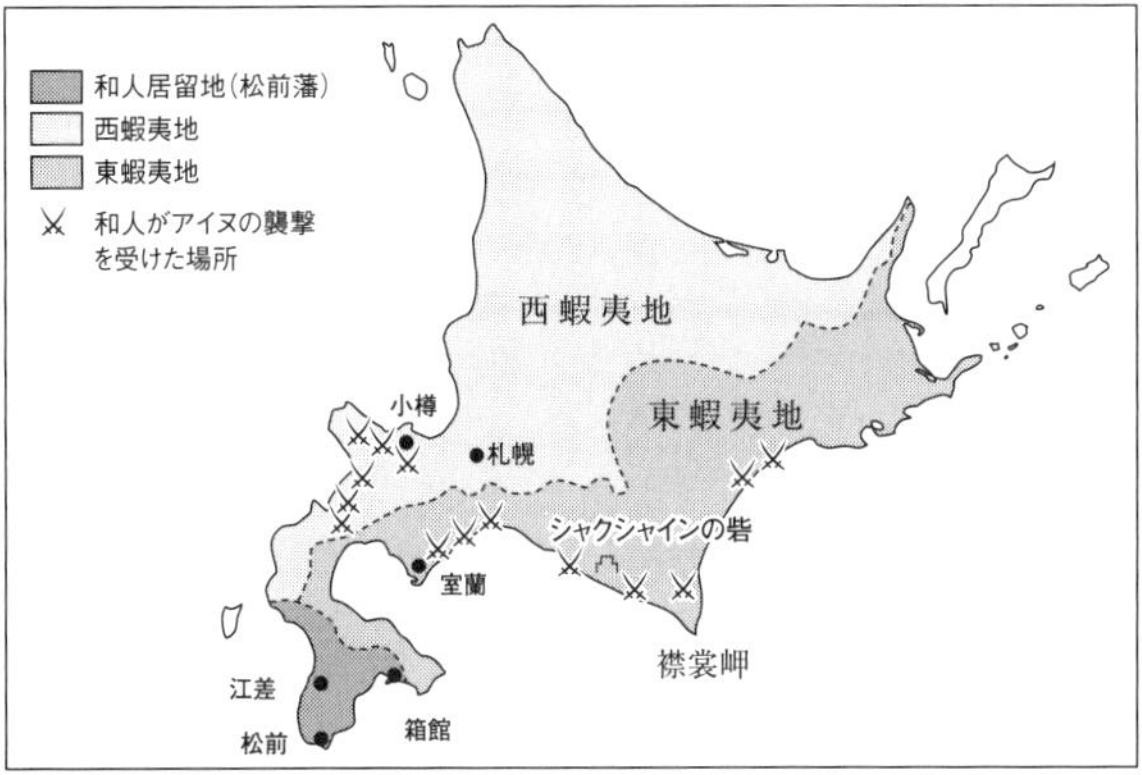

その後も、小さな争いを繰り返し、一六六八年にはとうとうオニビシがシャクシャイン方に殺されてしまう。そこで、オニビシ方は松前藩に使者を送り、武器や兵糧の援助を請うた。

ところが、この争いがやがて対和人の戦いへと発展することを恐れた松前藩はオニビシ方の援助を拒否する。使者は仕方なく帰途につくが、その途中に謎の急死を遂げてしまう。

このことが、松前藩の毒殺ではなかったかという噂が流れたため、これに怒ったのがシャクシャインだった。「昨日の敵は今日の友」ではないが、彼にとっては部落間の争いは二の次となり、アイヌの同胞が和人に殺害されたことが大問題だった。

普段から不平等な交易が腹に据えかねていたこともあり、ここでシャクシャインは和人との戦いに踏み切る。シャクシャインの呼びかけによって各地で蜂起したアイヌは松前の商船約二十隻を襲ったのを手始めに、全道各地でおよそ三百人の和人を殺害した。

松前藩からアイヌの反乱を知らされた幕府は、松前藩主矩広《のりひろ》がまだ幼いため松前氏一族の旗本、松前泰広《やすひろ》を総大将とし、津軽藩、南部藩、秋田藩などからも応援部隊を派遣させて乱の鎮圧に当たらせた。

戦闘は約二カ月間続いたが、武器の差は如何《いかん》ともしがたかった。鎮圧軍の鉄砲が威力を発揮し、シャクシャインは次第に追い詰められていく。そこで、シャクシャインは釧路まで撤退し長期戦に持ち込もうとした。この動きを察知した松前泰広はシャクシャインに偽りの和睦を申し入れ、十月二十三日、酒宴の席で謀殺してしまう。

これにより、各地のアイヌが次々に降伏し、乱は終息。蝦夷地は和人の完全な支配下におかれることとなる。

◆同化政策を強制される

しかし、アイヌの反乱はこれで終わらなかった。一七八九年（寛政元）五月、今度は千島の国後《くなしり》島で首長マメキリに率いられたアイヌが蜂起した。当時、和人の出稼ぎ人によってアイヌはただ同然に使役させられていた。

こうした和人の横暴に耐えかね、決起したものだった。アイヌはこの反乱で七十一人の和人を殺害した。しかし、最後は別の首長に説得されて投降し、三十七人が死罪となる。

その後、ロシアの進出を警戒した幕府は蝦夷地を直轄《ちょっかつ》とする。これにより、アイヌの新たな受難が始まり、風俗を和人のように改めるなど同化政策を強制されることとなる。

まさに、アイヌの中世以降の歴史は異民族に対する日本人の無理解がもたらした弾圧の歴史でもあった。

大塩平八郎の乱　一八三七年（天保八）

大塩の決起が幕府にあたえた意外な波紋

江戸時代、三大飢饉と呼ばれる飢饉があった。享保、天明、天保の各年代に起こった飢饉がそれである。なかでも、天保の飢饉の悲惨さは言語に絶した。こうした惨状を見兼ね、立ち上がった男がいた――。

◆長引く飢饉によって餓死者が続出

一八三三年（天保四）に始まった大飢饉《ききん》は年々深刻さを増した。これは暖冬と冷夏、そして長雨に祟《たた》られるという異常気象の年が繰り返されたことによって起きたものだった。

東北地方をはじめ被害は全国を覆い、餓死者が続出。その結果、各地で一揆や打ちこわしが頻発《ひんぱつ》した。

こうした飢饉にさらに拍車をかけたのが、幕府が一八三五年に行った天保通宝の

●大塩勢の進路と火災範囲

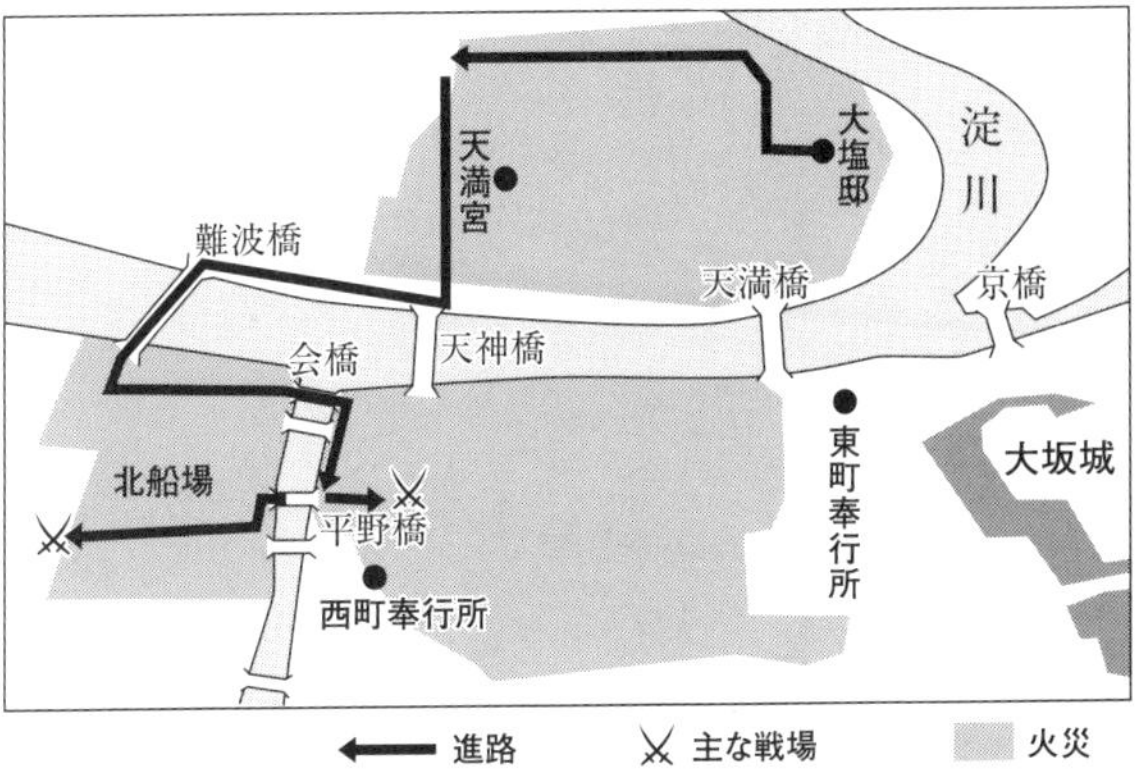

大塩を総大将とする80人ほどの一党が屋敷に火をかけ、市中に繰り出した。「救民」と書いた幟を先頭に、火薬を筒に詰めた棒火矢を撃ったり、焙烙玉を投げたりして、天満一帯を焼いた。その後、300人ほどに膨れ上がった一揆勢は船場の豪商の屋敷を襲った

発行である。

一枚が百文に相当するこの貨幣の発行は庶民の貨幣である銭の相場を下落させ、結果的に物価高騰を招いたのである。

一八三七年、大坂で一人の男が立ち上がった。元大坂東町奉行所与力で、著名な陽明学者でもあった大塩《おおしお》平八郎《へいはちろう》である。平八郎は一七九三年（寛政五）、大坂・天満で大塩家の八代目として誕生した。十四歳で与力見習いとして出仕し、その後正式に祖父の後を継いで与力となる。

平八郎は役人としてはきわめて真面目で、奉行所内部の不正も容赦な

く摘発した。三十代になると、自宅内に陽明学の私塾「洗心洞」（私欲を洗い、心深く包蔵する、の意）を開設する。三十代後半には与力の筆頭格にまで出世するが、すぐに役人生活を辞し、私塾で教育に専念するようになる。

平八郎はこれまで町奉行所に救済策を上申してきたが、聞き入れられなかったため、自らの蔵書千二百冊などを売り払い、一万人に一人一朱ずつ与えた。

そして、平八郎は養子格之助《かくのすけ》、門人約八十人と共に決起する。この年の二月十九日早朝、大塩宅の向かいにある与力朝岡助之丞《よりきあさおかすけのじょう》の屋敷に大砲が撃ち込まれた。

これを合図に平八郎は自宅に火をかけると、格之助と門人一同を引き連れ、「救民」と大書した幟《のぼり》を翻《ひるがえ》し、檄文《げきぶん》をまきながら天満宮の前を通って豪商たちの屋敷がある船場《せんば》に急行した。

そのときまかれた檄文には大要、次のようなことが書かれていた。

「このたびの大飢饉によって大坂市中にも窮民を続出させる惨状を呈しているにもかかわらず、大坂町奉行跡部良弼《あとべよしすけ》は何らの対策を講じようとしない。そればかりか、翌年四月に予定されている新将軍就任の儀式に備えて江戸への廻米を優先させるという、一身の利益だけを考えている。

また、市中の豪商たちは飢饉にもかかわらず豪奢《ごうしゃ》な遊楽に日を送り、米の買い占めによって米価のつりあげをはかっている。今回の決起は、このような姦吏《かんり》・貪商《どんしょう》たちに天誅《てんちゅう》を加え、貧民に金穀《きんこく》を配分するための義挙である」というものだった。一方で平八郎は、大坂町奉行所の不正、役人の汚職などを克明にあばいた手紙を書き上げ、江戸の幕閣に送っていた。

◆庶民たちの祈り

実はこの日、もっと遅く決行する予定だったのだが、同志の中から裏切り者が出て、直前に大坂町奉行跡部のもとに密告されたため、やむなく時間を早めざるを得なくなったという事情があった。

船場に到着したころには一団は農民らも加わり数百人に膨れあがっていた。平八郎らは、鴻池屋《こうのいけ》・天王寺屋・平野屋・三井・升屋など暴利をむさぼる豪商たちの屋敷を次々と襲っては米や銭を奪い、窮民に施した。

このときの騒動で火災が発生し、翌日の夜まで燃え続け、全市街地のおよそ五分の一を灰にしたという。

さんざんに暴れまわった大塩たちだったが、やがて東西奉行の捕り方が出張ってきて、鉄砲に追い立てられると、もういけなかった。その日の夕方までには主だった人々は捕縛されたり、自害したりした。

平八郎と格之助の二人はなんとか逃げ延びることができ、大坂市中にしばらく隠れひそんでいたが、三月二十七日、幕吏に踏み込まれ、二人そろって自害した。壮絶な爆死だった。

大塩父子が身を隠していた際、家を焼け出された庶民は一向に大塩を怨《うら》む様子もなく、むしろ役人に見つからないよう神仏に祈願する者さえいたという。

とにかく、こうして「大塩の乱」は終息した。元町奉行所与力による反乱というので、この事件が幕府に与えた影響は大きく、幕府は改革（「天保の改革」）を余儀なくされる。

しかし、これが行き過ぎたため一層庶民の反発を招き、倒幕運動の呼び水ともなるわけである。

薩英戦争　一八六三年（文久三）

熾烈な激闘の果てに生まれた倒幕の機運

生麦事件に端を発した薩摩藩と英国の戦争は激烈を極め、両者とも多大な被害を出す。終戦後、互いを認め合った両者の間に不思議な友情関係が生まれ、その友情関係がやがて倒幕のエネルギーとなる。

◆発火点としての生麦事件

一八六二年（文久二）八月二十一日早朝、薩摩藩の島津《しまづ》久光《ひさみつ》一行が京都を目指し江戸を発《た》った。

その三カ月前、久光は公武合体を推進するための勅使《ちょくし》を護衛して江戸に来ていた。久光は幕府に対し将軍徳川家茂《とくがわいえもち》の補佐役として一橋慶喜《ひとつばしよしのぶ》（のちの十五代将軍）を任命するよう働きかけ、それが成功したことから、このたび帰京の途に着いたものだった。午後二時ごろ、一行が生麦村（横浜市鶴見区）にさしかかったときだった。四人の英国人が騎馬のまま久光の行列を横切ったのである。外国人の彼らは貴人の行列の前を騎馬で横切る行為が最大の非礼に当たるということを知らなかった。即座に久光の供の中から一人の武士が進み出て、抜刀するや英国人に斬りかかった。あわてふためく英国人たち。結局、上海《シャンハイ》在留商人リチャードソンが死亡、他の三人は手傷を負いながらも居留地に逃げ帰った。英国公使オールコックは帰国中だったため、代理公使ニールが事件の処理に当たった。ニールは生き残った三人から事情を聞くと、即座に幕府と薩摩藩に対し謝罪を強く求めた。

四人が襲われた場所は英国人が出歩くことを許可された地区であったため、そのことを盾に取り、幕府と薩摩藩に対し謝罪と犯人の引き渡し、さらに賠償金（幕府十万ポンド、薩摩藩二万五千ポンド）の支払いを求めた。

幕府はこの要求に渋々応じたが、薩摩藩はいずれも拒否した。このため、翌年六月二十七日、ニールがユーリアラス号を旗艦とする英国艦隊七隻を横浜から率いて鹿児島湾に向かうと、あらためて生麦事件の陳謝と犯人処罰、賠償金支払いを迫った。

英国側とすれば、地方小国にすぎない薩摩藩が、世界に冠たる英国艦隊を見て、

●アジアに進出した欧米列強（19世紀中ごろ）

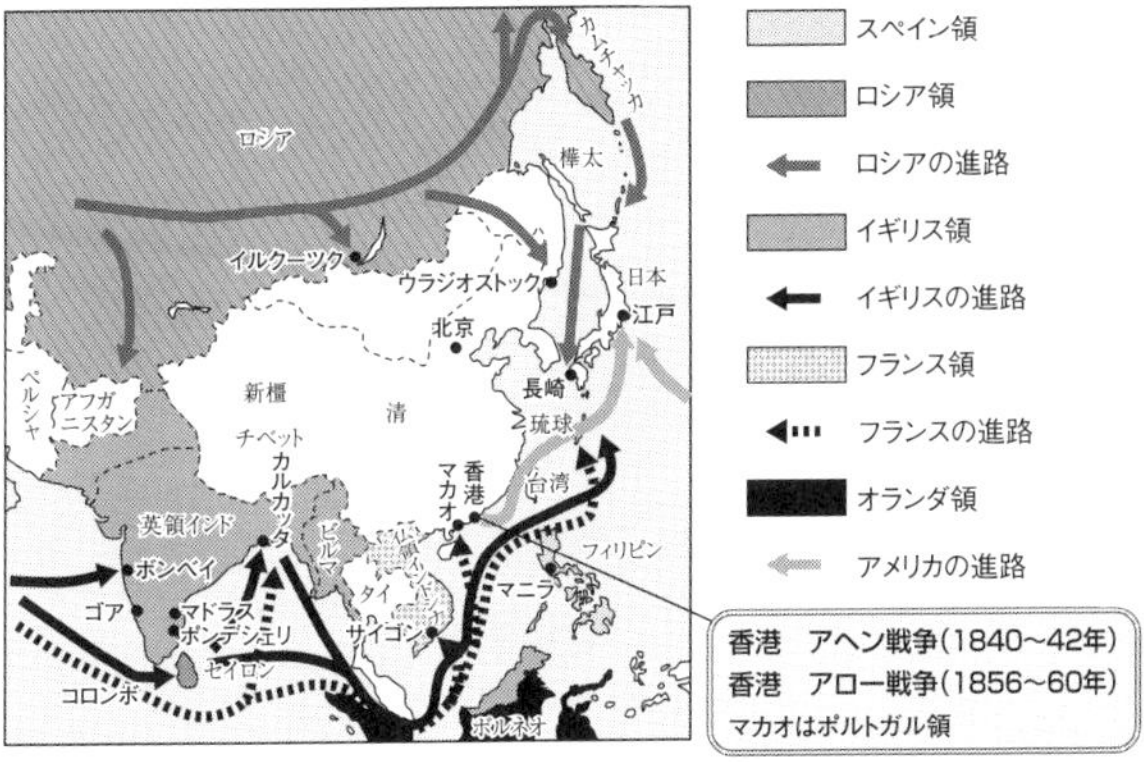

その威容に驚き、一も二もなく降参してくるだろうと楽観視していた。このことは、ニールが本国の外相にあてた報告書や艦隊が積んでいた石炭など補給物資が少ないことからもわかる。

ところが、薩摩藩はこのときも要求を拒否する。英国側は憤慨し、七月二日未明、薩摩藩の軍艦（汽船）三隻を拿《だ》捕《ほ》。こうして薩英戦争の戦端が開かれた。

英国側は海から、薩摩藩は陸からそれぞれ激しく砲弾を撃ち合った。両軍の戦力比較だが、薩摩側は十の砲台に合計八十三門の大砲を配置していた。しかし、しょせん旧式砲の寄せ集めだった。主力も十八ポンド砲や二十四ポンド砲という小型で、長距離を飛ぶ施条砲は一門もなかった。対する英国側は七隻の軍艦に合計百門以上装備し、そのうち約二十門は四キロメートル先まで到達する最新式の百十ポンド・アームストロング砲であった。

戦力ではとても敵いそうになかったが、緒戦はむしろ薩摩方が優勢だった。これは、ちょうど暴風雨が激しくなり、よもや攻撃してくることはないだろうと油断していたところを薩摩方に狙われたからだ。

旗艦ユーリアラス号などはこのときたまたま幕府からせしめた賠償金を積んでおり、大量の金箱が邪魔になって弾薬庫を開けることができず、一方的に砲撃され艦長が被弾によって戦死する始末だった。

◆急接近した英国と薩摩藩

こうして最初こそは薩摩方の優勢のうちに進んだだが、次第に旗色は悪くなる。薩摩方の砲弾が届かない距離から砲撃され、沿岸砲台は壊滅状態となった。砲弾の一部は城下にまで届き、先代・斉彬《なりあきら》時代の近代工場などが焼失した。

しかし、英国艦隊は味方が受けた被害と食料の準備不足を考慮し、翌日には鹿児島湾から退去、横浜に引き返した。この戦闘における死傷者は英国側が六十人余、薩摩側が五十人余だった。この交戦で薩摩藩は西洋の軍事力が日本のそれをはるかに上回っていることを知って驚嘆し、攘夷《じょうい》の無謀を悟った。

同年十月五日、横浜において薩摩と英国の間で講和条約が結ばれ、薩摩は英国に賠償金二万五千ポンドを支払った。といっても、その金は薩摩藩が幕府から借りたもので、のちに踏み倒している。また、犯人の引き渡しは黙殺した。

英国側が講和条約を呑んだ背景には、各国の風当たりがあった。鹿児島湾で薩摩と交戦した際、砲撃によって城下や一般市民にまで被害が及んだことから、フランスなどの宗教団体や平和団体に知られるところとなり、彼らがそのことを英国に強く抗議。そのため英国は強硬姿勢を崩さざるを得なくなったのである。

いずれにしろ、その後、薩摩藩と英国は急接近するのだから不思議だ。これは、薩摩藩の勇猛さを肌で実感し、薩摩藩こそは日本第一の雄藩であると英国側が敬意を払ったからに他ならなかった。

こののち、軍備の近代化を痛感した薩摩藩が英国に軍艦購入の斡旋を依頼するほどに両者は親密度を増し、維新への流れを加速する一因ともなるわけである。

禁門の変　一八六四年（元治元）

幕府と長州軍の激戦で三日間燃えつづけた京都

幕府が外圧に屈し外国との通商条約を調印したことなどを契機に尊皇攘夷運動が活発化する。なかでも、尊攘派が藩の実権をにぎる長州では幕府との対立は避けられないものとなっていった。

◆池田屋事件の報復に立ち上がった長州藩

一八六三年（文久三）八月十八日、薩摩藩と会津藩が手を結び、京都から長州と尊皇攘夷《そんのうじょうい》（天皇を敬い、外国人を排斥《はいせき》しようという思想）派の公卿《くぎょう》を一掃するという政変が起こる。

これは、尊攘派の天下だった京都をその手から取り戻そうとした公卿および薩摩藩と会津藩によるクーデターであった。この政変により、翌十九日、長州兵は三《さん》条実美《じょうさねとみ》ら七人の公卿を擁して長州に帰る。いわゆる「七卿落ち」である。こうして京都の尊攘運動は一時下火となった。

しかし、翌年三月、天狗党の乱（尊攘派による争乱）が起きると長州は再び勢いを盛り返す。藩内の過激派の間では再度上洛して天皇を奪う計画まで企《くわだ》てられた。

六月五日、長州の尊攘派を激昂《げっこう》させる決定的な騒動が京都で起こる。「池田屋事件」である。新選組によって主だった尊攘派の同志が処断されたことで、長州藩では報復論が沸騰、ただちに上洛軍が編成された。

これを迎え撃つ幕府軍は約八万。一橋慶喜《ひとつばしよしのぶ》が中心となり、会津藩と薩摩藩を主力にした桑名、彦根、越前、淀、大垣など諸藩の連合軍だった。攻める長州軍は久《く》坂玄瑞《さかげんずい》率いる浪士隊三百、さらに福原越後《ふくはらえちご》、国司信濃《くにししなの》、益田右衛門介《ますだうえもんのすけ》の家老三人はそれぞれ三百、百、三百の軍勢を率いるなど総勢は約千六百を数えた。

七月十八日夜、ついに戦端が開かれる。数で劣る長州軍だったが、果敢にも伏見、嵯峨、山崎と三方向から御所に迫る。南西の山崎からは久坂玄瑞と真木和泉《まきいずみ》が率いる浪士隊が、御所の南の堺町御門を目指して同日午後八時ごろ、進軍を開始する。堺町御門はかつて長州藩が警備を受け持っており、八月十八日の政変で薩摩藩に取って代わられた因縁の門である。

ここを守る桑名・彦根・越前・会津藩と衝突し、たちまち激戦となった。しかし、数で勝る幕府軍が有利となり、真木和泉は敗走。久坂玄瑞も流れ弾を受け、鷹司《たかつかさ》邸で自刃した。

◈火災によってあふれる避難民

最大の激戦区となったのは西の蛤《はまぐり》御門であった。来島又兵衛《きじままたべえ》、国司信濃率いる長州勢が十九日未明、嵯峨・天竜寺から出発。やがて蛤御門を守る会津藩と戦闘を展開する。

長州藩にとって会津藩は八月十八日の政変の首謀者の一人であり、池田屋事件で多くの同志の命を奪った新選組を抱えている仇敵《きゅうてき》でもあった。長州勢の戦意は旺盛で、会津藩の守りを突破して一時は御所内に進入するほどだった。これにより、宮中は「神器を入れた櫃《ひつ》も縁側に並置せられ」たほどの大混乱に陥ったという。

しかし、西郷隆盛率いる薩摩藩が応援に駆けつけたことから戦局は逆転。指揮官の来島又兵衛は戦死し、長州勢は敗走した。

こうして長州藩の完全なる敗北で幕を閉じる。益田右衛門介が三百を率いて淀川から山崎の天王山に進み後詰として控えていたが、味方の敗走を食い止めることはできず総崩れとなった。また、真木和泉は天王山において自害した。この戦いで長州は大敗を喫し、しかも尊攘派の指導者、久坂玄瑞を戦死させたことが大きな痛手となった。

禁門の変前後の動向

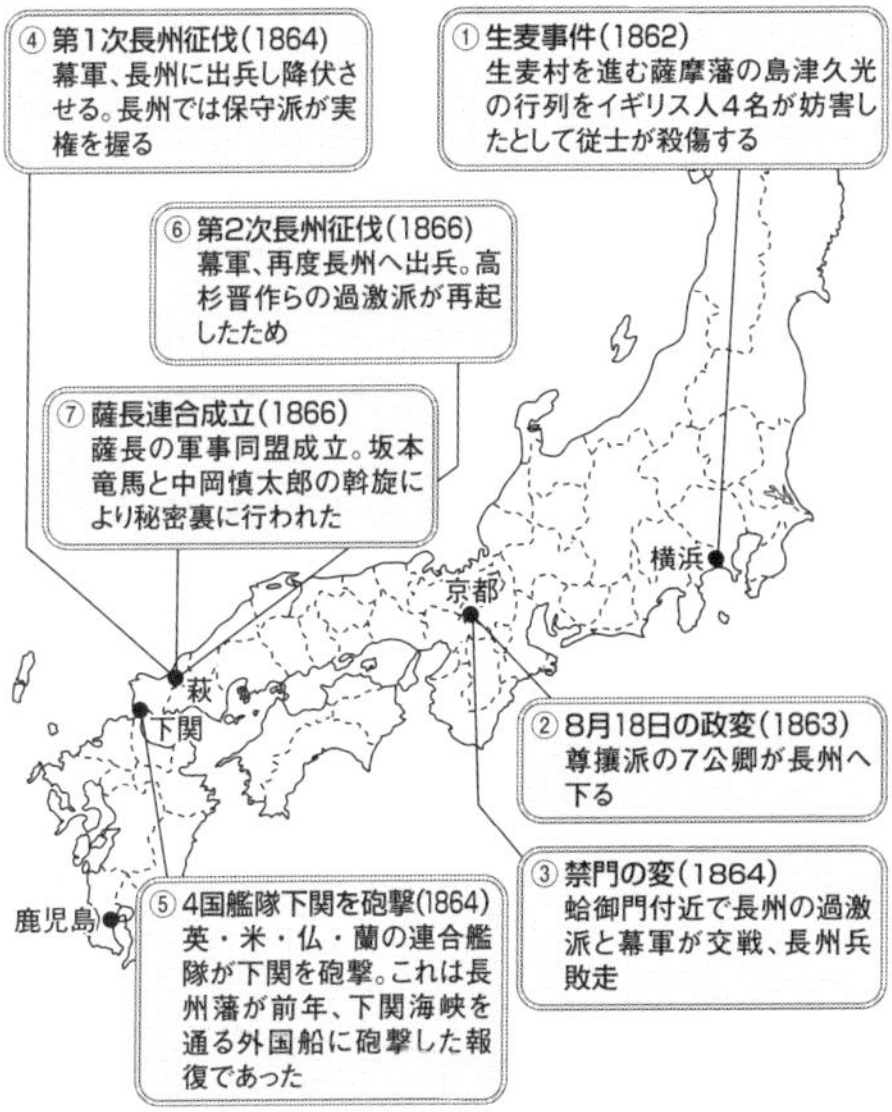
①生麦事件(1862)
生麦村を進む薩摩藩の島津久光の行列をイギリス人4名が妨害したとして従士が殺傷する
②8月18日の政変(1863)
尊攘派の7公卿が長州へ下る
③禁門の変(1864)
蛤御門付近で長州の過激派と幕軍が交戦、長州兵敗走
④第1次長州征伐(1864)
幕軍、長州に出兵し降伏させる。長州では保守派が実権を握る
⑤4国艦隊下関を砲撃(1864)
英・米・仏・蘭の連合艦隊が下関を砲撃。これは長州藩が前年、下関海峡を通る外国船に砲撃した報復であった
⑥第2次長州征伐(1866)
幕軍、再度長州へ出兵。高杉晋作らの過激派が再起したため
⑦薩長連合成立(1866)
薩長の軍事同盟成立。坂本竜馬と中岡慎太郎の斡旋により秘密裏に行われた
横浜
京都
萩
下関
鹿児島

久坂玄瑞は一八四〇（天保十一）、現在の山口県萩市で萩藩医・久坂良迪《りょうてき》の三男として生まれた。十八歳で松下村塾に入ると、すぐに英才ぶりを発揮し、高《たか》杉晋作《すぎしんさく》と供に「村塾の双璧」と称された。享年二十五。

後年、西郷隆盛《さいごうたかもり》はその才能を懐かしんで、「お国の久坂先生が今も生きておられたら、お互いに参議だなどと言って威張ってはおられませんがなあ」と木戸孝允《きどたかよし》（桂小五郎）にしみじみ語ったという。

戦闘は十九日の一日だけで終わったが、京都の町は三日間にわたり燃え続けた。戦火の被害は二万八千戸にものぼり、八百十一町が焼失。鴨川の河原や諸街道には避難民があふれた。

また、この火災のさなか、生野の変を起こした平野国臣《ひらのくにおみ》や池田屋事件の古高俊太郎《ふるたかしゅんたろう》ら大宮六角の牢獄に繋《つな》がれていた未決囚の志士三十数名が、獄中で役人に惨殺されるという痛ましい事件が起きている。

表向きは「破牢を企てたことによる」という理由だったが、実際は火災によって気が動転した牢奉行の独断により処刑されたものだった。

この時代、有為の志士がどれだけ無意味に血を流したことだろうか。これもまた、革命がもたらした歴史の汚点である。

ときの孝明《こうめい》天皇はこの争乱に激怒、長州追討《ついとう》令を発し、のちの長幕戦争へとつながるのである。

長幕戦争　一次　一八六四年（元治元）　二次　一八六六年（慶応二）

長州を攻めあぐねた幕府の揺らぎ

徳川幕府の権威が一気に失墜した戦い——それが長幕戦争である。禁門の変で敗退した長州の息の根を止めるべく出兵した幕府軍ではあったが、一地方の藩に完膚無きまでに打ちのめされてしまった。

◈実戦のなかった第一次長幕戦争

一八六四年（元治元）七月十九日の禁門の変で敗れた長州藩は、藩内が大混乱に陥った。主に門閥《もんばつ》系上士で構成され幕府に恭順の意を示そうとする「佐幕保守派」と、軽輩を中心としあくまで討幕を目指そうとする「尊攘《そんじょう》急進派」が真っ向から対立したのである。

そんななか、幕府の長州征討《せいとう》が十一月十八日と決定し、十一月に入ると西国の諸藩兵十五万が長州領を包囲した。征長総督には前尾張藩主徳川慶勝《とくがわよしかつ》、参謀には薩摩藩士西郷隆盛《さいごうたかもり》が座っていた。

これに恐れをなした保守派は毛利家を守るため急進派を押さえ込み、征討軍に対し降伏を申し出る。

禁門の変の直後、長州藩はアメリカ、イギリス、オランダ、フランスの四国連合艦隊によって下関を攻撃占領されており、藩全体が気弱になっていたことは確かである。

征討軍に降伏した保守派は禁門の変の責任者として福原越後《ふくはらえちご》、益田右衛門介《ますだうえもんのすけ》、国司信濃《くにししなの》の三家老と四人の参謀を切腹させ、さらに、藩主直筆の謝罪書を提出した。幕府軍はこれを受け容れたため、この第一次長幕戦争では実戦は一度も行われず、終結した。

こうして一応の落着をみたわけだが、収まらないのが長州藩の血気盛んな急進派だった。

翌年一月二日、遊撃隊を率いる高杉晋作《たかすぎしんさく》が藩内保守派の打倒を掲げ、決起する。奇兵隊などもこれに呼応し、激戦の末、藩庁軍を打ち破った。こうして、急進派が勢いを盛り返し、藩は幕府に対し恭順の態度を見せながらも裏では軍備の充実を図ることになった。

◆軍事の天才・村田蔵六の登用

五月、急進派に追い風が吹いた。禁門の変後、姿を隠していた桂小五郎《かつらこごろう》（木戸《きど》孝允《たかよし》）が帰藩し、さらに、その桂が一人の逸材を登用して藩の軍制改革にあたらせたのである。

その逸材とは軍事の天才、村田蔵六《むらたぞうろく》（大村益次郎《おおむらますじろう》）だ。蔵六の指揮のもと、長州軍は戦術も装備も徹底して西洋式に改められた。

同年十一月、長州藩のこうした動きに不穏なものを感じ取った幕府は、第二次長州征伐を決断する。しかし、中核となるはずの薩摩藩は征長軍に参加することを拒否する。

実はこのころ薩摩藩は敵であるはずの長州藩と同盟を結ぶ運動を水面下で進めていた。両者を仲介したのは土佐の坂本竜馬《さかもとりょうま》だった。

翌一八六六年一月二十一日、薩摩と長州の間に秘密同盟が締結された。この薩長同盟は明治維新の原動力となる。

翌二十二日、この時点で薩長同盟のことなど知る由もなかった幕府は長州に対する処分の勅許《ちょっきょ》を得る。ところが、長州側はなんのかんのと理由をつけて処分案に対する回答を引き延ばした。

むろん、長州にすれば少しでも引き延ばして開戦準備を万全にする腹づもりだったのである。

六月になって、先鋒総督の徳川茂承《とくがわもちつぐ》が広島に到着する。第二次長幕戦争の始まりである。幕府軍総勢約十万は、芸州口（山陽）、石州《せきしゅう》口（山陰）、周防《すおう》大島口（四国）、小倉口（九州）の四方面から攻め込んだ。長州ではこの戦いを「四境戦争」と呼んだ。まさに絶体絶命の危機である。

◈兵器と戦意の差が勝敗を分ける

戦闘は六月七日、まず周防大島口方面から始まった。幕府の軍艦が大島を攻撃し、島を占領する。これに対し長州軍は十二日、高杉晋作自ら軍艦を指揮して奇襲戦を成功させ、幕府軍を敗走させている。

幕府軍の主力が向かった芸州口では十三日に開戦した。長州軍は井上聞多《もんた》（馨《かおる》）

●四境戦争

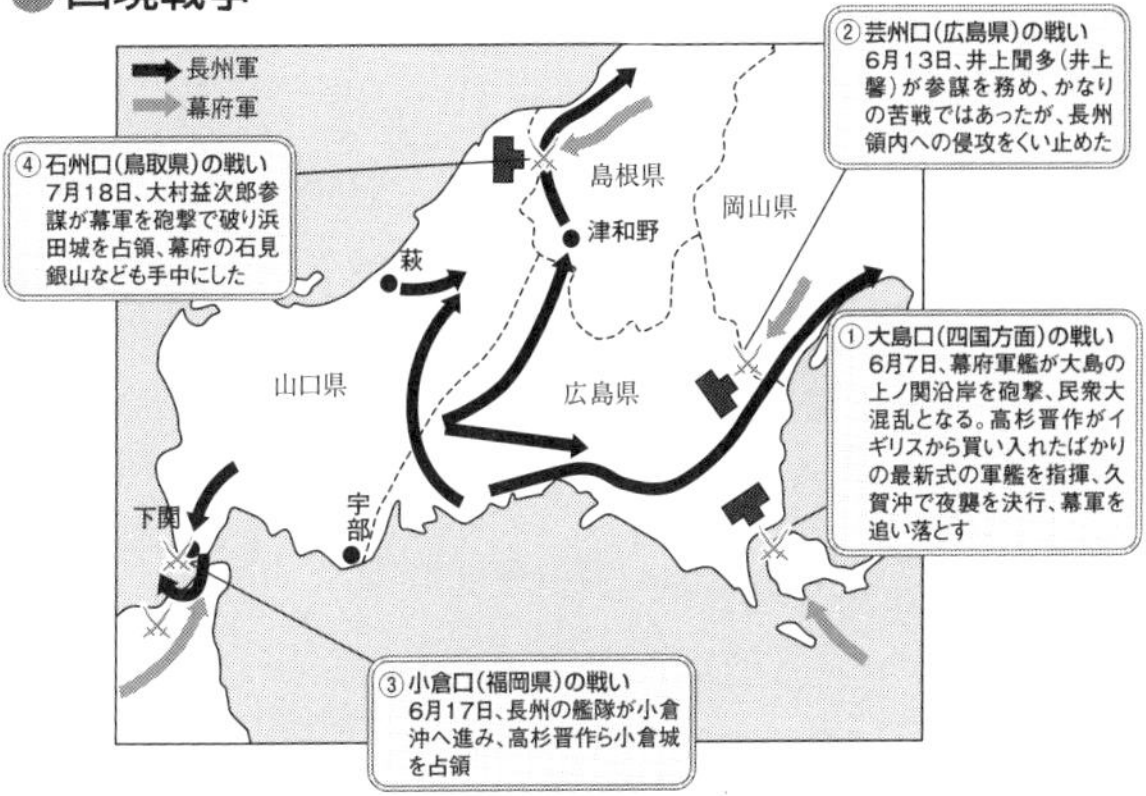
長州軍
幕府軍
④石州口（鳥取県）の戦い
7月18日、大村益次郎参謀が幕軍を砲撃で破り浜田城を占領、幕府の石見銀山なども手中にした
②芸州口（広島県）の戦い
6月13日、井上聞多（井上馨）が参謀を務め、かなりの苦戦ではあったが、長州領内への侵攻をくい止めた
島根県
岡山県
津和野
萩
山口県
広島県
①大島口（四国方面）の戦い
6月7日、幕府軍艦が大島の上ノ関沿岸を砲撃、民衆大混乱となる。高杉晋作がイギリスから買い入れたばかりの最新式の軍艦を指揮、久賀沖で夜襲を決行、幕軍を追い落とす
下関
宇部
③小倉口（福岡県）の戦い
6月17日、長州の艦隊が小倉沖へ進み、高杉晋作ら小倉城を占領

が指揮し、幕府軍の紀州藩兵らと一進一退の激戦を展開。それでも長州領内に幕府軍を一歩たりとも踏み入れさせなかった。

石州口は長州藩参謀の村田蔵六が采配をふるった。幕府軍の戦意が鈍いこともあり、またたくまに幕府軍を押し返し、浜田城を占領する。小倉口では六月十七日、長州軍が海上から門司《もじ》を攻撃。これが奏功し、八月一日には小倉城を奪取した。

守る長州軍は総勢三千五百余とはいえ、四方面いずれの戦闘においても優勢だった。何と言っても、装備に雲泥《うんでい》の差があった。たとえば鉄砲。幕府軍のそれは戦国時代に使っていた骨董品のような火縄銃、対する長州軍は最新のミニエー銃を装備していたのである。

しかも、長州軍は一兵卒に至るまで祖国を死守するという郷土愛に燃えていたが、寄せ集めの幕府軍はことなかれ主義が蔓延《まんえん》し、戦意は乏しかった。幕府軍の中には故郷への土産を買うことに忙しい兵もいたという。また、諸藩の幹部たちにとっては、敵を打ち負かすことよりも莫大な戦費をどう捻出するかが頭の痛い問題だったのである。

さらに、幕府軍にとって不幸だったのは、七月二十日に将軍徳川家茂《とくがわいえもち》が大本営である大坂城中で病死したことだ。まだ二十一歳の若さだった。ここに至り、八月二十一日、朝廷から休戦の勅書《ちょくしょ》が発せられ、第二次長幕戦争は終幕を迎える。

幕府ともあろうものが一地方藩に軽くひねられたというので、その権威は地に堕ち、今まさに命運が尽きかけようとしていた。

戊辰戦争　一八六八～一八六九年（慶応四～明治二）

激戦の果てに見えた新しい時代

幕末、不作が続いたことで世直し一揆・打ちこわしが全国で頻発する。こうした騒然としたなかで大政奉還は決行され、世は明治となる。これに抵抗したのが旧幕府勢力だった。彼らは薩長に対し昂然と反抗の狼煙をあげた。

◆徳川慶喜の処遇問題

驚いたことだった。きのうまで士農工商の頂点にいた権力者――将軍が一夜にして丸裸にされてしまったのだ。

一八六七年（慶応三）十月十四日、将軍徳川慶喜《よしのぶ》は朝廷に対し大政を奉還した。これにより、二百七十年間続いた徳川幕府体制は瓦解《がかい》する。

十二月九日、王政復古の大号令が出される。幕府・摂政《せっしょう》・関白が廃止され、かわって総裁・議定・参与の三職が設けられた。総裁には有栖川宮熾仁《ありすがわのみやたるひと》親王、議定には三条実美《さんじょうさねとみ》、岩倉具視《いわくらともみ》らの公卿《くぎょう》と薩摩・土佐・広島・尾張・福井の五藩主、参与には五藩の藩士と公卿が任じられた。王政復古と言っても実際は有力公卿と雄藩を中心にした連合政権だった。

この日の夜、徳川慶喜の処遇問題が話し合われた。慶喜は政権を手放したとはいえ、なお内大臣の官位を持っている、八百万石の大大名だった。会議は紛糾するが、岩倉や薩摩の討幕派が慶喜の辞官・納地を押し通して閉会する。

この決議に激昂《げっこう》したのが旧幕臣、および京都守護職を免ぜられた会津藩、京都所司代を解かれた桑名藩の藩士たちだった。彼らは佐幕派連合軍を結成、翌年一月三日、鳥羽伏見において薩摩・長州軍と衝突した。

薩長連合軍五千に対し、旧幕軍は三倍の一万五千。ところが、旧幕軍は薩長軍の敵ではなく、翌日には早くも大勢が決してしまう。

そもそも幕軍は一時の激情にかられて行動に出たものであって、指揮系統すらはっきりしていない状態だった。

これに対し、薩長軍は西洋式の装備と訓練が徹底しており、旧幕軍との差は歴然だった。

こうして始まった戊辰《ぼしん》戦争はその後、江戸、会津、東北、北越方面からさらに箱館へと転戦し、一年半も続くことになる。

一八六八年（慶応四＝九月より明治と改元）二月九日、東征大総督に有栖川宮が就任、旧幕軍を討つため五万の兵が東海道、東山道、北陸道に分かれて進んだ。

この間、新政府軍大総督府参謀であった西郷隆盛《さいごうたかもり》と旧幕府陸軍総裁勝海舟《かつかいしゅう》との間で秘密交渉が進められていた。そして、東海道軍と東山道軍が江戸（七月より東京に改称）に到着してまもなく、江戸・高輪において西郷と勝が会見し、江戸無血開城が決まる。三月十四日に行われた二人のこの会談によって間一髪、江戸は焦土《しょうど》と化すことをまぬがれた。

四月十一日、江戸城が新政府軍に接収され、謹慎していた徳川慶喜は出身地の水戸へ退いた。しかし、旧幕臣には主戦派が多く残っていた。榎本武揚《えのもとたけあき》率いる旧幕府海軍は北上していったが、それ以外の旧幕臣らは関東各地で抵抗戦を繰り広げた。

そのなかには江戸にとどまり、徳川宗家菩提《ぼだい》所の上野寛永寺にこもる一派もいた。彼らは「彰義隊《しょうぎたい》」と名乗った。彰義隊はやがて三千人に膨れ上がる。危機感を覚えた新政府軍はただちに掃討《そうとう》作戦に移った。五月十五日、大村益次郎《おおむらますじろう》率いる新政府軍二千は最新式のスナイドル銃で武装し、上野山を包囲する。さらに、大村は当時世界最強と言われたアームストロング砲を事前に不忍池《しのばずのいけ》西方の本郷台に据えていた。

午前七時ごろ、大村は攻撃命令を発した。薩摩軍が正面の黒門口から、長州軍が本郷団子坂から側面をついた。このころ、彰義隊内部では脱走兵が相次いでおり、主戦力は一千程度とみられている。しかし、この一千が強かった。

一進一退の攻防が続くなか、戦局を一気に変えたのは本郷台から撃ち込まれたアームストロング砲だった。炸裂《さくれつ》弾を発射するアームストロング砲の威力は絶大で、彰義隊士はバタバタと倒れていった。

その後、新政府軍が上野山内に突入し、生き残った彰義隊士を壊滅させた。こうして夕方までには新政府軍によって上野山は制圧されてしまう。この戦闘での新政府軍の戦死者はわずか数十人だったという。

◆籠城一カ月で会津藩が降伏

上野戦争の後、戦いは会津に移った。会津藩は佐幕派の大名の中でも最大・最後の藩である。会津を倒さなければ新政府軍のこのたびの征東戦は意味が無いと言っても言い過ぎでなかった。

鳥羽・伏見の敗戦後、会津藩主松平容保《まつだいらかたもり》は二月下旬に帰国した。そして、すぐに迎撃準備に入った。まず、軍制改革に着手して近代化を図る一方、東北二十五藩などに呼びかけ、奥羽越列藩同盟を成立させた。

そうした間にも新政府軍はひたひたと会津に迫っていた。五月一日、新政府軍は白河城を奪うと、七月二十九日には二本松城を攻撃し、即日にこれを落とした。そして、行軍の足音も勇ましく猪苗代湖《いなわしろこ》北東の母成《ぼなり》峠を経由し、会津の奥深くに進撃した。決戦は目前に迫っていた。

八月二十一日、新政府軍は会津若松の町を包囲すると、すかさず総攻撃を開始した。翌日、猪苗代湖北西の戸ノ口原を守備していた少年兵・白虎隊士中二番隊が土佐隊らと交戦し、敗れる。半分の約二十人にまで減ってしまった士中二番隊はいったん鶴ケ城へ戻って態勢を立て直そうとした。

ところが、飯盛山《いいもりやま》から城の方角を見ると、城のあたりが黒煙に包まれているではないか。愕然とした隊士らはすでに落城したものと判断し、次々と切腹、あるいは刺し違えて果てた。しかし、この時の煙は新政府軍が放った火によって城下の一部が燃えたもので、城は健在だった。若さゆえの早合点と言ってしまえばそれまでだが、後世に残る悲劇であった。

こうして最終局面の籠城戦へとなだれこんだ。その間、城下の武家の中には足手まといになってはいけないと、自ら命を絶つ老人や婦女子も少なくなかった。

両軍の兵力だが、籠城軍は女性など非戦闘員も含め約五千、一方の攻城軍は一万とも三万とも言われ、はっきりしない。いずれにしろ、戦闘員の数にしても兵器の質にしても、籠城軍に到底勝ち目は無かった。

やがて、鶴ケ城は最新式のアームストロング砲など数門の大砲の猛砲撃にさらされることになり、城内の人々は次々に倒れていった。一昼夜に二千五百発の砲弾が撃ち込まれることもあったという。まさに、会津藩の命運は風前の灯火《ともしび》だった。

しかも、そのさなかに米沢藩、ついで仙台藩という奥羽越列藩同盟の中核となる両藩が相次いで新政府軍に降伏し、外からの援軍も期待できなくなった。

籠城一カ月、藩主松平容保は攻城軍の先頭に翻《ひるがえ》る錦旗《きんき》を見て、「すでに会津の心根は見せた。もはやこれ以上の抵抗は皇恩《こうおん》に報ゆる道ではない」として、九月二十二日、新政府軍の降伏勧告を受け入れる。

こうして、大手門に白旗が掲げられた。これが、日本で白旗が降伏の合図に使われた最初という。

会津藩の降伏を契機に、翌二十三日には庄内藩が、その翌日には南部藩が新政府軍の軍門に下った。こうして東北の戦乱は終結した。

さて、奥羽越列藩同盟の一角を成した越、すなわち越後《えちご》長岡藩の戦い（北越戦争）についても一言触れておきたい。当時、長岡藩は佐幕にも討幕にも属さない中立を貫こうとしていたが、新政府ににらまれ、やむなく奥羽越列藩同盟に参加、新政府と戦うことになった。

長岡藩の執政河井継之助《かわいつぐのすけ》は早くから洋式の軍備を進めていたが、雲霞《うんか》のごとく押し寄せる官軍に抗しきれず、抵抗三か月で長岡城は落ちる。会津が降伏する約一か月前のことだった。こうして北陸、会津と落ち、残るは箱館（函館）へ逃れた榎本軍だけとなった。

◆榎本武揚と箱館戦争

榎本武揚《えのもとたけあき》――幕府直参旗本の次男。小さいころから頭が良かった武揚は十八歳で幕府の海軍伝習生として長崎に遊学、二十三歳のとき江戸に戻り、海軍操練教授となる。三年後、オランダに留学し、造船術や船舶運用術、砲術、化学、国際法規など幅広く学んだ。

帰国後、榎本は幕府海軍の重鎮《じゅうちん》となる。しかし、新政府軍が江戸を占領した際、軍艦引き渡しを拒否し、八隻の艦隊を率いて江戸湾から北上、箱館に入った。

榎本が蝦夷に到着したのは一八六八年（明治元）十月二十日。現在の内浦湾（噴火湾）に面する鷲《わし》の木浜に停泊した。会津藩が降伏してほぼ一か月後だった。このとき榎本は三十三歳。ちなみに、蝦夷も箱館も、翌年八月にそれぞれ現在の北海道、函館に改称している。

上陸するや、榎本軍は大鳥圭介《けいすけ》隊と新選組の土方歳三《ひじかたとしぞう》隊に分かれ、進撃を開始した。二十六日には箱館と五稜郭《ごりょうかく》を奪い、土方隊はその後松前城も落とした。

十二月二十五日、榎本は箱館を首都とする蝦夷共和国の樹立を宣言する。総裁には選挙によって榎本が選ばれた。しかし、諸外国はこれを認めず、蝦夷政権は国際法上、たんに中央政府に楯突く反乱軍となった。

同年三月、榎本軍を討つため新政府海軍の軍艦が岩手の宮古湾に入る。この報に

●戊辰戦争の展開図

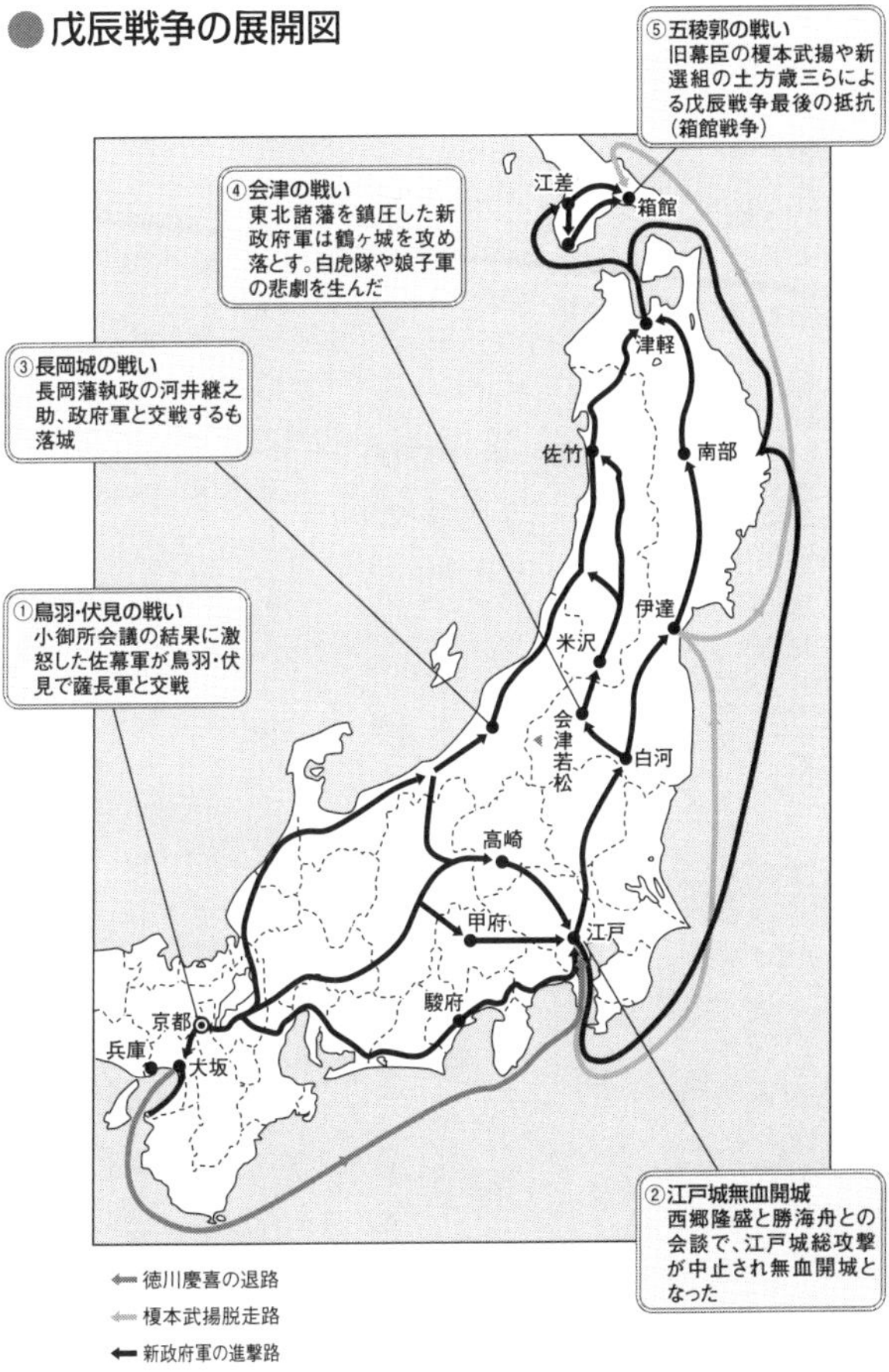
⑤五稜郭の戦い
旧幕臣の榎本武揚や新選組の土方歳三らによる戊辰戦争最後の抵抗（箱館戦争）
④会津の戦い
東北諸藩を鎮圧した新政府軍は鶴ヶ城を攻め落とす。白虎隊や娘子軍の悲劇を生んだ
③長岡城の戦い
長岡藩執政の河井継之助、政府軍と交戦するも落城
①鳥羽・伏見の戦い
小御所会議の結果に激怒した佐幕軍が鳥羽・伏見で薩長軍と交戦
②江戸城無血開城
西郷隆盛と勝海舟との会談で、江戸城総攻撃が中止され無血開城となった
江差
箱館
津軽
佐竹
南部
伊達
米沢
会津若松
白河
高崎
甲府
江戸
駿府
京都
兵庫
大坂
徳川慶喜の退路
榎本武揚脱走路
新政府軍の進撃路

接し、榎本軍は敵主力艦の奪取作戦を実行に移すが、暴風雨に邪魔をされて失敗、榎本軍の軍艦はスゴスゴと箱館に逃げ帰る。

四月九日、新政府軍の第一陣が乙部《おとべ》に上陸した。榎本はこれを知って迎撃部隊を向かわせたが、榎本軍が使っている先込め式の旧式銃とは違う新式の元込め式スペンサー銃に追い立てられ、榎本軍は敗退する。その後、新政府軍は松前攻撃隊と箱館攻撃隊に分かれ進軍した。

松前には大鳥圭介隊が守備していたが、海からの艦砲射撃がきき、松前城は新政府軍に奪取される。一方、箱館方面には土方歳三隊が二股峠にいた。土方隊は、江差方面から進んできた新政府軍と激しい銃撃戦を繰り広げたが、銃の性能と弾薬の量で勝る新政府軍に押し切られ、やむなく二股峠を撤退する。こうして榎本軍は箱館へ箱館へと追い詰められる。

五月十一日、そんな榎本軍に対し、新政府軍の箱館総攻撃が始まった。当日は箱館戦争で最も激しい戦いが繰り広げられた。

この戦闘で榎本軍はやむなく箱館市街を放棄し、五稜郭のほか千代ケ丘台場と弁天台場に退《しりぞ》く。この日、土方歳三が腹部に銃弾を受け、壮絶な戦死を遂げている。

翌日には五稜郭《ごりょうかく》に向けて箱館湾から新政府海軍の激しい艦砲射撃も始まった。榎本軍の敗北は時間の問題だった。十三日、新政府軍から降伏勧告書が送られたが、榎本はこれを拒否するむねの書をしたため、『海律全書《かいりつ》』一冊を添えて送り返した。

日本の将来にとって貴重な本が戦火で失われることを危惧《きぐ》したものだった。新政府軍参謀黒田清隆《くろだきよたか》はこの場に及んで国の将来を憂《うれ》える榎本の無私無欲の態度に感激。その返礼として榎本に酒五樽を贈っている。まさに、士《さむらい》は士を知る、であった。

十七日、箱館戦争最後の夜となったこの日の夜、榎本が自害しようとし、すんでのところで部下に制止されている。その後、榎本は幹部を集めて会議を開くと、降伏を決めた。翌十八日早朝、榎本らは新政府軍の屯所《とんしょ》に出頭し、黒田の前に膝を屈した。

こうして約一年半に及んだ戊辰戦争は終結をみた。その間、あまりにも多くの人々が倒れ、血を流した。そうした尊い犠牲を踏み越えて明治近代国家は誕生したのである。

西南戦争　一八七七年（明治十）

最強・薩摩軍団の決起と、田原坂の攻防戦

大久保利通との連携で明治維新を果たした西郷隆盛。征韓論に敗れ、薩摩に下野するも周囲が抛っておかなかった。新政府打倒に立ち上がった西郷。それは真の意味で武士の世の終焉を告げる戦いだった。

◆征韓論に敗れ薩摩へ下る

島津《しまづ》斉彬《なりあきら》に寵愛《ちょうあい》され、低い身分から藩政に携わるまでに栄進を遂げた西郷隆盛《さいごうたかもり》。若いころはかなりの激情家で、過激派の危険人物とみなされ、二度までも島流しに遭っている。

そんな西郷もやがて倒幕運動に参加し、同郷の大久保利通《おおくぼとしみち》らと共に回天の大事業を成し遂げると、一躍維新の立役者ともてはやされるようになる。しかし、明治維新が成ったことで西郷の人生も大きく変転してしまった。

その契機となったのが「征韓論《せいかんろん》」だ。

一八七三年（明治六）十月、西郷は辞表を提出すると、筆頭参議の地位を捨て、鹿児島に戻る。

このころ、新政府の藩閥《はんばつ》主義に不満を持つ士族が多く、西郷はそのエネルギーを朝鮮侵攻という新たな戦争に振り向けようとしたのだが、岩倉具視《いわくらともみ》や大久保利通らの「内治優先策」に敗れてしまった。

故郷に戻った西郷だが、晴耕雨読《せいこううどく》の日々とはいかなかった。すぐに近在の若者が彼の威望《いぼう》をしたって集まるようになり、やがてそれは私学校設立という形に発展した。

この私学校では陸軍士官の養成などが行われたが、次第に西郷を中核とした政治結社の色合いが強くなっていった。

中央政府は西郷の動きを探るため警察官を派遣、その一方で鹿児島にある兵器を大坂に移送しようとした。こうした政府のやり方に私学校の生徒たちは不満を爆発させ、移送中の兵器を奪取するという挙に出る。

さすがの西郷もいきりたつ若者たちを抑えることができず、ついに決起する。こうして西南戦争が始まった。一八七七年（明治十）二月のことである。

同月十五日、西郷軍一万三千は鹿児島を出発。まず熊本鎮台《ちんだい》のある熊本城を目指した。鎮台とは、明治四年から同二十一年まで置かれた日本陸軍の編成単位で、常設されるものとしては最大の部隊単位であった。全国で東京・仙台・名古屋・大阪・広島・熊本の六カ所に置かれた。当初は士族からの志願者が多かった。同二十一年、「師団」に改称されている。

「西郷起《た》つ」の報に、九州各地から士族が続々と集まり、三万の大軍隊となった。熊本城に到着した西郷軍は二十二日から総攻撃を開始する。

城兵は農民や町民出身者が主力だけに、すぐに陥ちるだろうと思われたが、鎮台司令長官谷干城《たにたてき》が頑張り、意外な長期戦となる。

西郷軍にとってこの緒戦のつまずきが痛かった。三月三日には政府の援軍が到着し、両軍は田原坂《たばるざか》（熊本市植木町）において十七日間にもわたって激戦を繰り広げた。

「雨は降る降る　人馬は濡れる　越すに越されぬ　田原坂……」

とうたわれた田原坂は熊本城の北方にあり、城を築いた加藤清正《かとうきよまさ》は城北防衛の要

●西南戦争の官・薩進路図

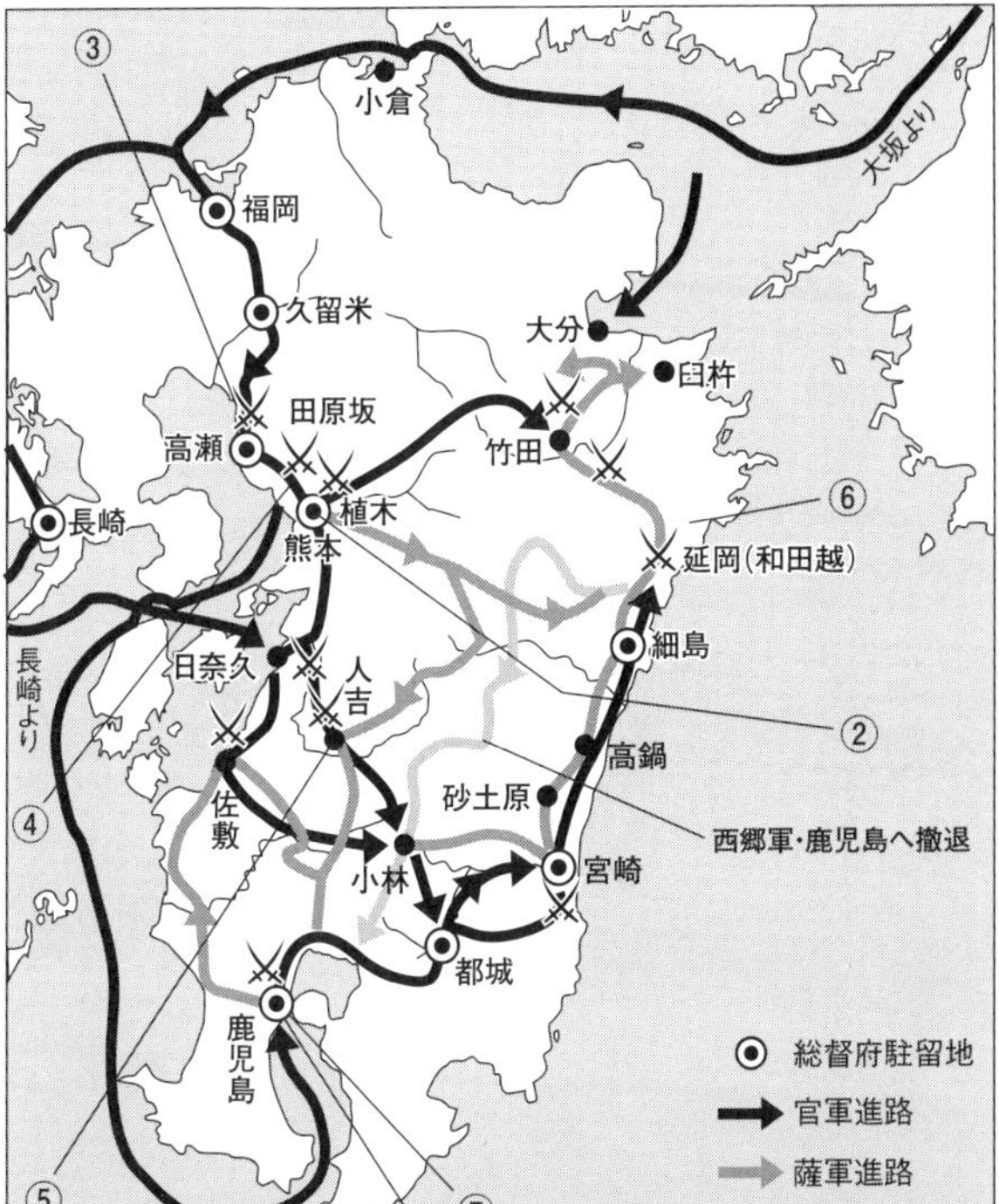

①鹿児島出陣(明治10年)
2月15日

②熊本城包囲
2月22日〜4月14日

③植木・高瀬の戦い
2月22日〜27日

④田原坂の戦い
3月3日〜20日

⑤人吉の戦い
5月9日〜6月1日

⑥和田越の戦い
8月15日

⑦西郷、城山に散る
9月24日

地と考えていた。この田原坂において政府軍と西郷軍は十七日間、間断なく弾を撃ち合った。互いの銃弾が雨のごとく行き交い、空中で衝突する「行合弾《ゆきあい》」なる珍現象が起こるほどだった。政府軍だけでも死傷者は二千四百人にのぼった。

◆武士の世の幕を引いた男

この田原坂の戦いで敗れた西郷軍はやむなく人吉まで撤退する。しかし、ここでも政府軍に追い立てられ、仕方なく、都城《みやこのじょう》を経て宮崎へ走る。鹿児島に戻らなかったのはすでに政府軍によって占領されていたからだ。

西郷軍は宮崎で約二カ月間持ちこたえたのち、北上して延岡《のべおか》に入る。ここで八月十五日、政府軍との間で最後の組織的な激戦を繰り広げている。西郷自身、前線で味方を励ましたが、抵抗むなしく敗退する。翌十六日、西郷は全軍に解散命令を出した。

その後、西郷と彼の親衛隊一行は山脈を縦断して、ようやく鹿児島城下にたどりつく。九月一日のことである。一行はそのまま城山に立て籠もった。このとき、西郷に付き随《したが》う者はわずか四百程度だった。

九月二十四日、その四百の西郷軍に対し、政府軍五万の無慈悲とも思える猛攻撃が始まった。身に銃弾を受けた西郷は傍らにいた別府晋介《べっぷしんすけ》に、「もうよか」短くそう言って、別府の介錯《かいしゃく》を受けたという。享年五十一。西郷はこうして自らの手で武士の世の幕を引いたのである。

源平の出現によって台頭した武家は、それ以来、公家を主役の座から追い落とし、一貫して政権を手放さなかった。明治維新のころまで含めると武家の世はおよそ七百年間も続いたことになる。

西郷隆盛こそは、その永い武家の世に終止符を打つために――言い換えれば日本を封建国家から近代国家に生まれ変わらせるために天がこの世に遣《つか》わした男だったと言えよう。

日本史を変えた合戦年表

時代	年代	主な出来事
縄文	五七	倭の奴国、後漢に遣使。印綬を受ける
弥生	一四七	この頃から倭国で大乱
弥生	二三九	卑弥呼、魏に遣使。印綬を受ける
弥生		この頃、大和政権による統一が進む
古墳	三九一	倭、高句麗と交戦（～四〇四）
古墳	五二七	磐井の乱…P10
古墳	五三八	仏教伝来（五五二？）
古墳	五八七	衣摺の戦い…P17
古墳	五九三	聖徳太子が摂政となる
古墳	六〇七	小野妹子らが隋に派遣される
古墳	六三〇	第一回遣唐使が派遣される
古墳	六四五	大化の改新
古墳	六六〇	唐・新羅によって、百済滅亡
古墳	六六三	白村江の戦い…P23
古墳	六六八	唐が高句麗を滅ぼす
古墳	六七二	壬申の乱…P29
古墳	六七六	新羅が朝鮮半島を統一

時代	年代	主な出来事
古墳	六九四	藤原京に遷都
奈良	七〇一	大宝律令が完成
奈良	七一〇	平城京に遷都
奈良	七二九	長屋王の変
奈良	七四〇	藤原広嗣の乱
奈良	七五七	橘奈良麻呂の変
奈良	七六四	恵美押勝（藤原仲麻呂）の乱
平安	七九四	平安京に遷都
平安	八〇二	坂上田村麻呂の蝦夷平定…P35
平安	八一〇	薬子の変
平安	八四二	承和の変…P39
平安	八六六	応天門の変…P39
平安	八九四	遣唐使が廃止される
平安	九〇七	唐滅亡
平安	九三五	平将門の乱（～九四〇）…P43
平安	九三五	藤原純友の乱（～九四一）…P43
平安	九三六	新羅を滅ぼし、高麗が朝鮮半島を統一
平安	九六九	安和の変

	年代	主な出来事
平安	一〇一七	藤原道長が太政大臣となる
平安	一〇二八	平忠常の乱（〜一〇三一）
平安	一〇五一	前九年の役（〜一〇六二）…P48
平安	一〇八三	後三年の役（〜一〇八七）…P48
平安	一一五六	保元の乱…P53
平安	一一五九	平治の乱…P53
平安	一一六七	平清盛が太政大臣となる
平安	一一七七	鹿ヶ谷の陰謀
平安	一一八〇	源頼朝の挙兵。石橋山の合戦
平安	一一八〇	富士川の戦い…P59
平安	一一八四	一の谷の戦い…P63
平安	一一八五	屋島の戦い…P63
平安	一一八五	壇の浦の戦い…P70
平安	一一八五	源頼朝の奥州征討戦…P77
鎌倉	一一九二	鎌倉幕府の成立
鎌倉	一二一九	源実朝が公暁に殺される
鎌倉	一二二一	承久の乱…P84
鎌倉	一二七四	文永の役…P90
鎌倉	一二八一	弘安の役…P90

	年代	主な出来事
鎌倉	一三二四	正中の変…P100
鎌倉	一三三一	元弘の変…P100
鎌倉	一三三三	稲村ヶ崎の戦い…P106 鎌倉幕府の滅亡
室町・南北朝	一三三四	建武の新政
室町・南北朝	一三三六	湊川の戦い…P111
室町・南北朝	一三三八	室町幕府の成立
室町・南北朝	一三五〇	観応の擾乱（〜一三五二）…P117
室町・南北朝	一三九一	明徳の乱
室町・南北朝	一三九二	南北朝の合一
室町	一三九九	応永の乱
室町	一四三八	永享の乱…P121
室町	一四四〇	結城合戦
室町	一四四一	嘉吉の乱…P121
室町	一四五七	コシャマインの乱
室町	一四六七	応仁の乱（〜一四七七）…P127
室町	一四九三	伊豆の乱…P136
室町・戦国	一五〇六	九頭竜川の戦い…P141
室町・戦国	一五一〇	三浦の乱
室町・戦国	一五四二	月山富田城の戦い（一次）…P190

時代	年代	主な出来事
室町（戦国）	一五四三	鉄砲伝来
	一五四六	河越城の戦い…P146
	一五四八	上田原の戦い…P152
	一五四九	キリスト教伝来
	一五五五	厳島の戦い…P157
	一五五六	長良川の戦い…P163
	一五六〇	長浜表の戦い…P179
	一五六〇	桶狭間の戦い…P184
	一五六一	川中島の戦い(一五五三〜六四、五回)…P171
	一五六二	月山富田城の戦い(二次)…P190
	一五六八	織田信長が足利義昭を奉じ、京都に入る
	一五七〇	姉川の戦い…P197
	一五七〇	石山合戦(〜一五八〇)…P203
	一五七一	信長が比叡山を焼打ち
	一五七二	三方ヶ原の戦い…P209
	一五七三	室町幕府の滅亡
安土桃山	一五七五	長篠の戦い…P215
	一五七八	耳川の戦い…P220
	一五八二	天目山の戦い…P226

時代	年代	主な出来事
安土桃山	一五八二	本能寺の変…P232
	一五八二	高松城攻防戦…P237
	一五八二	山崎の戦い…P242
	一五八三	賤ヶ岳の戦い…P248
	一五八四	小牧・長久手の戦い…P254
	一五八五	上田合戦(一次)…P285
	一五八五	秀吉が関白となる
	一五八七	豊臣秀吉の九州征伐…P260
	一五九〇	小田原城攻防戦…P267
	一五九〇	豊臣秀吉全国を統一
	一五九二	文禄の役…P273
	一五九七	慶長の役…P273
	一六〇〇	上田合戦(二次)…P285
	一六〇〇	岐阜城の戦い…P278
	一六〇〇	関ヶ原の戦い…P292
江戸	一六〇三	江戸幕府の成立
	一六一四	大坂冬の陣…P304
	一六一五	大坂夏の陣…P304
	一六三七	島原の乱(〜一六三八)…P312

時代	年代	主な出来事
江戸	一六五一	由井正雪の乱
江戸	一六五七	明暦の大火
江戸	一六六九	シャクシャインの乱…P315
江戸	一七〇二	赤穂浪士による吉良邸討ち入り
江戸	一八二五	異国船打払令
江戸	一八三七	大塩平八郎の乱…P322
江戸	一八三七	生田万の乱
江戸	一八三七	モリソン号事件
江戸	一八三九	蛮社の獄
江戸	一八五三	ペリーが浦賀へ来航
江戸	一八五四	日米和親条約（英、露とも）
江戸	一八五五	日蘭和親条約
江戸	一八五八	日米修好通商条約（英、露、仏とも）
江戸	一八五八	安政の大獄
江戸	一八六〇	桜田門外の変
江戸	一八六二	坂下門外の変
江戸	一八六二	生麦事件
江戸	一八六三	薩英戦争…P327
江戸	一八六四	禁門の変…P332

時代	年代	主な出来事
江戸	一八六四	第一次長幕戦争…P337
江戸	一八六五	第二次長幕戦争（～一八六六）…P337
江戸	一八六六	薩長連合の密約が成る
江戸	一八六七	大政奉還・王政復古の大号令
明治	一八六八	戊辰戦争（～一八六九）…P343
明治	一八六八	五箇条の御誓文が公布される
明治	一八六八	上野の戦い…P343
明治	一八六八	会津戦争…P343
明治	一八六九	版籍奉還
明治	一八六九	箱館戦争…P343
明治	一八七一	廃藩置県
明治	一八七一	日清修好条規
明治	一八七三	征韓派が敗れる
明治	一八七四	佐賀の乱
明治	一八七四	台湾出兵
明治	一八七五	樺太・千島交換条約
明治	一八七五	江華島事件
明治	一八七六	日朝修好条規
明治	一八七七	西南戦争…P354

◆参考文献

「週刊タイムトラベル再現日本史　平安10」「同　幕末・維新1・7」「同　原始・奈良4」「同　戦国1・8・9」「同　江戸　8」「同　鎌倉・室町5・9」「日本全史（ジャパン・クロニック）」（以上、講談社）、「歴史群像シリーズ1　織田信長」「同11　徳川家康」「同15　賤ケ岳の戦い」「同21　西南戦争」「同39　会津戦争」「同50　戦国合戦大全上巻」「同51　戦国合戦大全下巻」「同64　北条時宗」「同戦国セレクション　上杉謙信」「同戦国セレクション　大坂の陣」（以上、学習研究社）、「堂々日本史　第3巻」「同　第4巻」「同　第6巻」「同　第8巻」「同　第9巻」「同　第10巻」「同　第13巻」「同　別巻2…堂々戦国史」（以上、NHK取材班編／KTC中央出版）、「NHK歴史への招待第五巻　無敵義経軍団」NHK編（日本放送出版協会）、「合戦の日本史」安田元久監修（主婦と生活社）、「信長公記」太田牛一原著・榊山潤訳（ニュートンプレス）、「大系日本の歴史3　古代国家の歩み」吉田孝、「同4　王朝の社会」棚橋光男、「同6　内乱と民衆の世紀」永原慶二（以上、小学館）、「文庫・戦国合戦事典」小和田哲男、「目からウロコの幕末維新」山村竜也、「歴史人物群像　戦国武将運命の合戦」会田雄次監修（以上、PHP）、「早わかり戦国史」外川淳編（日本実業出版社刊）、「図説日本史　なるほど事典」川原崎剛雄・比留間淳一監修（実業之日本社刊）、「図解雑学　日本の歴史」前澤桃子（ナツメ社）、「週刊ビジュアル日本の歴史61　貴族の没落1平家の滅亡」「同92　奈良から平安へ2壬申の大乱」「同特別増刊、天下人…信長・秀吉・家康」（以上、デアゴスティーニ・ジャパン刊）、「歴史読本1990年2月号」「同1995年3

月号」「同2000年3月号」「同2001年12月号」「同臨時増刊　第30巻第22号」（以上、新人物往来社）、「コンサイス人名辞典　日本編」（三省堂）、「週刊朝日百科1　日本の歴史　源氏と平氏」「同4　日本の歴史　鎌倉幕府と承久の乱」「同11　日本の歴史　後醍醐と尊氏」「同17　日本の歴史　応仁の乱」「同21　日本の歴史　戦国大名」「同24　日本の歴史　一向一揆と石山合戦」「同25　日本の歴史　信長と秀吉」「同27　日本の歴史　関ヶ原」「日本歴史人物事典」（以上、朝日新聞社）、「日本史総合図録」笹山晴生・義江彰夫・石井進・高木昭作・大口勇次郎・伊藤隆・高村直助編著、「新詳説日本史」井上光貞・笠原一男・児玉幸多ほか著（以上、山川出版社）、「新詳日本史図説」浜島書店編集部（浜島書店）、「地図で訪ねる歴史の舞台―日本最新版―」帝国書院編集部（帝国書院）、「ビジュアルワイド図説日本史」東京書籍編集部（東京書籍）、「広辞苑」新村出編（岩波書店）、「合戦図屏風で読み解く！戦国合戦の謎」小和田哲男監修（青春出版社）、「戦国の陣形」乃至政彦（講談社現代新書）、「合戦の日本地図」武光誠・合戦研究会（文芸新書）、「真田四代と信繁」丸島和洋（平凡社新書）、「戦国史が面白くなる戦国武将の秘密」渡辺大門（洋泉社）、「京への道・戦国武将年表帳」（ユニプラン）、「地図で訪ねる戦国10大決戦場」（宝島社）／ほか

※本書は『図説　日本史を変えた合戦』（2003年／青春出版社刊）、『地図で読み解く合戦の日本史』（2004年／同）に加筆の上、新たな情報を加え、再編集したものです。

青春文庫

運命《うんめい》の舞台裏《ぶたいうら》
日本史《にほんし》を変《か》えた合戦《かっせん》

2016年6月20日 第1刷

編 者 歴史《れきし》の謎研究会《なぞけんきゅうかい》

発行者 小澤源太郎

責任編集 株式会社プライム涌光

発行所 株式会社青春出版社

〒162-0056 東京都新宿区若松町12-1
電話 03-3203-2850（編集部）
03-3207-1916（営業部）
振替番号 00190-7-98602

印刷／大日本印刷
製本／ナショナル製本

ISBN 978-4-413-09647-8

ほんとうのあなたに出逢う ◆ 青春文庫

いつも品がよく見える人の外見術

一瞬でも印象に残るのは、なぜ?

外見でこそ伝わる、あなたの人柄と魅力!
「何度でも会いたくなる」ような
品のよい女性になるヒントをご紹介します。

神津佳予子

(SE-644)

明日をちょっぴりがんばれる48の物語

本当にあったいい話——
1つ1つのお話が、
あなたの背中をそっと押してくれます。

西沢泰生

(SE-645)

「切れない絆」をつくるたった1つの習慣

幸せは絆をつたってやってきます。
大切な人、また会いたい人、あこがれの人との
関係を強くするヒント

植西 聰

(SE-646)

運命の舞台裏 日本史を変えた合戦

この戦いが「その後」の歴史を
決めた! 壬申の乱、関ヶ原の戦い、
西南戦争……57の大激突、その全真相!

歴史の謎研究会[編]

(SE-647)